**Platform
Management
System**

**스마트 환경에서
기업 일류화를 앞당기는**
# 플랫폼 경영

펴낸날 초판 1쇄 2023년 4월 3일

지은이 이강수
펴낸이 정현미
펴낸곳 원너스미디어
출판등록 2015년 10월 6일 제406-251002015000190호
(07788) 서울시 강서구 마곡중앙로 161-8 두산더랜드파크 B동 1104호
전화 02)6365-2001 팩스 02)6499-2040
onenessmedia@naver.com

**ISBN** 979-11-87509-56-1 (03320)

이 도서의 국립중앙도서관 출판시도서목록(CIP)은 서지정보유통지원
시스템 홈페이지(http://seoji.nl.go.kr)와 국가자료공동목록시스템
(http://www.nl.go.kr/kolisnet)에서 이용하실 수 있습니다.

• 책값은 뒤표지에 표시되어 있습니다.
• 잘못된 책은 구입하신 서점에서 교환해 드립니다.

책임편집 서지영

스마트 환경에서
기업 일류화를 앞당기는
# 플랫폼 경영

# Platform
# Management
# System

이강수 지음

윈너스미디어

# 추천의 글

---

이 책은 일하는 모든 프로세스에 'Rule & System'을 적용시키고 이를 플랫폼화함으로써 기업의 일류화 생태계를 만들고자 하는 지침서이다. 기업은 이를 통해 스피드 경영, 품질 확보, 원가 절감을 이룰 수 있는 기반이 될 수 있음을 제시하고 있다. 삼성전자가 초일류기업으로 성장한 배경에는 모든 분야를 플랫폼화시키는 혁신적 접근이 있었다. 기업 일류화를 위해서 일하는 경영시스템도 '플랫폼 경영'으로 전환할 때라고 강조하는 점에 대하여 전적인 동감을 보낸다.

**_ 최도석**(전 삼성전자 대표이사, 전 삼성카드 대표이사 부회장)

아무리 훌륭한 아이디어와 전략도 실행이 관건이다. 저자는 오랜 기간 대규모 조직운영과 현장 경영을 통하여 실감한 실행원리와 글로벌 일류기업들의 사례를 연구해왔다. 이 경험을 바탕으로 경영 활동도 플랫폼화시켜야 효율적이라는 것을 세부적인 방법과 함께 보여준다. 대부분 글로벌 일류기업들의 사업 모델이 플랫폼화되는 건 시대의 큰 흐름이다. 거기에 한 단계 더 나아가 실행시스템의 플랫폼화 경영은 매우 신선하다.

**_ 유재성**(한국 퓨어스토리지 대표이사, 전 한국 마이크로소프트 대표이사)

중소기업이든 대기업이든 기업의 경영자치고 세계 일류기업이 되고자 하는 꿈을 꾸어보지 않는 사람이 있을까? 누군가 말했다. 꿈에 숫자와 날짜를 붙이면 계획이 되고, 계획에 열정과 끈기를 더하면 현실이 된다고. 종래의 경영학 교과서에서 경영의 핵심요소로 꼽고 있는 계획(Plan), 실행(Do), 평가(See)의 중요성은 지금도 유효하나, 이 요소들이 기업의 현장경영에서 제대로 작동하기 위해서는 반드시 '시스템적 접근방법'이 필요하다. 그 방법이 이 책에 고스란히 녹아있다. 단지 방향 제시에만 그치지 않고, 구체적으로 각 단계별 실행방법까지 자세히 설명하고 있는 것을 보면 저자가 '플랫폼 경영시스템'을 널리 알리고 보급하기 위해 얼마나 많은 공을 들였는지 알 수 있다. 나는 저자와 1975년 삼성에 같은 날 입사한 이후로 무려 50년 가까이 교류하고 지내왔다. 나는 금융으로, 저자는 식품으로 분야를 달리했지만, 저자의 완벽주의와 끊임없이 연구하고 노력하는 자세에 대해서는 늘 존경심을 가져왔다. 많은 일류기업이 탄생하기를 바라는 저자의 갈망과 반세기에 가까운 기업 경영의 경륜이 오롯이 담긴 이 책을 강력히 추천한다.

_ 황영기(초록우산어린이재단 회장, 전 KB금융지주/우리금융지주 회장, 전 삼성증권 사장)


이 책은 기업이 빅블러(Big Blur), 빅웨이브(Big Wave)라고 불리는 변혁의 디지털 시대를 성공적으로 헤쳐나가는 핵심 전략안으로써 '플랫폼 경영'을 주제로 제시한다. 이를 통해 시스템적 경영의 완성도를 높이고 궁극적으로 기업의 일류화를 향한 핵심 역량을 갖추게 하는 구체적인 방법을 명료하게 설명한다. 기업 경영인과 그 구성원들은 물론이고 미래를 준비하는 많은 이들에게 열독을 적극 권하고 싶다.

_ 김종식(공학박사, 서울과학종합대학원 석좌교수 겸 뉴욕주립대 기술경영석사과정 주임교수)

우리가 일상으로 운영하고 있는 현재의 경영시스템이 SMART 경영 환경하에서는 그 역할과 기능을 제대로 발휘하기에 한계가 있다는 저자의 의견에 공감하는 바가 크다. 저자는 일하는 시스템을 플랫폼 기반으로 만들고 전 구성원이 '스스로 자기경영'을 할 수 있게 하는 데 '플랫폼 경영시스템'이라는 새로운 도구가 그 역할을 할 수 있음을 강조한다. 급변하는 디지털 기업 환경의 변화 속에서 진정한 일류화를 꿈꾸는 모든 기업인들에게 추천하고자 한다.

_ **조달호**(바커(Wacker)케미칼코리아 대표이사 사장 겸 바커그룹 실리콘전기전자부문 총괄글로벌 부사장)

# 일류기업이 되는 길, 플랫폼 경영으로의 전환이 필요하다

———

    온라인과 디지털화로 급속히 전환되고 있는 환경 속에서 삶의 모습은 전혀 새로운 세계로의 경험을 보여준다. 사람들은 온라인화된 마켓 플랫폼에서 먹고 입고 생활하는 모든 것을 선택할 수 있는 시대로 전환하고 있다. 생활하는 방식 못지않게 일하는 방식 역시 급변하고 있다. 일정한 사무 공간에서 정해진 근무 시간을 채우던 시대는 옛말이 되어버렸다. 더욱이 최근에 불어 닥친 '코로나19 팬데믹'의 환경은 재택근무가 보편화되는 계기가 되었으며 'Smart Work' 시대로의 전환이 가속화되고 있는 실정이다.

    생활하는 모습, 일하는 모습이 아무리 달라진다고 해도 기업의 사명, 즉 '고객에게 가치를 제공한다'는 역할은 변하지 않을 것이다. '세상의 모든 것을 파는 기업'을 향해 질주하고 있는 세계 1위의 e-commerce(전자상거래 기업) 아마존은 지나치리만큼 고객의 가치 창조에 집착한다는 평을 듣는다. 그들이 일하는 방식 중에 'Working Backward Process[1]'라는 용어가 있다. 이는 모든 리더는 고객을 출발점으로 삼고 고객 니즈를 충족시킬 수 있는 것에 집착하여 거꾸로 일을 수행한다는 접근 방식이다. 즉 회사의 역량이 아닌 고객의 니즈에서 출발하는 일하는 자세를 강조한다고 할 수 있다.

    또한 일본의 세계 1등 자동차 기업 도요타도 고객을 만족시킬 수 있는 제품의 가격과 품질 수준을 만들어내는 데에 궁극적인 기업의 역량을 집중한다. 그 길을 찾는데 약 40여 년간을 통해 도요타의 일하는 방식(Toyota Production System)을 만들어 모든 구성원이 '고객이 기업의 생존을 좌우한다'는 철학에서 한시라도 방향을 잃지 않도록 'Toyota Way 경영'을 지속하고 있다.

한국 기업으로서 약 50여 년 만에 글로벌 일류기업으로 태어난 삼성전자의 사례는 우리에게 너무나 가까운 성공기업 모델이다. 그 기적 같은 변화의 주역이었던 고(故) 이건희 삼성 회장은 "글로벌 경영환경에서 생존하고 발전하는 데는 저마다 독특한 강점경영방식을 갖추어야 한다."고 설파하고 소위 '삼성의 패러독스(Paradox) 경영 [2]'을 실현함으로 초일류기업에 등극했다. 이는 차별화와 저원가, 창조적 혁신과 효율성, 글로벌 통합과 현지화, 규모의 경제와 빠른 속도 등과 같이 얼핏 보면 양립이 불가능해 보이는 요소들을 동시에 추구하는 경영을 통해 남과 다른 차별화를 이룩해 낸 결과로 평가된다.

앞에서 거론한 글로벌 일류기업들의 탁월한 경영모델 속에서 모든 기업이 얻을 수 있는 공통적인 성공법칙을 발견할 수 있다.


첫째, '고객의 가치 창조'에 모든 역량을 집중한다.

둘째, 그 같은 조직의 핵심역량을 발휘하기 위해서는 독특한 '일하는 시스템' '일하는 문화'를 갖춘다.

셋째, 그 '일하는 시스템' 안에서 모든 구성원이 도전적 목표(Stretch Goal)를 세우고 치열한 '목표관리경영'을 한다.

넷째, 시스템은 저절로 굴러가는 것이 아니다. '시스템은 누군가에 의해 관리되어져야 한다'는 원칙에 따라 효과적인 목표관리 경영이 이루어지도록 하는 '경영자의 리더십'이 있어야 이 모든 것을 아우르게 할 수 있다.

결국, 성공하는 기업들의 핵심역량을 한마디로 표현한다면, 자기만의 '일하는 시스템' 위에서 고객을 향한 목표관리를 경영자의 리더십에 따라 모든 구성원이 얼마나 효과적으로 해내느냐에 달려있다는 평범한 원칙을 다시 한번 일깨워줄 뿐이다.

기업은 조직으로 일한다. 또한 조직이 많아질수록 시스템으로 일해야 효과적이라는 것은 이제 기업경영의 정설이 된 지 오래다. 여기에서 우리는 '시스템에 의한 경영'을 다시 한번 돌아볼 필요가 있다.

경영은 어찌 보면 '상식의 실행'이라고 할 수 있다. 즉 계획(Plan)하고, 실행(Do)하고, 평가(See)하는 행위의 연속이다. 시스템은 이 3가지의 '일하는 사이클'이 조직구성원들에 의해 수행될 수 있도록 해주는 일하는 표준절차 및 네트워크 체계라고 할 수 있다. 그런데 지금까지 일반적으로 운영하고 있는 이 일하는 시스템(회사마다 조금씩 다르지만)으로는 일상의 경영활동의 핵심인 '목표관리활동'을 효율적으로 하기 어려울 뿐 아니라 시간과 노력을 낭비하게 된다는 우려가 높아지기 시작했다.

그러면 기존의 일하는 시스템에는 어떤 문제점이 있을까?

대체로 다음과 같은 기능과 역할이 잘 작동되지 못함을 느낀다.

첫째, 계획, 실행, 평가의 큰 업무 분야들이 분리되어 있어서 서로 연결하고 통합하여 한눈에 볼 수 있도록 하는 기능이 약하다. 즉, 경영환경 변화에 따라 수시로 계획수립과 전략, 목표가 바뀌고 실행이 연결되어야 하나, 전후 수정, 변경, 재수립의 절차 연결이 쉽지 않다.

둘째, 경영의 미션, 비전, 목표를 향해 전 구성원의 실행 역량을 한 방향으로 결집시키는 일에 너무 많은 시간과 노력이 소요된다. 대체로 경영진들과 관리자들은 목표와 실적을 분석하는 데 급급하여 오히려 고객 현장을 떠나 사내에 머무는 시간이 너무 많다. 그것은 상대적으로 실행을 향한 몰입도를 떨어뜨릴 뿐이다.

셋째, 전사 최적화와 시너지 창출의 리더십 발휘가 어렵다. 대체로 수직적 통제식 기능으로 인해 사업 부문 간, 상하 계층 간의 연계 활동에 제한이 생긴다. 따라서 자기 부서, 개인 업무수행하는 데에도 바쁘다.

넷째, 기존 시스템이 결과만을 중요시하는 서구식 경영에 치우쳐 있어 단기 실적 관리에만 몰입하는 경향이 생긴다. 따라서 MBO 경영은 평가하는 도구로 인식될 뿐이다. 지속적인 성과는 대책과 과제의 실행력에 좌우되는데도 말이다.


이 같은 기존 일하는 시스템의 취약성에도 불구하고 경영활동은 지금까지 운영해 왔던 경영시스템을 통해 관행처럼 운영하는 실정이다. 연말이 되면 경영계획을 수차례에 걸쳐 수립하고, 실행에 들어가면 목표와 실적만 따지고 대책은 말로써 다 이루는 듯하다. 그래서 기업 내에서는 '말 잘하는 사람'이 평가를 잘 받는다는 농담도 있다. 그러나 기업 내 업무수행의 대부분은 대책 및 과제해결의 실행에 소요됨을 상기할 필요가 있다. 과정관리는 보이지 않은 채 말만 무성한 회의가 경영의 전부인 듯 착각하고 있는 것은 아닐지. 만약 그렇다면 이러한 경영시스템으로는 지속성장을 담보해주는 목표달성과 성과창출을 기대하기 어려워진다.

필자는 46년이란 오랜 기간을 기업경영의 현업 일선에서 보냈다. 다행스럽게도 경영의 체계가 잘 다져져 있는 회사였기 때문에 신입사원에서부터 관리자, 임원, CEO에 이르는 전 과정에서 일찍이 시스템으로 일하는 방법을 체득한 것은 큰 행운이었다. 그럼에도 불구하고 계층마다 시스템이 지닌 불합리성으로 인해 많은 어려움에 맞닥뜨린 것도 사실이다. 더욱이 경영을 전 영역까지 총괄하는 CEO의 역할을 수행하면서는 앞서 기술한 취약성으로 인해, 기존의 보편화된 경영시스템으로는 더 효과적인 경영을 하는 데 한계가 있다는 것을 실감하기에 이르렀다. 하물며 온라인과 디지털화되어 가고 있는 산업환경의 급격한 변화 속에서 시공간을 초월한 '스마트 경영'을 준비한다는 것은 어찌 보면 기업 생존을 위한 필연적인 소임이라고 이해하게 되었다. 따라서 일하는 시스템을 '플랫폼 경영'으로 전환한다면 기존의 단선적이고 수직 일변도의 경영을 입체적 경영으로 가능케 하여 많은 기업의 성공기업 모델을 만드는 데 일조할 수 있으리라 생각했다.

이렇게 하여 탄생한 것이 필자의 '플랫폼 경영'이다.

플랫폼 경영은 말이 주는 의미 그대로 기차를 타고 내리는 승강장의 기능과 같다. 일하는 시스템을 플랫폼 기반으로 만들고 그 위에서 기업의 전 구성원이 자기 일을 올려놓고 스스로 자기경영을 할 수 있도록 하는 것이다. 마치 e-commerce 기업이 마켓플레이스에 고객이 원하는 모든 상품을 올려놓고 아이템 선정, 구매, 결제의 사이클을 운영하듯이, 일하는 플랫폼에서는 계획(Plan), 실행(Do), 평가(See)라는 일하는 3대 사이클을 운영할 수 있도록 하는 것이다.

따라서 '플랫폼 경영'의 기반 기능은 기존의 경영시스템의 취약성을 뛰어넘는 것은 물론 '비대면 SMART WORK'도 가능하도록 다음과 같이 설계했다.

① 경영의 전 구성원이 온라인으로 업무수행을 할 수 있는 온라인 플랫폼 기반을 구축한다. 경영 및 업무수행영역을 9개의 모듈로 구분하고 이를

상호 입체적으로 연결하여 관리의 3대 사이클인 Plan, Do, See의 기능이 작동되도록 한다.

② 미션, 비전, 목표 등 전략 부문과 실행대책 부문의 양면을 연결시켜 한 방향 정렬(Alignment)이 가능토록 하고 상위자와 하위자의 계층별 연결, 자기조직과 연관조직의 입체적 소통이 가능하다. 이를 위해 선진형 BSC 전략경영체계를 작동시키고 재무, 고객, 프로세스, 학습과 성장이라는 4대 관점으로 균형성과를 관리함으로써 장·단기적 지속성장을 추구하도록 한다.

③ 일상의 목표관리가 가능토록 하고 '부문별·개인별 자기경영'에 의한 성과관리가 가능하도록 한다. 이는 불황에 강한 일본 교세라의 '아메바경영'과 같은 사내 소기업형 디테일 관리를 가능하게 한다.

④ 지속적인 변화와 혁신관리가 이루어질 수 있도록 한다. 목표(결과관리)와 과제개선(과정관리)이 병행되도록 하고 이를 위해 필요한 과제해결 개선기법(도요타식 개선, GE의 6시그마 프로세스 등)을 일 속에서 자연스럽게 체득할 수 있도록 한다.

⑤ 조직의 리더들이 자기 목표와 과제개선을 주도하는 한편 하위자의 목표와 과제해결에 코칭과 스킨십으로 참여한다. 이것이야말로 일을 통한 소통과 유연한 팀워크 문화, 즉 애자일(Agile) 조직 활동을 만들 수 있는 기능이다.


성공 경영방식에 대한 특별하고도 핵심 노하우를 알고 싶은 것은 누구나 마찬가지일 것이다. 금세기 최고의 경영인으로 손꼽혔던 GE의 전임회장 잭 웰치(Jack Welch)는 그의 저서《잭 웰치의 마지막 강의》에서 이렇게 경영의 핵심을 전하고 있다.

"잘 나가는 조직이 모두 가지고 있는 것, 그것은 정렬(Alignment)이다. 목표, 행동(실행), 결과의 정렬이 이루어지면 다람쥐 쳇바퀴를 도는 듯한 교착상태는 더이상 존재하지 않는다. 오로지 전진만이 있을 뿐이다. 목표와 행동(실행)은 하나의 사슬로 엮인 두 고리로 연결되어 있어야 한다. 따라서 정렬이 없으면 건강한 조직을 유지하고 만들어가는 것은 불가능하다."[3]

참으로 정곡을 찌르는 말이다.


경영은 결국 성과로 말한다. 목표를 세우고 어떻게 실행으로 연결하여 성과로 이어지게 할 것인가는 역시 모든 경영인과 조직구성원의 염원일 것이다. 목표와 실행을 정렬하고 조직구성원이 역량을 집중하게 해주는 것이 시스템이라면 이제 '플랫폼 경영'이 그 부족함을 메꾸어 줄 수 있으리라 감히 제안한다.

어떤 분은 이렇게 말한다. "시스템이 있어도 성과로 이어진다는 보장은 없다."라고. 물론 맞는 말이다. 그러나 곰곰이 생각해보면 시스템이 잘못된 것이 아니라 그 시스템 위에 올려놓은 자기의 전략과 목표의 선택이 고객 니즈에 맞춤이 되지 못하거나, 아니면 구성원 역량 부족으로 실행이 뒷받침되지 못한 것 중 하나일 것이다. 따라서 경영자가 바뀌면 전략이나 목표는 수시로 변할 수 있지만, 전사 역량을 결집하고 한 방향 정렬시키는 일하는 기반 시스템, 경영플랫폼은 시간이 걸리는 한이 있더라도 다져가는 것이 성공기업으로 다가가는 지름길임을 강조하고 싶다. 글로벌 일류기업인 도요타, 아마존, 삼성이 수십 년에 걸쳐서 그들만의 독특한 일하는 방식을 만들었다고 해서 그와 똑같은 기간을 허비할 수는 없는 노릇이기 때문이다.

따라서 플랫폼 경영을 통해 단기간에 각자 자기경영모델을 만들 수 있기를 바라는 것이 솔직한 심정이라 하겠다.

이 책은 시스템경영에 있어 SMART WORK 시대에 대응할 수 있는 온라인 업무 플랫폼의 새로운 기능을 제시하고 있다. 그러나 처음부터 방대한 온라인 업무 플랫폼으로 개발하여 운영하지 않아도 그 기능을 업무에 활용할 수 있도록 했다. 필자는 상당히 오랜 기간 이 시스템을 오프라인 경영에 적용했다. 그 이후 10여 년 동안 차츰 엑셀(Excel) 기반의 플랫폼으로, 그리고 웹(Web) 기반의 온라인 플랫폼으로 개발하여 현업에서 오랫동안 그 기능을 입증해 왔기 때문이다. 따라서 이 책에서 말하는 플랫폼 경영은 IT적 기반이 잘 갖추어지지 않은 회사에서도 단계적으로 만들어갈 수 있음을 밝혀둔다.


플랫폼 경영을 통한 시스템경영의 완성,
플랫폼 경영을 통한 기업 핵심역량의 구축,
플랫폼 경영을 통한 SMART 경영 시대의 대응,


그리고 그 기반에서


소기업 및 스타트업 기업은 빠른 기일 안에 회사의 기틀을 갖추고
중견기업과 대기업은 자기만의 차별화 역량을 갖추어
글로벌 경쟁에서도 우량기업으로 발돋움할 수 있도록 하는 것에
이 '플랫폼 경영시스템'이 기여할 수 있기를 간절히 바란다.


현대 경영학의 창시자로 불리는 피터 드러커(Peter F. Drucker)는 그의 저서《MANAGEMENT》에서 "조직의 목적은 평범한 사람으로 하여금 비범

한 일을 하도록 만드는 데 있다."[4]라고 강조했다. 이는 천재는 드물기 때문에 결국 보통 사람의 강점을 살려서 조직에 도움이 되도록 하는 것, 곧 인재육성이 경영의 핵심 자산임을 일깨워주는 것이리라. 기업의 인재는 주어지는 것이 아니라 길러진다고 한다. 플랫폼 경영시스템을 통해 일하는 천재들이 양성된다면 경영자로서 최고의 책무를 다하는 것이리라 믿는다.

— 이강수

# Contents

—— **Part 06**  경영플랫폼 콘텐츠의 상세 운영 방법

**Part 07** 플랫폼 경영시스템을 통한 기업의 일류화와
'성공경영체계' 만들기의 도전과 실행

# Part 01

## 글로벌 일류기업들의
## '성공적 경영모델'에서 배운다

**Platform
Management
System**

## CHAPTER 1.

# 한국은 선진국형 기업역량을 배우는
# '국제시장'이었다

극동의 작은 나라 Korea, 1950년 6·25 전쟁의 폐허 속에 우리나라는 남과 북으로 분단되었고 1인당 GDP 67달러의 최빈국의 소리를 듣던 나라가 산업화의 기적을 일으키며 이제 선진국 소리를 듣는 시대로 진입했다.

그 기간, 약 70여 년이 지나는 동안 국가 발전의 산업현장에는 무수한 기업들이 태어나고 열악한 경제 여건과 경영환경 아래에서도 생존 기반을 닦아왔다. 자원이 없는 나라의 산업화는 결국 세계를 상대로 하는 무역만이 살길이었으며 그 일선 현장에서 실행의 주체는 기업의 몫이 되었다. 이 빈약한 나라의 기업들은 시작 단계에서부터 국내시장보다도 혹독한 경쟁만이 기다리는 글로벌 시장에서 고군분투할 수밖에 없었다. 돈(자본)도 없고, 기술의 뒷받침도 없는 국가의 기업들이 세계 시장을 상대로 경쟁할 수 있는 유일한 방책은 오직 하나, '인재양성'이었다. 세계에서 유례를 찾아보기 어려운 교육열로 문맹률이 최저인 국가가 되었고 그 인력(Manpower)으로 자본과 기술을 끌어들여 세계와 경쟁할 수 있는 제품을 만들어 수출하는 무역대국(세계 8위, 2021년 통계)이 된 것이다. 그러나 이 과정 속에는 선진국들로부터 앞선 기술과 방법을 찾아내고 배우기 위해 뼈를 깎는 고통과 노력을 달게 받으며 거쳐온 벤치마킹(Bench-marking) 시대가 있었음을 기억해야 한다. 수많은 기업들은 선진국 수준의 품질과 가격을 따라잡기 위한, 그 당시로는 최첨단의 경영방식과 현장 개선기법을 주저 없이 받아들이고 전 구성원이 변화를 모색하는 데 과감했다.

즉, 1960~1970년대에는 제조 품질의 향상을 위해 QC(Quality Control), TQM(Total Quality Management; 전사적 품질경영) 등을 받아들였고, 1980~1990년대에는 생산성 효율화 방식으로 TPM(Total Productivity Management; 전사적 생산보전 경영), TPS(Toyota Production System; 도요타 생산방식), BPR(Business Process Re-engineering; 업무 프로세스 재설계) 등을, 1990년대 중반~2000년대 초기에는 'CS 경영(Customer Satisfaction; 고객 만족 경영)' 'BSC 전략경영체계(Balanced Score Card; 균형성과관리)' '6시그마 개선' 등을 통해 전략적 경영방식을 터득하는 시기를 거쳤다.

참으로 산업화를 거치는 40~50년 동안에 우리 기업들은 숨돌릴 사이도 없이 선진우량기업들의 경영방식을 배우고 내 것으로 적용하느라 '경영방식의 국제시장' 같은 배움의 시대를 지냈다고 할 수 있다. 물론 필자와 같은 사람들은 당연히 이 시대의 수혜자이며 이를 통해 경영 수업을 닦고 일류화를 위한 변화, 혁신의 선두에 기여할 수 있었음을 큰 자부심으로 느끼기도 한다.

이상과 같은 시대적 배경은 주로 제조 산업의 발전과 오프라인 방식의 유통 산업이 대세를 이루는 시대적 산물이었음을 알 수 있다. 그러나 최근에 정보화 시대로 전환되면서 IT 기반 스피드 경영과 온라인·디지털 경영 시대로의 급속한 변화가 이루어지고 있음에 주목하고 있다. 물론 그렇다고 해서 그동안 기업들이 배우고 터득한 경영방식들이 더는 유효하지 않다는 것을 의미하지는 않는다. 이 모든 것은 시대가 변화하더라도 기업 경영을 효율화하는 데 필요한 기반을 형성하고 있으며 오히려 기초가 허물어지지 않도록 지속적인 경영활동의 핵심역량으로 자리 잡도록 해야 할 것이다.

●●

**CHAPTER 2**

## 글로벌 일류기업들의 변화와
## '성공적 경영체계'를 다시 확인해본다


우리나라의 기업들은 본격적인 산업화 과정에서 선진국으로부터 많은 경영방식을 습득하여 상당한 기업역량을 갖춘 것으로 판단된다. 그러나 지금부터 진정한 글로벌 일류기업의 역량을 확보하기 위해서는 다음과 같은 이유로 또다시 넘어야 할 과정이 있음이 감지되고 있다.

첫째, 우리 기업이 그동안 배우고 체험한 경영방식은 경영의 통합 운영 체계를 업에 맞게 만들기보다 부분적인 일을 효율화하는 방법(스킬) 배우기에 급급한 것이 아니었는가?

둘째, 온라인·디지털화로 가속화되고 있는 극한적인 정보화 시대에 지금까지 대세를 이루고 있는 오프라인 중심의 일하는 방식으로는 글로벌 일류기업화에 한계를 맞이할 수 있지 않겠는가?

따라서 비교적 오랫동안 기업 경영의 구성원으로 최근까지 몸담았던 필자는 이 새로운 위기감의 실체를 규명하는 것부터 감히 시도해보기로 했다.

우선 전 세계를 상대로 하는 기업 중 자기 산업 분야에서 글로벌 일등 기업으로 등극했으며 기업 경영의 롤모델로 자타가 인정하고 있는 기업을 정하고 그들의 경영방식과 운영체계에 어떤 핵심 성공 요인이 있는지를 밝혀보고자 했다. 벤치마킹 대상 기업으로는 일본의 도요타(Toyota), 미국의 아마존(Amazon), 한국의 삼성(전자 중심)에 초점을 맞추었다.

우선 일본의 자동차 기업 도요타의 경우, 우리나라와 같은 자원이 없는 나라에서 자동차 업계 세계 최대 기업으로 등극했다. 특히, 지리적으로도 한국과 가장 가깝고 경영방식도 동양의 정서에 기반을 두고 있어서 우리나라의 기업들이 가장 많이 벤치마킹한 것으로 알려진다. 도요타는 1937년 창립하여 2008년도에 창립 70여 년 만에 생산·판매량에서 미국, 유럽의 자동차 업계를 제치고 1위의 시장 점유율을 확보했다. 그들의 일하는 방식인 '도요타 생산방식 TPS(Toyota Production System)'가 알려지자 미국의 자동차 업계는 물론 전 세계 산업계가 도대체 무엇이 도요타의 성공 요체인지를 연구하기에 이르렀다. 그렇게 해서 미국에 전파된 도요타 방식이 '린 생산방식(Lean Production System)'이란 이름으로 운영되기에 이르렀다.

두 번째 비교 기업으로는 미국의 e-commerce 기업인 아마존이다. 1994년 창업하여 온라인 서점으로 플랫폼 기반 사업 모델을 만든 후, '세상의 모든 것을 파는 상점(Everything Store)'으로 확대하여 미국 최대 온라인판매 플랫폼 기업으로 등극했다. 그 이후 주문 이행 서비스, 아마존 웹서비스(AWS), 알렉사 등의 인프라 사업을 성공시킴으로써 디지털 시대의 플랫폼 비즈니스의 성공적인 모델을 보여주고 있다. 창업 후 30년이 안 된 신생 기업이 새로운 시대에 돌풍을 일으키자 그들의 성공적 경영방식에 대한 실체 규명이 확대되고 있다. 그야말로 디지털 시대의 압도적인 롤모델 기업이다.

마지막으로 한국의 삼성(SAMSUNG)이다. 일본에 '도요타'가 있다면 한국에는 '삼성'이 있다. 도요타 자동차가 1937년 창업했고 삼성이 1938년에 업을 시작했으니 두 기업 모두 80여 년을 막 넘긴 기업 역사를 가진 셈이다(2021년 기준). 그러나 삼성이 전자 산업에 1969년에 진출한 것을 고려하면 전자 사업 진출 52여 년이 지난 것이다(2021년 기준). 이 기간 동안 삼성은 전자 사업을 글로벌 일류기업으로 성장시켰다. 한국이라는 제한된 자원 빈국의 나라에서 세계의 유수 기업들로부터 벤치마킹하여 배운 수준으로 어떻게 일류기업으로 오를 수 있었을까?

다른 나라의 성공기업의 사례보다 가까운 우리나라 안에서 기업의 성공경영의 실체를 확인할 수 있다는 것은 참으로 다행한 일이다. 그것은 한국의 기업들에 무한한 도전 의지와 용기를 줄 수 있을 뿐 아니라 일류화의 지름길을 찾는 데도 적지 않은 도움을 줄 수 있을 것이다.


이상과 같이 글로벌 일류기업들의 '성공경영체계'를 확인하는 데는 관련 기업들에 관한 경영 서적들과 경영 컨설팅, 현지 연수 정보, 여러 경로의 매스컴 등으로부터 제공된 자료들의 도움을 받았다. 그러나 더욱 상세한 정보를 원하는 독자들에게는 상당히 제한적일 수 있다는 점도 미리 밝히는 바이다.

다행히 '삼성'에 관련된 부문은 30년을 범삼성 그룹사에서 근무한 경력으로, '도요타'에 관해서는 기간 내 국내 현장에서의 도요타 생산방식의 현장 접목 및 연수 과정을 거친 경험으로, 그들의 경영철학과 일하는 방식을 직접 체험하고 이해할 수 있어서 많은 도움이 되었다.

다음은 이상의 대표적인 3개 회사가 펼쳤던 핵심 사업 전개 내용을 확인하면서 특히 그 같은 사업을 성공적으로 수행할 수 있도록 해주는 기반 경영체계가 무엇인가를 밝히는 데 초점을 맞추었다. 이 장을 탐색하면서 우리 기업들이 자신의 업(業)에 맞는 성공적인 경영체계를 갖추는 데 유익한 실마리를 찾기 바란다.

## CHAPTER 3

# 제조업 경영 교과서로 통하는
# 일본의 '도요타(Toyota)'

## (1) 도요타 자동차의 글로벌화와 경영성과

도요타의 경영성과와 글로벌 1위로의 변화 과정을 요약해보면 다음과 같다.

① 1937년 자동차 사업개시

② 2008년 판매량 세계 1위 등극(사업개시 70년에 이름)[1]

- 연간판매 1,000만 대 체제 달성[2]

- 총판매량 897만 대로 미국 GM 추월

- 생산 및 판매의 글로벌 구조 달성

③ 2008~2011년 창업 이후 최악의 경영위기, 세계 3위로 추락(GM-폭스바겐-도요타)[3]

- 2008년 리먼쇼크, 300만 대 재고, 환율 악화(2009년 사업기준 96엔 → 89엔)[4]로 창사 이래 최초의 적자[5]

- 2009년 렉서스 가속페달 결함으로 미국 시장 380만 대 리콜, 2011년 까지 3년 동안 1018만 대 리콜[6]
- 2011년 동일본 대지진으로 부품 공급 중단 사태[7]
④ 2012년 위기극복 세계 1위 복귀[8]
- 판매량 975만 대로 GM을 추월
- 2009년부터 전 세계 생산능력 700만 대 규모(300만 대 감산)로 축소 운영
- 원가개선, 고정비 절감 등 9900억엔 개선으로 환차손, 판매차종 변화에 따른 6900억엔 상승분 상쇄[9]
- 품질불량 및 리콜 대응을 위해 '글로벌품질특별위원회' 운영[10], 세계 6개 지역 CQO(Chief Quality Officer)를 선정
  └, 리콜의 신속대응 의사결정 구조로 전환(일본 본사 운영 → 현지법인 결정)[11]
→ 제품개발 연장 작업 단순화 및 간소화로 품질관리 집중강화
⑤ 2017년 4월 자동차 업계 시가총액 세계 1위 달성[12]
⑥ 2021년, 미국 자동차 시장 판매량 1위(233만 대) 달성[13]

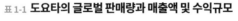

표 1-1 **도요타의 글로벌 판매량과 매출액 및 수익규모**

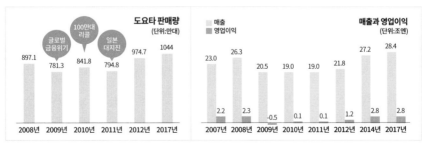

## (2) 도요타의 핵심역량, 도요타 생산방식 TPS

2008년 창립 70여 년 만에 세계 판매량 1위에 등극함으로써 저성장 시대에도 지속 성장과 수익을 낼 수 있었던 도요타의 경쟁력은 이미 정평이 나 있다. 그러나 2008년 리먼쇼크 영향, 2010년 1,000만 대 리콜, 초(超) 엔고 사태로 이어진 이른바 경영환경의 3대 악재를 근 3년 만에 극복하고 2012년부터 다시 글로벌 1위의 기업으로 복귀한 도요타를 세계는 경이로운 눈으로 재평가하고 있다.

이 최대의 경영 위기를 앞장서 극복한 도요타 아키오 사장은 세계 최대인 1,000만 대 규모로 생산량을 확대하는 과정에 품질이 뒤따르지 못한 것을 주원인으로 평가했다. 그리고 그 대책으로 본연의 '도요타 생산방식'의 정신으로 돌아갈 것을 강조했다. 여기에서 도요타의 핵심역량으로 평가받고 있는 '도요타 생산방식 TPS'란 무엇이며 어떤 역할을 하는지를 살펴보려 한다. 오노다이이치가 지은 《도요타 생산방식》과 정철화·고상락이 지은 《도요타 파워》를 통해 요약 정리해보면 다음과 같다.

### 도요타 생산방식의 탄생 배경과 지향점

① TPS(Toyota Production System)의 정신적 사상은 도요타 그룹 창시자인 '도요타 사기치'가 도요타 자동차의 모태인 도요타 자동 직기 사업을 하는 중에 직기 불량을 철저히 없애도록 하는 'JIDOKA(사람인변의 자동화; 自働化)' 사상을 전승했다.

② TPS의 본격 태동은 그 아들 '도요타 기이치로'의 1937년 자동차 사업의 진출과 더불어 연구가 시작되었다. 당시 생산성 1위의 미국을 따라잡기 위해서는 포드식 대량 생산방식과는 차별화되는 경영시스템을 찾을 수밖에 없었다. 그는 작은 규모의 일본 기업이 사는 길은 원가 개선과 고객

맞춤 생산이 이루어져야 한다고 고심했는데 미국 시장 조사 시 슈퍼마켓에서 점원이 물건이 팔린 만큼 진열하는 모습을 보고 JIT(Just in Time) 사상을 도입하기로 했다.

③ TPS 발의 7년 만에 '도요타 기이치로'의 사망으로 당시 제조 담당 감독이었던 '오노 다이이치'에 의해 약 45년에 걸쳐 운영체계가 완성되었다 (1945~1990년). 결국 도요타 생산방식의 출발점은 '3년 안에 미국을 따라잡으려면 '낭비'를 배제하는 새로운 생산방식을 도입해야 한다는 불가피성과, '판매량이 늘지 않는 저성장 환경 속에서도 생산성을 올리지 않으면 안 된다'는 필요성에 해결점을 찾기 위한 시작이었다.

**표1-2 도요타 생산방식(TPS)을 필사적으로 만들어야 했던 배경**

| 경영악화 | *1945년 제2차 세계대전 패전에 따라 종전에 호황이던 전쟁용 군용트럭이 판매가 중단되기에 이름 |
| --- | --- |

도요타 도산 직전

**은행관리 개시**

| 도산 직전 은행관리 | *생존을 위해 은행의 자금융자 조건은 수락할 수밖에 없었음 |
| --- | --- |

| 융자조건 | 자구노력전개 |
| --- | --- |
| ① 제조/판매 분리로 자금운영의 투명성 확보할 것<br>② 생산능력을 낮추어 월 1,500대에서 940대로 감산할 것<br>③ 감산에 따라 과잉인원 1,700명을 해고할 것 | · 노조의 노동쟁의 금지<br>· 2,146명 퇴직<br>· 임금 10% 삭감 |

| 경영호전 희생 | *1950년 한국전쟁 발발로 군용트럭 수요 급증 → 공장가동 정상화 → 경영호전 및 회생 |
| --- | --- |

| 경영부실 운영복귀 | *수요가 늘자 '과잉생산'의 과거 습관으로 복귀 → 대량재고 발생 |
| --- | --- |

| 철저한 낭비제거 운동전개 | 식객추방 운동전개 | *"부가가치를 내지 않고 밥만 축내는 모든 것을 추방하자."<br>→ 도요타의 초기낭비 제거 운동 |
| --- | --- | --- |

| 3년 안에 미국을 따라잡자 | *일본과 미국의 생산성 비교 → 일본은 미국의 1/8 수준임을 인식 → 미국인이 체력적으로 8배의 힘을 쓰는 건 아닐 터인즉, 단지 일본인이 미국인에 비해 엄청난 낭비가 있음을 간파 → 이 낭비만 없애면 생산성을 높일 수 있다고 확신 |
| --- | --- |

TPS 완성자인 '오노 다이이치'는 사원들의 사고를 지배하고 판단과 행동의 기준이 되는 '사고 방법'을 제시하고 그 실천 정신을 '개선 혼(魂)'이라고 칭하고 전사적으로 실행을 독려했다.

표 1-3 《도요타 생산방식》 실천정신과 '개선 혼(魂)' ; DNA

| 개선혼 | 1. 사물에 대해 알려면, 철저한 분석을 통해 진짜 원인을 알고 - 5Why<br>2. 알았으면, 즉시 실행하지 않으면 견딜 수 없는 정신을 가지며 - 즉실천활동<br>3. 개선할 것은, 절대 원상태로 돌아갈 수 없게 조치하는 정신 - 시스템화, 표준화 |
|---|---|
| DNA | 1. 위기감이라는 피가 항상 조직 속에 흐르게 하는 것<br>2. 어떤 사물을 볼 때 항상 문제의식을 갖고 끝까지 지혜를 내어 개선하는 능력<br>3. 원칙이 정해지면 바보처럼 철저하게 지키는 수행력<br>4. 인원정리는 절대 없는 평생직장으로서의 노사 간 믿음과 신뢰 |

* 결국, 시간이 지난 후에도 우량기업으로 살아남기 위해서는 도요타 '개선 혼'과 같은 경쟁사와 구별할 수 있는 정체성, 'DNA'를 만들어야 한다는 것이 TPS의 정신이다.

시간이 지난 후에도 우량기업으로 살아남기 위해서는
도요타 '개선 혼'과 같은 경쟁사와 구별할 수 있는 정체성,
'DNA'를 만들어야 한다는 것이 TPS의 정신이다.

**표 1-4 도요타 생산방식의 발전사와 지향목표**

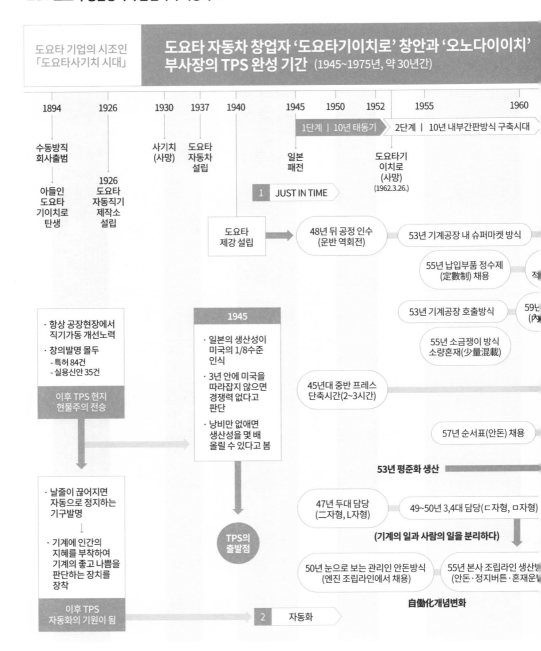

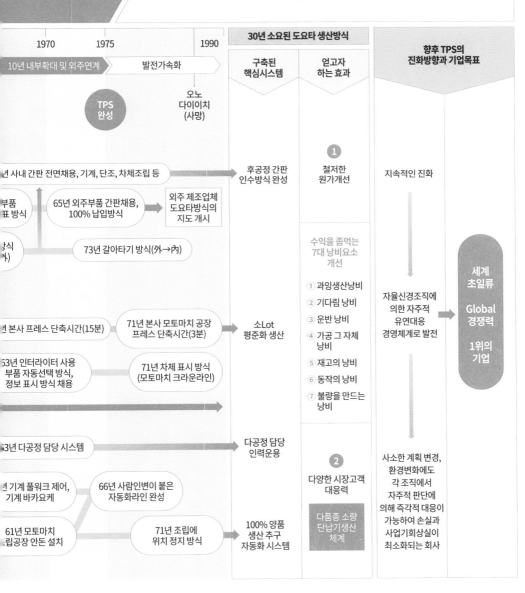

# 지 속 적 진 화 계 속

| 1970 | 1975 | 1990 |
|------|------|------|

10년 내부확대 및 외주연계 / 발전가속화

**TPS 완성**

오노 다이이치 (사망)

## 30년 소요된 도요타 생산방식

| 구축된 핵심시스템 | 얻고자 하는 효과 |
|---|---|

...년 사내 간판 전면채용, 기계, 단조, 차체조립 등 → 후공정 간판 인수방식 완성

...부품 ...표 방식 / 65년 외주부품 간판채용, 100% 납입방식 / 외주 제조업체 도요타방식의 지도 개시

...식 / 73년 갈아타기 방식(外→內)

...년 본사 프레스 단축시간(15분) / 71년 본사 모토마치 공장 프레스 단축시간(3분) → 소Lot 평준화 생산

...63년 인터라이터 사용 부품 자동선택 방식, 정보 표시 방식 채용 / 71년 차체 표시 방식 (모토마치 크라운라인)

...63년 다공정 담당 시스템 → 다공정 담당 인력운용

...년 기계 풀워크 제어, 기계 바카요케 / 66년 사람인변이 붙은 자동화라인 완성

...61년 모토마치 ...립공장 안돈 설치 / 71년 조립에 위치 정지 방식 → 100% 양품 생산 추구 자동화 시스템

**①** 철저한 원가개선

수익을 좀먹는 7대 낭비요소 개선
1. 과잉생산낭비
2. 기다림 낭비
3. 운반 낭비
4. 가공 그 자체 낭비
5. 재고의 낭비
6. 동작의 낭비
7. 불량을 만드는 낭비

**②** 다양한 시장고객 대응력

다품종 소량 단납기생산 체계

## 향후 TPS의 진화방향과 기업목표

지속적인 진화

자율신경조직에 의한 자주적 유연대응 경영체계로 발전

**세계 초일류 Global 경쟁력 1위의 기업**

사소한 계획 변경, 환경변화에도 각 조직에서 자주적 판단에 의해 즉각적 대응이 가능하여 손실과 사업기회상실이 최소화되는 회사

## 도요타 생산방식의 운영체계

TPS는 저성장 시대에도 수익을 확보하고 다품종 소량 생산 여건에서도 원가를 싸게 할 수 있는 방식을 찾기 위해, 부가가치를 높이는 일에만 집중하도록 하는 관리 기술이라고 볼 수 있다. 이를 위해서는 모든 업무 과정에서 수익을 좀먹는 '7대 낭비'의 제거를 철저히 해내는 것을 일상화할 수 있도록 한다. 그 7대 낭비는 다음과 같다.

① 과잉 생산의 낭비

② 불량의 낭비

③ 운반의 낭비

④ 재고의 낭비

⑤ 대기의 낭비

⑥ 가공 자체의 낭비

⑦ 동작의 낭비

이 같은 관리가 가능하도록 TPS는 두 가지의 핵심 활동을 통해 생산의 효율화를 추진한다.

첫째, JIDOKA(사람인변의 자동화; 自働化)이다.

이는 공정 중에 이상이 발생하면 바로 세우고 알 수 있는 구조를 만드는 것으로 라인스톱, 안돈 등의 기능을 통해 최상의 품질을 보증한다.

둘째, JIT(Just in Time; 후보충 · 후공정 인수방식)이다.

이는 필요한 제품을 필요한 시점에 필요한 양만큼 생산하는 방식으로 평준화를 통한 간판 방식으로 무재고를 지향한다.

또한 이 같은 두 개의 핵심 활동 이외에도 기본적인 토양 만들기를 위해서 5S, 현지현물, 전원참가 등의 활동이 병행된다.

표 1-5 **도요타 생산방식(TPS)의 구축 체계 이해**

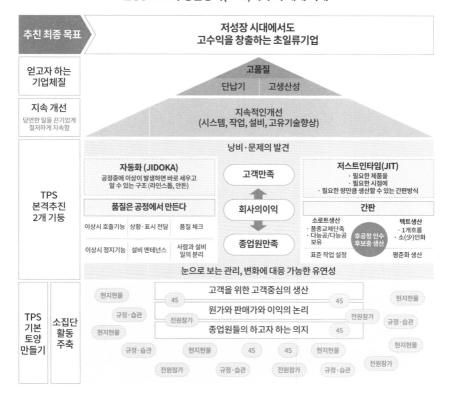

## (3) 도요타의 경영철학과 경영체계(Toyota Way)

도요타식 경영의 최종 지향 목표는 고객에게 가치를 제공하거나 기여하는 데 있다. 도요타가 이익을 실현한다는 것은 고객에게 피해를 주지 않으면서 순수한 회사 노력만으로 원가를 내리고 이익을 확보한다는 의미이다. 즉, 판가는 외부 요인에 의해 결정되기 때문에 이익을 얻으려면 원가를 내리는 데 집중해야 한다는 신조이다.

이 같은 기업 철학과 문화는 창업 정신으로 계승되어오다가 점차 글로벌화가 확대됨으로써 전 세계를 무대로 하는 도요타인들의 행동 지침으로 '지혜와 개선' '인간존중'이라는 양대축으로 정립하여 2001년부터 'Toyota Way'라 통일했다. 그리고 이 행동 철학을 일하는 현장에서 구현할 수 있도록 도요타 생산방식(TPS)으로 진화시켜 고품질, 극한 원가의 실현을 지속적으로 추진할 수 있도록 체질화시켰다. 결국, 이 TPS 방식은 도요타의 모든 일하는 방식의 기본이 되었고 세계 최고의 원가 경쟁력을 확보하는 핵심역량이 되었다. 이는 1980년대 중반부터 미국의 항공산업과 각종 기업에서 벤치마킹이 이루어져서 '린(Lean) 생산방식'이라는 이름으로 전 세계에 전파되어왔다. 특히 우리나라에서도 2008년을 전후하여 삼성, 현대, LG 등의 대기업을 중심으로 도요타 배우기를 시도했으며 현장을 중요시하는 기업문화 조성과 고품질, 극한 원가 도전이라는 벤치마킹이 확대되었다.

한편, 일상관리체계로는 방침과 목표관리를 통한 금일의 업적을 향상시키는 한편 미래를 선점하기 위한 변화·혁신 관리를 동시에 진행함으로써 현재에 안주하지 않고 지속적인 개선으로 이어질 수 있도록 했다. 특히나 계층에 따라 하위자나 현장직으로 내려갈수록 금일 업적 향상의 80~95% 비중으로 집중하여 현재의 품질과 원가를 이루어내고, 경영자 및 관리자 등 상위자로 올라갈수록 변화와 혁신 업무에 집중함으로써 글로벌 초일류 기업의 경쟁력을 확보해가고 있다.

도요타식 경영의 최종 지향 목표는
고객에게 가치를 제공하거나 기여하는 데 있다.

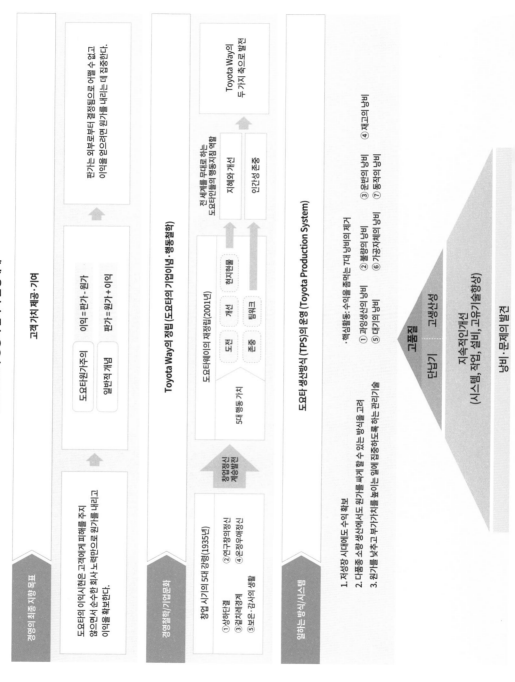

## 표 1-6 도요타 경영의 철학과 운영체계

**고객 가치 제공·기여**

경영의 최종 지향 목표
: 도요타의 이익시현은 고객에게 피해를 주지 않으면서 순수한 회사 노력만으로 원가를 내리고 이익을 확보한다.

도요타원가주의 · 일반적 개념 · 이익 = 판가 - 원가 · 판가 = 원가 + 이익

판가는 외부로부터 결정됨으로 어쩔 수 없고 이익을 얻으려면 원가를 내리는 데 집중한다.

**Toyota Way의 정립 (도요타의 기업이념 · 행동철학)**

경영철학/기업문화

창업 시기의 5대 강령 (1935년)
① 산업보국 ② 연구와 창신 ③ 검소와 정제 ④ 온정우애정신 ⑤ 보은 · 감사의 생활

창업정신 계승발전

도요타웨이의 재정립 (2001년)

5대 행동 가치: 도전 / 개선 / 존중 / 팀워크 / 현지현물

전 세계를 무대로 하는 도요타인들의 행동지침 역할: 지혜와 개선 / 인간성 존중

Toyota Way의 두 가지 축으로 발전

**도요타 생산방식 (TPS)의 운영 (Toyota Production System)**

일하는 방식/시스템

1. 저성장 시대에도 수익 확보
2. 다품종 소량 생산에서도 원가를 싸게 할 수 있는 방식을 고려
3. 원가를 낮추고 부가가치를 높이는 일에 집중하도록 하는 관리기술

· 핵심활동=수익을 좀먹는 7대 낭비의 제거
① 과잉생산의 낭비 ② 불량의 낭비 ③ 운반의 낭비 ④ 재고의 낭비
⑤ 대기의 낭비 ⑥ 가공자체의 낭비 ⑦ 동작의 낭비

단납기 / 고품질 / 고생산성
(교품질 / 교생산성)

지속적인개선
(시스템, 작업, 설비, 고유기술향상)

낭비·문제의 발견

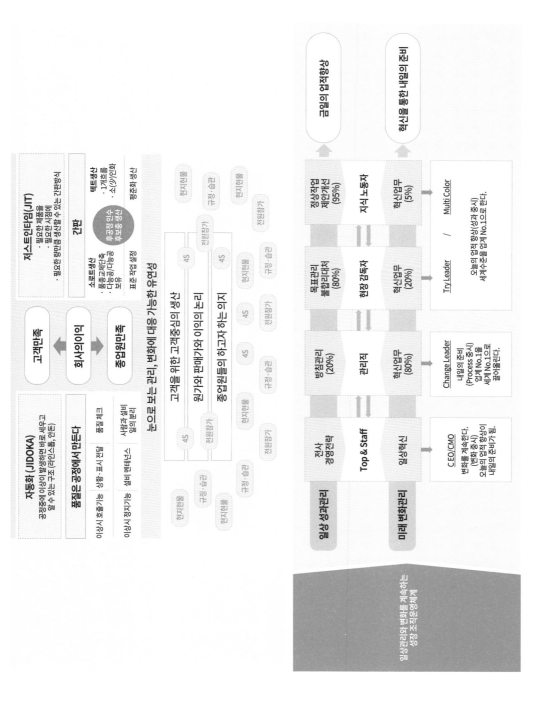

●●

**CHAPTER 4**

# 디지털 시대의 혁신 모델,
# 미국의 '아마존(Amazon)'


## (1) 아마존의 경영성과 탐색

아마존은 1994년 제프 베조스에 의해 창업. 2018년 12월 기준 세계 1위 시가 총액을 기록함으로써 디지털 시대의 최고의 사업 모델을 제시하고 있다. 《포에버 데이 원》을 지은 램 차란, 줄리아 양은 아마존의 단계별 성공적인 사업 진입과 핵심 운영 내용을 정리하고 있는데 그 내용을 요약하면 다음과 같다.


### 아마존의 비즈니스 모델과 경영성과 개요

**• 제1단계 : (1995년) 온라인 서점으로 시작**

오프라인 서점은 매장 크기에 따라 재고로 보관할 수 있는 책 수량이 제한될 수밖에 없지만, 온라인 서점은 이런 공간적 제약이 없었다. 베조스는 인터넷이 고객의 쇼핑 경험을 근본적으로 변화시킬 것이라고 생각했다. '무제한에 가까운 도서 선택법' '여과되지 않은 독자 서평' '개인화' 이 3가지가 기존의 업체는 필적할 수 없는 인터넷 업체만이 가진 강점이었다. 베조스는 기존 서점들이 아무리 규모가 크더라도 결국에는 상대가 되지 않을 것임을 확신했다.[14]

아마존은 미국 전자책 시장에서 5억 6,000만 권의 판매로써 89%의 독보적인 점유율을, 오프라인 출판도서 판매량은 8억 700만 권으로써 42%의 시장 점유율을 달성함으로써 출판 시장에서 독보적 경쟁력을 확보했다.[15] 이로써 아마존의 첫 단계 사업 모델이 만들어짐으로써 다음 단계로의 사업확대를 가능케 하는 성공 기반이 만들어졌다.

표 1-7 **미국 최대의 서점, 아마존**

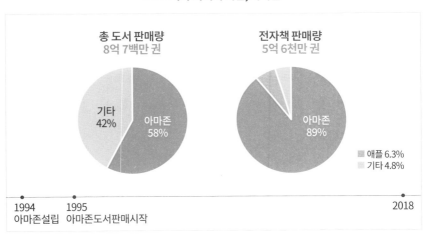

#### • 제2단계 : (1998년~) 온라인 상점(Everything Store) 진출

온라인 서점 사업에 이어 음악, 비디오, 선물, 장난감, 가전제품, 주택개조, 소프트웨어, 비디오게임 등 많은 분야로 사업확장을 가속화했다. 2001년에 이미 무려 4만5천 개에 달하는 품목과 수백만 권에 이르는 도서를 선택할 수 있게 했다.

2005년, 아마존은 주문한 지 이틀 안에 무료로 배송해주는 서비스인 연회비 79달러의 아마존 프라임 서비스를 출시했다. 2019년 말 기준으로 아마존은 전 세계에서 넷플릭스(Netflix)에 이어 두 번째로 많은 유료 가입자 약 1억 1,200만 명을 보유하고 있다.[16]

### • 제3단계 : (1999년~) 온라인 비상점(Unstore) 플랫폼 전개

플랫폼은 복수의 판매자를 참여시켜 복수제품 및 서비스에 대해 복잡한 거래 및 상호 작용을 용이하게 하며 관련된 모든 거래 당사자를 위한 가치를 창출한다. 아마존과 제3자 판매사업자 관계를 맺으면 판매자가 소매업체가 되어 아마존의 오픈마켓인 마켓플레이스를 통해 소비자에게 직접 제품을 판매하게 된다. 플랫폼 모델에서 제3자 판매업체는 경쟁자가 아니라 귀중한 생태계 파트너가 된다.

2020년 2월 현재 아마존은 미국에서 38.7%의 점유율을 차지하는 온라인판매 플랫폼이다. 제3자 판매업체의 판매액은 52%라는 놀라운 연평균 매출 증가율을 보이며 1999년 1억 달러에서 2018년 1600억 달러로 증가했다.[17]

### • 제4단계 : (2017년~ ) 인프라 사업과 온 오프라인 플랫폼

2017년, 아마존은 137억 달러에 홀푸드를 인수해 아마존 고(Amazon Go)를 열면서 사업영역을 신선 식품과 오프라인으로 확장했다. 아마존은 온라인과 오프라인 모두에서 고유의 주문이행 역량과 더불어 방대한 기존 고객층을 활용할 수 있는 특별한 강점을 가지고 있다.[18]

인프라 사업으로서는 주문이행서비스(2006년), AWS(아마존웹 서비스, 2006년), 알렉사(2014년)가 성공적 사업모델이 되었다. 2018년 AWS는 마이크로소프트, 구글, 알리바바의 경쟁 압력에도 불구하고, 전 세계 클라우드 서비스 시장에서 40%가 넘는 점유율로 1위를 지키고 있다. 또한 아마존 전체 매출액의 11%인 267억 달러에 이르고 전체 영업이익 중 59%를 차지하는 73억 달러를 달성했다. '알렉사'는 클라우드 기반의 음성인식 인공지능 비서로 에코에 연결되는 것 외에도 스마트 기기를 만드는 다른 회

**표1-8 미국 최대 온라인판매 플랫폼, 아마존**

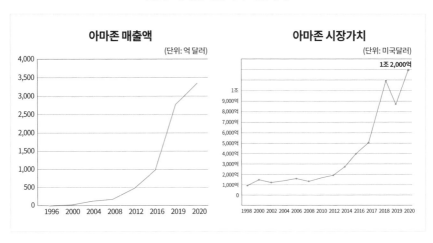

아마존은 타 회사가 아마존 플랫폼에서 물품을 판매할 수 있도록 허용했다.

**표1-9 아마존 매출액과 시장가치**

사들 및 외부 개발자들에게 개방되어 있다. 아마존은 디지털 시대의 플랫폼, 생태계, 인프라라는 새로운 개념을 바탕으로 비즈니스 모델을 성공적으로 구축하며 지속 성장을 달성해왔다.[19]

## (2) 아마존의 장기적 사고와 현금창출능력 위주의 경영모델

아마존의 사업 모델은 본질적으로 플랫폼과 인프라다. 이는 고정비용이 높고 변동비용은 상대적으로 낮은 것이 특징인 대규모 사업이다. 플랫폼과 인프라를 구축하는 데는 수년이 걸리며 수백억 달러의 대규모 투자가 필요하다. 이러한 투자는 단기적으로 2~3년 기간 동안 초기 투자 비용을 상쇄하는 수익을 창출할 수 없다. 적어도 7년에서 10년은 생각할 수 있는 사람들만이 강한 신념과 용기로 장기, 대규모 투자를 할 수 있다. 그렇다면 어떻게 이런 대규모 투자로부터 수익을 끌어낼 수 있을까? 여기서 규모와 속도가 정말 중요하다.

첫째는 규모다. 규모의 확장은 판매가 확대될수록 고정비용을 분산시켜 단위당 비용을 줄이고, 이는 더 큰 가격 인하를 가능하게 한다. 둘째는 속도다. 플랫폼과 인프라는 기술 게임이다. 발 빠른 투자와 실행을 통해 더 많은 고객층을 미리 선점할 수 있고, 보다 일찍 데이터를 축적함으로써 데이터 분석, 알고리즘 개선 및 AI 기반 솔루션에서 상당한 우위를 점할 수 있다. 즉 디지털 핵심역량을 만들어낸다.

아마존이 더 많은 고객에게 서비스를 제공하기 위한 한계비용을 거의 0으로 수립시키며 수확체감의 법칙(투자로 인한 수익률이 계속 증가할 수는 없고, 어느 시점부터 수익률은 점차 감소한다)을 완전히 깨버린, 수익이 증가하면서도 한계비용은 감소하는 '수확체증의 법칙'을 증명하고 있다.

그렇다면 왜 현금흐름, 특히 매출 총이익 현금 창출이 중요할까?

2018년에 아마존은 2,329억 달러의 매출을 올렸다. 매출 총이익률은 40.25%로 이는 1년에 937억 달러의 매출 총이익의 현금 창출이 된다. 영업현금흐름 관점에서 보면 아마존은 307억 달러의 순현금을 창출했다. 아마존은 이 막대한 현금을 재무제표상에 순이익으로 남기는 대신, 기술(연구개발 비용 288억 달러)과 플랫폼 및 인프라(자본적 지출 134억 달러)에 지속적인 대규모 투자를 하며 기하급수적으로 빠른 성장을 이끌어내고 있다.[20] 아마존은 2011년부터 2017년까지 7년 동안 AWS 데이터 센터를 포함해 주문이행 네트워크, 배송 역량 기술 인프라에 전 세계에 1,500억 달러 이상 투자했다. 이러한 아마존의 대규모 투자가 규모와 속도의 정신으로 고객수, 고객데이터, 엔드투엔드 고객 경험의 지속적인 증가를 촉진하며, 거대한 진입 장벽을 유지하고 플랫폼과 인프라(최종 배송구간 last mile, 소비자가 제품 배송을 받는 최종구간) 및 디지털 핵심역량에서 비교할 수 없는 경쟁 우위를 강화하기 위해 계획적으로 이루어진다.

표 1-10 **아마존의 경영실적 추이**

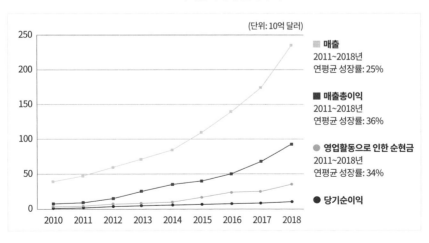

따라서 디지털 시대에 가장 적절한 지표는 주당 순이익이 아니라 주당 현금 흐름인 것이다. 기존 기업이 자본적 지출로 분류해 다년간 감가상각 할 수 있는 고정자산 투자와 달리 디지털도구, 시스템, 플랫폼에 대한 투자 중 상당 부분이 운영비로만 분류될 수 있기에 당해 연도 비용으로 기록되면서 순이익을 낮춘다. 이러한 투자는 매년 25%의 성장을 달성하기 위해 필수적인 것이다.[21]

## (3) 아마존의 경영철학과 경영체계(Amazon Way)

### 아마존의 경영철학과 기업문화 'Amazon Way'

아마존 경영의 궁극적인 지향점은 고객 가치 창출이다. 저렴한 가격 (Price), 다양한 상품군(Selection), 신속하고 편리한 가용성(Availability)이라는 고객들이 바라는 보편적 3가지 가치를 '아마존의 삼위일체 고객 가치[22]'라고 부를 정도로 그 신념이 확실하다.

아마존은 이 3가지 고객 가치를 흔들림 없이 구현함으로써 디지털 생태계의 성공 사업 모델을 구축한 것으로 평가한다. 이는 좋은 고객 경험을 통해 → 고객 트래픽 유발 → 더 많은 제3자 판매자 유입 → 다양한 상품군의 집결 → 규모화가 이루어질수록 저비용, 낮은 가격으로 선순환이 이루어진다는 '플라이휠 선순환구조[23]'를 구축한 것이다. 결국, 이러한 사업구조는 폭발적인 기업성장과 현금유입을 가능케 함으로써 기술 인프라 및 장기적 혁신을 위한 지속적인 투자를 가능케 했다.

아마존은 이 같은 창업자의 철학을 일상의 업무 속에서 구현하기 위해 '14가지 리더십 원칙'을 공유하고 'Amazon Way'라는 기업문화를 구축하고 있다.

## 아마존의 일하는 방식과 실행 메커니즘

아마존은 경영플랫폼을 각종 디지털 기능, 특히 사물 인터넷(IOT; Internet of Things) 기반으로 전환시킴으로써 '세상의 모든 것을 파는 상점'에서 '세상의 모든 것을 연결하는 사업 모델[24]'로 확장하고 있다고 본다. 이렇게 함으로써 업무수행 프로세스를 극한적인 자동화를 통해 단순화하고 내부적으로는 조직이 무사 안일주의에 빠지지 않고 관료화를 방지하게 하는 한편 고객들에게는 다양한 플랫폼과 유통 채널을 넘나드는 경험을 가능케 하고 있는 것이다.

한편, 경영목표 수립과 그것을 성과로 이어지게 하는 일상경영관리 시스템은 상당히 도전적이고 실행 중심의 운영체계를 갖추고 있다. 즉, 경영목표의 수립 과정은 전사적 기대치를 제시하는 Top-down 방식과 사업 부문별 제안을 조율하여 정교한 실행안을 도출한다. 또한 목표의 실행은 주간 종합 과정 관리 회의 WBR(Weekly Business Review)[25]를 통해 운영한다. 그 과정은 객관적인 측정 지표에 기반한 치밀한 성과 점검과 서술형 과제보고[26](PPT에 의한 프레젠테이션 금지)를 통해 운영한다. 이 같은 방식으로 전 구성원들은 경영상황을 명확하게 공유하고 주인의식과 책임감을 갖고 높은 목표에 도전하도록 하고 있다.

다음의 〈표 1-11〉은 아마존의 경영철학과 경영체계의 특징에 관해 관련 서적에서 밝히고 있는 핵심 내용을 담고 있다. 필자는 독자의 이해를 돕기 위해 이를 요약 정리했다.

표 1-11 **아마존의 경영 철학과 경영체계**

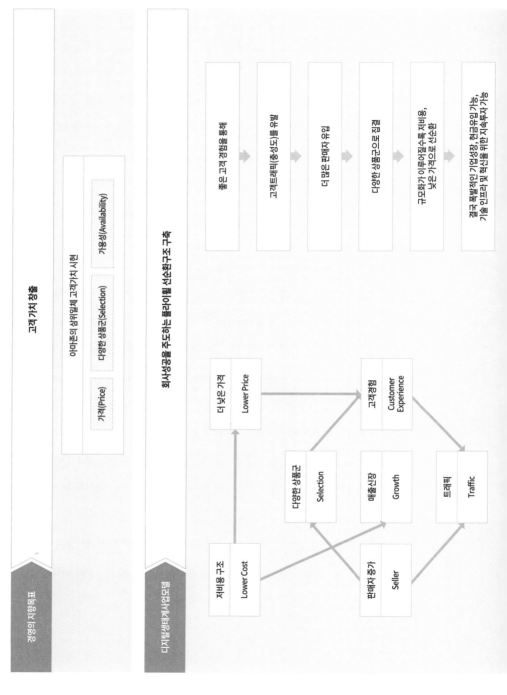

**경영의 지향목표**

## 고객 가치 창출

아마존의 상위일체 고객가치 시현

| 가격(Price) | 다양한 상품군(Selection) | 가용성(Availability) |

**디지털생태계사업모델**

## 회사성장을 주도하는 플라이휠 선순환구조 구축

| 더 낮은 가격 Lower Price | 고객경험 Customer Experience |
| 비용구조 Lower Cost | 다양한 상품군 Selection |
| | 매출신장 Growth |
| | 트래픽 Traffic |
| | 판매자 증가 Seller |

- 좋은 고객 경험을 통해
- 고객트래픽(충성도)를 유발
- 더 많은 판매자 유입
- 다양한 상품군으로 진결
- 규모화가 이루어질수록 저비용, 낮은 가격으로 선순환
- 결국 폭발적인 기업성장, 현금유입가능, 기술 인프라 및 혁신을 위한 지속투자가능

## AMAZON WAY (14가지 리더십 원칙)

① 고객에 집착하라
② 주인의식을 가져라
③ 발명하고 단순화하라
④ 리더는 대부분 옳다
⑤ 배우고 호기심을 가져라
⑥ 최고의 인재를 채용·육성하라
⑦ 최고의 기준을 고집하라
⑧ 크게 생각하라
⑨ 신속하게 결정하고 행동하라
⑩ 절약하라
⑪ 다른 사람들의 신뢰를 얻어라
⑫ 깊게 파고 들어라
⑬ 소신있게 반대하거나 헌신하라
⑭ 구체적인 성과를 내라

## 아마존 경영 플랫폼(사물인터넷 기반 디지털 엔진)

세상의 모든 것을 파는 상점(The Everything Store) | 세상의 모든 것을 연결하는 상점(Internet of Thing)

**기본기능**

• 업무 수행 프로세스를 극한적 자동화를 통해 단순화시킴(관료화 방지, 무사안일주의 배척)
• 사물 인터넷(IOT) 기반으로 고객들이 다양한 플랫폼과 유통 채널 넘나드는 경험

**핵심 플랫폼**

• 아마존 주문이행 서비스 (FBA) - 판매자들에게 글로벌 소매 유통망 제공
• 아마존 웹서비스 (AWS) - 클라우드 컴퓨팅 서비스로 데이터 솔루션(9000억개 Data 보유)
• 아마존 마켓플레이스 (제3자 판매자 프로그램) - 클라우드, FBA, 마켓플레이스 결합(엔드투엔드 셀프서비스)
• 아마존 머신 러닝 (Amazon Machine Learning) - 기계작 학습
• 주문형 자가출판 서비스 - 작가 자신이 쓰고 편집, 제작, 유통까지 함
• 사물인터넷 PC 'Echo', 인공지능 플랫폼 'Allexa' - 음성입력, 소리출력

**실행 통제관리**

• 아이템 권위(ITEM Authority) - 다른 상품과 쉽게 비교, 선택권 부여
• 판매자 신뢰지수 평가 - 고객 만족 종합지수 제공

표 1-12 아마존의 목표수립과 실행 메카니즘

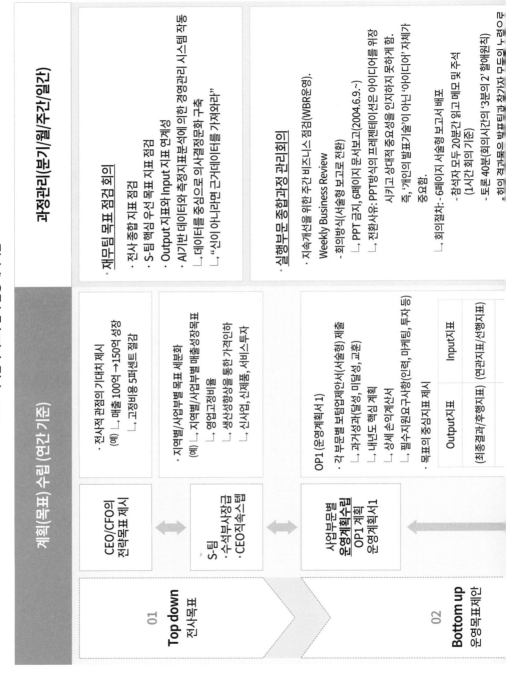

## 계획(목표) 수립 (연간 기준)

**01 Top down** 전사목표

**CEO/CFO의 전략목표 제시**
· 전사적 관점의 기대치 제시
  (예) · 매출 100억 →150억 성장
    └ 고정비용 5퍼센트 절감

**S-팀**
· 수석부사장급
· CEO직속스텝
· 지역별/사업부별 목표 세분화
  (예) └ 지역별/사업부별 매출성장목표
    └ 영업고정비율
    └ 생산성향상을 통한 가격인하
    └ 신사업, 신제품, 서비스투자

**02 Bottom up** 운영목표제안

**사업부문별 운영계획수립 OP1 계획** 운영계획서1
OP1 (운영계획서 1)
· 각 부문별 보텀업제안서(서술형) 제출
  └ 과거성과(달성, 미달성, 교훈)
  └ 내년도 핵심 계획
  └ 상세 손익계산서
  └ 필수지원요구사항(인력, 마케팅, 투자 등)
  └ 목표의 중심지표 제시

| Output지표 | Input지표 |
|---|---|
| (최종결과/후행지표) | (연관지표/선행지표) |

## 과정관리(분기/월/주간/일간)

### 재무팀 목표 점검 회의
· 전사 종합 지표 점검
· S-팀 핵심 우선 목표 지표 점검
· Output 지표와 Input 지표 연계성
· AI기반 데이터와 측정지표분석에 의한 경영관리 시스템 작동
  └ 데이터를 중심으로 의사결정문화 구축
  └ "신이 아니라면 근거데이터를 가져와라"

### 실행부문 종합과정 관리회의
· 지속개선을 위한 주간 비즈니스 점검(WBR운영).
  Weekly Business Review
  - 회의방식(서술형 보고로 전환)
    └ PPT 금지, 6페이지 문서보고(2004.6.9.~)
    └ 전환사유: PPT방식의 프레젠테이션은 아이디어를 위장
      시키고 상대적 중요요성을 인지하지 못하게 함.
      즉, '개인의 발표기술'이 아닌 '아이디어' 자체가
      중요함.
    └ 회의절차: - 6페이지 서술형 보고서 배포
      - 참석자 모두 20분간 읽고 메모 및 주석
        (1시간 회의 기준)
      - 토론 40분(회의시간이 '3분의 2' 할애원칙)
      - 회의 결과물은 발표팀과 참가자 모두의 누적으로

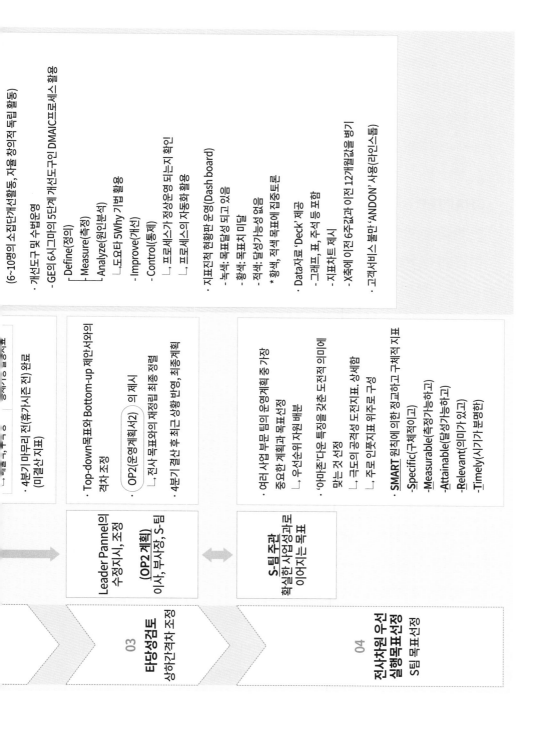

(6~10명이 소집단개선활동, 자율 창의적 독립 활동)

- 개선도구 및 수범운영
- GE의 6시그마의 5단계 개선도구인 DMAIC프로세스 활용
  - Define(정의)
  - Measure(측정)
  - Analyze(원인분석)
    └ 도요타 5Why 기법 활용
  - Improve(개선)
  - Control(통제)
    └ 프로세스가 정상운영 되는지 확인
    └ 프로세스의 자동화 활용
- 지표진척 현황판 운영(Dash board)
  - 녹색: 목표달성이 되고 있음
  - 황색: 목표치 미달
  - 적색: 달성가능성 없음
  * 황색, 적색 목표에 집중토론
- Data자료 'Deck' 제공
  - 그래프, 표, 주석 등 포함
  - 지표차트 제시
  - X축에 이전 6주값과 이전 12개월값을 병기
  - 고객서비스 불만 'ANDON' 사용(라인스톱)

- 4분기 마무리 전(휴가치존 전) 완료 (미결산지표)
- Top-down목표와 Bottom-up 제안사와의 격차 조정
- OP2(운영계획서2) 의 제시
  └ 전사 목표와의 재정립 최종 정렬
- 4분기 결산 후 최근 상황 반영, 최종계획

Leader Pannel의 수정지시, 조정
(OP2 계획)
이사, 부사장, S-팀

03
타당성검토
상하간격차 조정

- 여러 사업 부문 팀의 운영계획 중 가장 중요한 계획과 목표선정
  └ 우선순위 자원배분
- '아마존'다운 특징을 갖춘 도전적 의미에 맞는 것 선정
  └ 극도의 공격성 도전지표. 상세함
  └ 주로 인풋지표 위주로 구성
- SMART 현재에 의한 정교하고 구체적 지표
  - Specific(구체적이고)
  - Measurable(측정가능하고)
  - Attainable(달성가능하고)
  - Relevant(의미가 있고)
  - Timely(시기가 분명한)

S-팀 주관
확실한 사업성과로 이어지는 목표

04
전사차원 우선
실행목표선정
S팀 목표선정

**● ●**

## CHAPTER 5

# 위기의식에서 생존의 혈로를 뚫어낸
# 한국의 '삼성(Samsung)'

### (1) 삼성이 이룩한 글로벌 일류기업으로의 변화와 그 위상

《삼성웨이 – 이건희 경영학》을 지은 송재용·이경묵 교수는 삼성의 일류화 과정을 연구하여 다음과 같이 정리하고 있다.

### 삼성이 처한 경영환경과 위기의식

이건희 회장의 취임 해인 1987~1990년대 후반의 기업환경은 다음 5가지로 정리된다.

첫째, 기술 면에서 선진국에 뒤처져 있었고, 둘째, 금융시장이 발달하지 않아 대규모 자금 조달이나 M&A를 통해 성장을 도모하기 어려웠고, 셋째, 1980년대 이후 강력한 노동조합 활동으로 인해 구조조정이 용이하지 않았으며, 넷째, 국제적인 브랜드 형성이 안 되어 대부분 OEM 방식의 해외시장 접근이 이루어졌고, 다섯째, 국내 인건비의 지속 상승으로 한국은 저임금 기반의 노동집약적 생산기지로서의 매력을 잃고 있었다.

이러한 상황 인식하에 "삼성은 2류다, 그대로 두면 3류, 4류가 되고 사업 한두 개를 잃는 게 아니라 삼성 전체가 사그라질 것 같은 절박한 심정이었다."라고 토로했다.

### 이건희 회장의 4단계 경영적인 변화

#### • 제1단계 : 1987~1992년 회장 취임 직후

이 회장은 "세기말적 변화가 온다. 초일류가 아니면 살아남을 수 없다"는 당시로선 파격적인 개념을 내세우며 제2의 창업을 선포했다.

#### • 제2단계 : 1993~1997년 신경영 선포 이후 5년간

"양이 아니라 질(質)경영으로 바뀌어야 한다"는 메시지를 전파했으며 위기의식을 공유하기 위해 7·4제(7시 출근, 4시 퇴근), 라인 스톱제(불량이 발생하면 모든 라인을 멈추고 원인을 파악함), 부실 자산 자진신고제 등 파격적 제도를 도입했다. 그룹 내의 부실도 과감히 도려내는 등 삼성의 수준을 한 단계 도약시켰다.

#### • 제3단계 : 1997~2002년 IMF 체제 5년 기간

파격적이고 성역 없는 구조조정을 내세우며 59개사 계열사를 40개로 줄이는 등 조직 재정비를 단행했다. 나아가 핵심인재 유치, 파격적 인센티브, 연봉제/성과급제, 내부 경쟁 시스템 등 삼성의 경영체제를 뒷받침하는 경영시스템을 큰 저항 없이 도입했다.

#### • 제4단계 : 2003년 이후~현재 2020년 회장 서거

사업의 융복합, 디지털, 소프트라는 개념을 경영에 적극 도입하고 2005

년 밀라노 선언을 통해 디자인과 브랜드가치에 대한 투자를 대대적으로 단행했다. 추종자로서의 위치에서 선도자로서의 전환을 위해 창조경영을 주도했다.

이러한 이건희 회장의 끊임없는 도전과 리더십에 따라 글로벌 일류화가 이루어졌다.

표 1-13 **삼성그룹의 경영성과(1987년 대비 2018년 비교)**

| | 매출 | 영업이익 | 시가총액 | 인력 | 비 고 |
|---|---|---|---|---|---|
| 1987년 | 9.9조원 | 0.2조원 | 1조원 | 10만명 | *1987년은 이건희 회장 취임 연도. |
| 2018년 | 387조원 | 72조원 | 396조원 | 52만명 | |
| (증가폭) | (39배) | (360배) | (396배) | (5.2배) | 시가총액은 상장사 기준 |

표 1-14 **삼성전자의 경영성과(1987년 대비 2019년 비교)**

| | 매출 | 영엽이익 | 미국특허 등록개수 |
|---|---|---|---|
| 1987년 | 2.4조원 | 0.1조원 | 2012년 5,081건 등록하여 2006년 이후 IBM에 이어 매년 2위 |
| 2019년 | 230조원 | 28조원 | |

표 1-15 **삼성전자 계열 글로벌 1위 품목과 점유율(삼성전자 기준)**

| | 평판 TV | 휴대폰 (전체) | 스마트폰 | 메모리D램 | 낸드플래시 메모리 | 솔리드 스테이트 드라이브 (SSD) | 디스플레이 구동칩 (DDI) | 스마트카드 IC | 냉장고 | 사운드바 | 정보표시 대형모니터 (LFD) |
|---|---|---|---|---|---|---|---|---|---|---|---|
| 1위 등극 시기 | 2006년 | 2012년 | 2011년 | 1995년 | 2002년 | 2005년 | 2002년 | 2006년 | 2012년 | 2009년 | 2009년 |
| 점유율(%) (2013년 기준) | (26.8) | (27.2) | (32.3) | (36.2) | (34.7) | (26.0) | (18.1) | (23.0) | (15.4) | (22.6) | (26.3) |

표 1-16 **삼성의 브랜드 가치와 순위(인터브랜드 평가기준)**

| | 2000 | 2002 | 2004 | 2006 | 2008 | 2010 | 2011 | 2012 | 2020 | 비 고 |
|---|---|---|---|---|---|---|---|---|---|---|
| 브랜드가치 (달러) | 52억 | 83억 | 126억 | 162억 | 177억 | 195억 | 234억 | 329억 | 623억 | 1위 애플 2위 아마존 3위 MS 4위 구글 |
| 순위 | 43위 | 34위 | 21위 | 20위 | 21위 | 19위 | 17위 | 9위 | 5위 | |

## (2) 삼성의 경영철학과 경영체계(Samsung Way)

삼성은 1938년 창립 이후 근 50여 년 동안 진화 및 발전되어 오다가, 1987년 이건희 회장이 취임하면서 삼성이 21세기 글로벌 무한경쟁시대에 생존하기 위해서는 국내 중심의 안이한 1등주의 틀에서 탈피하지 않으면 안 된다는 절실한 위기의식을 통찰하며 전략 및 경영방식에 근본적인 변화를 주도하기 시작했다. 1993년 이후 신경영혁신에서는 '21세기 글로벌 초일류기업' 달성을 전사적 비전으로 설정했고, 이를 달성하기 위해 과거의 양적 팽창 위주 전략과 경영방식에서 질적 고도화 전략과 경영방식으로 대전환을 시도했다. 이건희라는 탁월한 CEO에 이르러 마침내 질적인 도약을 하게 되면서 글로벌 일류화가 이루어졌고, 이로써 삼성 특유의 경영방식과 시스템을 보유하게 되었다. 이것이 삼성웨이의 근간이 되었다고 평가한다.

다음은 삼성의 경영철학과 운영체계(SAMSUNG WAY)에 관하여 관련 저서나 홍보 기사를 통해 알려진 자료를 근간으로 하여 삼성의 일류화 운영체계와 핵심 내용만을 요약하여 도표로 재구성해본 것이다. 이것은 기업을 일류화하기 위하여 삼성이라는 한 기업이 어떤 전략과 방법으로 변화를 거듭하여왔는지를 이해하는 데 도움이 될 것이다.

표 1-17 삼성의 경영철학과 운영체제(SAMSUNG WAY)의 변화 현황

| | 창업1세대<br>(이병철회장, 1938~1980년대 후반) | 창업2세대<br>(이건희회장, 1987~2020년) |
|---|---|---|
| 비전 | — | 21세기 글로벌 초일류 기업 |
| 경영이념 | · 사업보국　· 인재제일　· 합리추구 | 인재와 기술을 바탕으로 최고의 제품과 서비스를 창출하여 인류사회에 공헌한다. |
| 삼성인의 정신 | · 새로운 것을 탐구하고 개척한다(창조정신).<br>· 진실되고 바르게 행동한다(도덕정신).<br>· 모든 면에서 제일이 된다(제1주의).<br>· 확실하고 완벽하게 임한다(완전주의).<br>· 서로를 존중하고 돕는다(공존공영). | · 고객과 함께한다.<br>· 세계에 도전한다.<br>· 미래를 창조한다.<br><br>[삼성의 삼위일체 가치체계] 1995년<br><br>경영이념<br>인재와 기술을 바탕으로<br>최고의 제품과 서비스를 창출하여<br>인류사회에 공헌한다 |

**핵심가치**
- 인재제일
- 최고지향
- 변화선도
- 정도경영
- 상생추구

**경영원칙**
원칙1 법과 윤리를 준수한다
원칙2 깨끗한 조직문화를 유지한다
원칙3 고객·주주·종업원을 존중한다
원칙4 환경·안전·건강을 중시한다
원칙5 글로벌 기업시민으로서 사회적 책임을 다한다

**경영시스템 변화**

· 경영관리
- 세심한 관리와 큰 관리 동시추구
- 수치에 의한 관리
- 고객중시 프로세스
- 전사통합정보시스템

· 전략/사업구조
- 질 중시/소프트 강조
- 시장 선도자 지향
- 사업구조 고도화

· 가치와 문화
- 글로벌 제일주의
- 효과성추구
- 인재제일

· 인재관리
- 핵심인재 중시
- 외부인재 영입/글로벌 인재 활용
- 성과주의 보상/승진

· 경영관리
- 세심한 관리
- 수비형/위험회피형

· 전략/사업구조
- 양 위주 성장추구
- 안행형 비관련 다각화
  └ 지분투자공동체

· 가치와 문화
- 순혈주의(충성심/결속력)
- 향상의지(교육, 벤치마킹)

· 인재관리
- 공개 채용제도 운영(1957년~)
  연공서열 기반 보상
- 사업부제 체제(1975년~)
  사업부별 독립경영 책임 경영제 운영

## 창업1세대 (이병철회장, 1938~1980년대 후반)

**관리형 기업**
- 양적 목표에 치중
- 단기업적 중시
- 이기주의, 권위주의
- 중앙집권적 획일성, 타율 문화

**소유경영자의 가부장적 리더십**
- 전문경영자의 관리형, 전행자 역할도 제한적

## 창업2세대 (이건희회장, 1987~2020년)

**전략형 기업**
- 질 중시/소프트 강조
- 자율경영 중시
- 젊고 역동적인 문화
- 인격과 자율성 중시

**소유경영자의 비전제시/통찰리더십**
- 전문경영자의 전략가적 역할 CEO에 권한 위임, 책임경영

---

- 질 중시
- 핵심인재 중시

- 기술/브랜드/디자인 중시
- 위기의식

---

- 도전적 비전
- 기회 선점

- 대규모조직이면서 빠르다 (규모+스피드)

- 수평/수직 다각화되었으나 전문성 보유

- 미국식 경영과 일본식 경영의 장점이 구현됨 (미국식+일본식 경영)

- 스피드 창출 역량 (의사결정/실행스피드)

- 응복합화 시너지 창출역량 (수직/수평적 계열화)

- 진화적 혁신역량 (내부혁신/외부지식흡수 역량)

- 전략부문은 미국식 경영, 현장 및 실무 오퍼레이션 부문은 일본식 경영이 두드러짐
- 수치에 의한 관리 체질화
  - 지역별 재고, 주요 매장별 판매량, 공장생산 능력, 재무 및 회계관리 실시간 파악 가능
  - 전 세계 생산 및 판매 법인의 생산 판매계획 1주 단위 재수립 가능
- 방침 전개(Policy Deployment) → 목표 달성을 일한 솔다의 구체화

---

**기업문화**

**리더십과 지배구조**

**삼성 DNA의 변화**

**삼성의 패러독스 경영** (복수의 경쟁우위 동시창출)

삼성식 경영구축

**핵심역량/성공요소**

**실행시스템 및 관리체계**

- 제품 및 서비스 부문이 '6시그마' 넘버 개선 기법을 통하여 가장 좋게, 가장 싸게, 가장 빠르게 추구
→ 실행과정에서 회사 내 모든 프로세스가 수치화, 통계화됨

- 5대 핵심경영 프로세스의 IT인프라 기반 구축 → 업무수행 단순화, 스피드화, 고객중심 운영기반
- 5대핵심 프로세스를 SCM과 GOC(Global Operation Center)와 통합연계운영(2002~매주회의)
- 판매, 생산, 제품개발 통합 의사결정 - Global SCM + Global ERP 연계구축

**IT화**

**01 신제품 개발 프로세스**
- 기획단계부터 유관부서 참여, 협력수행체계

→ **PLM** (제품생애관리)

**02 부품구매 프로세스**
- SCM과 연계한 부품 구매체계

→ **SRM** (공급자관계관리)

**03 제조 프로세스**
- 전사 SCM과 사업부별 글로벌 운영센터
20주전 계획 물량발주 주간조정·3일 확정

→ **GMES** (글로벌생산실행시스템)

**04 물류 프로세스**
- 생산 완제품 지역거점 물류
- 부품 기자재 공급 물류(회사 ↔ 1차협력사)

→ **GLS** (글로벌물류시스템)

**05 마케팅 영업 서비스 프로세스**
- 고객과의 긴밀한 협력, 고객 맞춤영업연계,
고객요구수용 신제품개발

→ **CRM** (고객관계관리)

- 치열한 경쟁을 유발하고 철저한 협력이 일어날 수 있도록 함(시너지 창출, 내부경쟁기반)
- 업적평가 방식 운영: 계열사, 사업부, 팀, 개인수준의 업적 평가
- 목표 달성도를 절대평가방식, 상대평가방식으로 동시 운영
- 개인 연봉액의 50%까지를 이익 배분화 운영

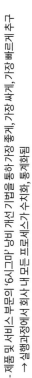

**평가와 보상**

Part 02

# 만들어가야 할
# '성공적 경영체계'의 기본 구상

● ●

**CHAPTER 1**

# 성공한 기업들이 만들어낸
# '경영체계'

앞서 자료에서 확인한 바와 같이 글로벌 일류기업들은 공통적으로 오랜 기간을 통해 성공적인 경영구조 및 운영체계를 갖추고 있음을 알 수 있다.

그것을 좀 더 요약해보면 다음과 같다.

① 경영이념 및 철학을 정립

② 비전의 설정

③ 비전 달성을 위한 목표와 전략의 명확화

④ 목표달성을 위한 관리 및 업무수행시스템 운영

⑤ 이 모든 것을 뒷받침하는 리더십과 기업문화의 구축 등

이 같은 핵심 요소들은 결국 기업 내 구성원들에게 업에 대한 이해는 물론 목표달성을 위한 전 구성원의 결집과 한 방향 정열을 가능케 해줌으로써 주인의식을 고취하고 결국 기업가 정신이 충만한 조직 구성체를 만든다고 볼 수 있다. 따라서 일류기업으로의 발전을 위해서는 이미 그 과정을

거쳐서 성공한 기업들의 '성공적 발전 모델'을 만들어가는 일이 현명할 수 있다. 그것은 곧 성공기업을 가능케 하는 '핵심역량'을 갖추는 지름길이 될 수 있기 때문이다.

표 2-1 **성공한 기업들이 만든 경영 구조와 핵심 역량**

## CHAPTER 2

# 만들어가야 할 '성공경영체계'와
# 핵심역량

## (1) 만들어가야 할 '성공경영체계'

성공한 글로벌 일류기업들은 공통적으로 성공기업으로 가는 데에 지름 길이 될 수 있는 3가지 경영구조 및 운영의 틀을 만들어갔음을 알 수 있다. 그 3가지는 다음과 같다.

첫째, 경영의 5대 기본구조(틀)를 만들어나간다.

① 경영철학 및 이념 정립과 비전을 뚜렷이 한다.

② 현장 접점의 일하는 방식을 자기 업(業)에 맞게 만들어 전 구성원에 게 체질화한다.

③ 경영의 방침 및 전략과 목표를 효과적으로 관리할 수 있는 운영체계 를 갖는다.

④ 일하는 조직문화를 환경에 맞춰 적용할 수 있도록 유연화한다.

⑤ 항상 성과를 낼 수 있도록 목표 지향적이다.

둘째, 현업의 지속 성장과 고수익 구조를 실현하기 위해 전사적 목표관리와 전원 참여형 현장개선 조직이라는 일하는 시스템을 운영한다. 이를 통해 성과 있는 일상관리와 변화관리를 추진한다.

셋째, 이상의 과정을 통해 기업 내부에 일하는 철학, 일하는 방식, 일하는 문화가 쌓이게 되고 결국 그것이 차별화된 '핵심역량'을 만들어준다. 이는 곧 탁월한 경쟁력으로 이어져서 한 사업 분야의 정상을 차지하게 할 뿐만 아니라 지속적인 우위를 가질 수 있게 하는 원동력이 되는 것이다.

표 2-2 **성공 기업의 경영 구조 모델과 만들어가야 할 핵심 역량**

## (2) 핵심역량 갖추기와 기업 경쟁력 확보

그러면 여기에서 핵심역량이란 무엇이며 왜 이 핵심역량이 기업의 궁극적인 생존경쟁력이 될 수 있는가를 알아볼 필요가 있다.

'핵심역량(Core Competence)'이란 용어는 1990년 미국 미시건 대학의 '게리 하멜'과 '프라할라드' 교수에 의해 다음과 같이 강조되기 시작했다.

핵심역량이란 기업 내부의 조직구성원들이 보유하고 있는 총체적인 기술, 지식, 문화 등 기업의 핵심을 이루는 능력을 말한다. 이는 경쟁 기업에 비해 훨씬 우월한 능력, 즉 경쟁 우위를 가져다주는 기업의 능력으로서 이는 보다 우수한 수준으로 고객 만족을 제공할 수 있도록 하는 기업의 힘이 되어준다. 종래의 기업 경영은 외부 환경의 변화, 즉 경쟁과 기술의 대응에만 치중하는 면이 있는데 그 같은 경영전략으로서는 한계에 이를 수밖에 없다. 미래의 경영은 기업 내부의 성공 원천을 찾아서 그를 통해 경쟁 차별성을 확보하는 것이 핵심이다.

그들은 마지막까지 기업에 남을 경쟁력으로 '핵심역량 만들기'를 강조했는데 지금은 일반적인 경영전략의 키워드로 사용되고 있다.

따라서 성공기업들은

① 일하는 방식 및 시스템을 만들고

② 그 시스템 위에서 탁월한 인재를 육성하며

③ 남다른 기업문화 창조를 통하여

자기만의 '핵심역량'을 갖추고 있는 것으로 판단할 수 있다.

그러한 핵심역량이 각 분야별 업무에서 남과 다른 차별화를 할 수 있게 해주는데 이를테면, 차별화된 마케팅력, 차별화된 기술/품질력, 차별화된 서비스력 등을 발휘하게 해줌으로써 일류 경쟁력을 확보할 수 있게 해준다.

한 기업이 창립되어 초기의 사업기반 조성 → 경쟁 우위 선점 → 업계 선두 확보라는 과정을 겪기까지는 수많은 어려움과 피나는 경쟁상황을 겪기 마련이다. 그 과정은 시행착오의 연속이며 성공적인 일보다 실패의 연속일 수 있다. 불확실한 재무적 투자리스크를 감내해야 하며 언제 끝날지 모르는 시간과의 싸움일 수 있기 때문이다.

지금은 세계 1등 기업으로 성공적인 사업 구축을 이룩한 한국의 삼성도 기반 사업 구축에 약 50년, 삼성전자를 글로벌 일류기업화하는 데까지 약 30여 년이 또 소요되었다. 일본의 도요타 자동차 역시 창업 후 약 70여 년이 경과한 2008년에야 명실상부한 세계 1위 기업으로 등극했으며 '도요타 생산방식'이라는 차별화된 핵심역량을 갖추는 데만 약 45여 년이 소요된 것으로 전해지고 있다. 최근 벤처기업으로 시작하여 e-commerce 사업 영역에서 시가총액 세계 1위(2018년 12월)를 기록한 아마존은 창업 후 약 23년이 지나서였다. 이 같은 기업 성공 역사의 사례에서도 밝혀지고 있듯이 한 기업이 자기 사업 영역에서 세계 일류의 위치에 서기까지는 상당한 기간이 소요되었음을 알 수 있는데, 이 기간에 기업은 자기만의 '성공적인 경영구조모델'을 만들었으며 거기에서 다져진 차별적 핵심역량이 최고의 경쟁력으로 작용하고 있음을 알 수 있다.

이같이 일류화가 이루어지기 위해서는 예외 없이 자기 업(業)에 맞는 '성공적 경영구조 모델과 핵심역량'을 만들어야 한다. 그런데 그것을 만들어가려면 어떻게 해야 할 것인가? 무엇부터 다져나가야 가능할 것인가? 그리고 어떻게 해야 너무 많은 시간과 너무 많은 경제적 부담을 들이지 않고 기업의 경쟁력을 갖출 수 있을 것인가? 결국, 기업 경영의 사례와 연구를 통해 보편적 타당성 있는 방법으로 기업 운영에 적용하고 있는 것이 '시스템경영'이라 할 수 있다.

그렇다면 왜 시스템으로 일하는 경영이 성공적 경영모델을 만드는 데 필수적인 과정일까를 생각해보게 된다. 그 이유를 정리해보면 다음과 같다.

- 조직구성원 개개인의 역량으로는 수많은 경영자원(사람, 설비, 기술방법, 재료, 자본 등)을 총체적으로 최적화하는 데 한계가 있다.
- 기업 내 업무수행에는 '일상관리'와 '변화관리'가 있으나 특히 변화관리는 시스템에 의해서만 효율적으로 확보할 수 있다. 일반적인 '일상의 일 관리'를 제대로 해내는 것은 물론 기본이다. 그러나 더 중요한 것은 그때그때 발생하는 환경 및 경쟁조건에 맞추거나 더 높은 수준으로의 '변화관리' 역량이 없다면 아무리 일상의 업무를 잘 처리한다해도 경쟁력은 한순간에 허물어지기 때문이다. 변화는 현상을 타파하고 한 차원 높은 수준으로의 도약을 의미한다. 현재의 수준에 안주하거나 남과 다른 차별성이나 남보다 더 높은 수준에 도전하지 않는다면 평범한 수준에 머무르는 데 만족해야 할 것이다. 즉, 현재를 돌파하고 최고의 수준으로 거듭나는 일 그것이 변화이며 혁신의 시작인 것이다. 변화와 혁신을 일상화하는 것이야말로 탁월한 기업이 되는 지름길이다.

그런데 어느 조직이나 이 변화를 지속적으로 실행해 나간다는 것은 매우 어렵다. 설사 단호한 의지로 시작한다고 하더라도 일관된 지속성을 유지하지 못하면 일순간에 변화 이전의 시점으로 다시 돌아가고 만다. 그렇게 몇 번이나 시도하다 보면 결국 변화의 피로에 함몰되어 스스로 포기하는 일이 일반적이기 때문이다. 그러면 무엇 때문에 이러한 변화능력을 갖추기가 어려운 것일까? 그 이유는 변화에는 수많은 복잡계가 연결되어 있기 때문이다.

즉, 변화하는 과정에는

첫째, 일정한 프로세스가 존재하기 때문에 단계에 걸친 지속적인 과정 관리가 필요하다. 그러기 위해서는
① 현재를 바꾸어 보겠다는 '생각의 변화'가 있어야 하고
② 그로 인해 '행동'을 변화시키고
③ '습관'이 되도록 하여
④ 궁극적으로 '생활화, 체질화'가 만들어져야 한다.

둘째, 변화해야 하는 일도
① 변화의 대상이 작은 일에서 큰 일 모두까지
② 변화할 사람도 한 사람에서 전 조직구성원까지
③ 변화할 범위도 한 부문에서 전체 영역까지 폭넓게 펼쳐져 있기 때문에 전체를 변화시킬 각오가 필요하다.

셋째, 이 같은 변화는 일시적이거나 단기적인 접근으로는 체질화까지 가질 못한다. 될 때까지 장기적으로 지속하는 인내가 필수적이다. 이 때문에 변화를 통해 기업의 핵심역량을 확보하기 위해서는 '시스템에 의한 경영체계'를 갖추고 차근차근 성공 경영모델을 만들어가는 기업만이 탁월한 기업 반열에 오를 수 있다.

표 2-3 **변화의 원리와 시스템의 역할**

- 변화에는 '일정한 프로세스'가 존재하므로 쉽게 이루어지지 않는다

| 현재 | = | 생각의 변화 | 행동의 변화 | 습관화 | 생활화 | ➡ | 변화 |

| 변화의 대상 산재 | 작은 일 모두에서 ➡ 큰 일 모두까지 |
| 변화할 사람 다양 | 한 사람에서 ➡ 전 구성원까지 |
| 변화할 영역 넓음 | 한 곳에서 ➡ 여러 영역까지 |
| 변화의 지속성 | 일시적·단기적 접근 ➡ 될 때까지 지속적으로 |

결국, 핵심역량을 확보하기 위해서는 시스템에 의한 지속적인 변화가 이루어져야 함

## (3) 시스템 경영의 구조 및 운영체계의 이해

경영시스템이란 경영 전반의 일하는 과정과 그 방법을 체계화시킨 것이라 할 수 있다. 즉, 기업은 경영이념 및 비전을 정립하고 이를 달성하기 위해 환경 변화와 고객 니즈에 맞는 전략과 목표를 수립하는데, 경영시스템은 이 목표를 달성하기 위한 대책구상 및 과제 발굴을 한 후 실행에 이르는 과정을 관리하는 모든 체계를 포함한다.

경영시스템이 실행되기 위해서는 위에서부터 아래 조직으로의 Top down 관리 능력과 현장에서부터 경영 상층부까지로의 Bottom up 실행역량이 뒷받침되도록 그 변화의 추진체를 만들고 지속적인 일상관리와 변화관리가 이루어지도록 하는 일이 중요하다. 시스템에 의한 일반적인 운영체계는 다음과 같다.

**표 2-4 시스템 경영의 일반적인 운영체계 및 Flow**

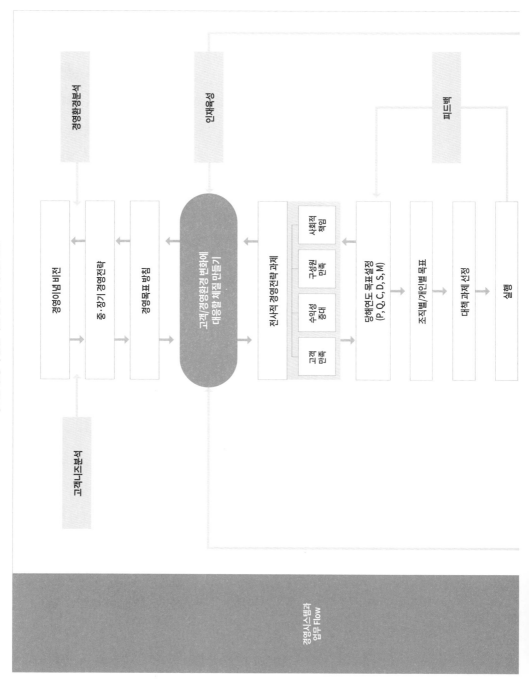

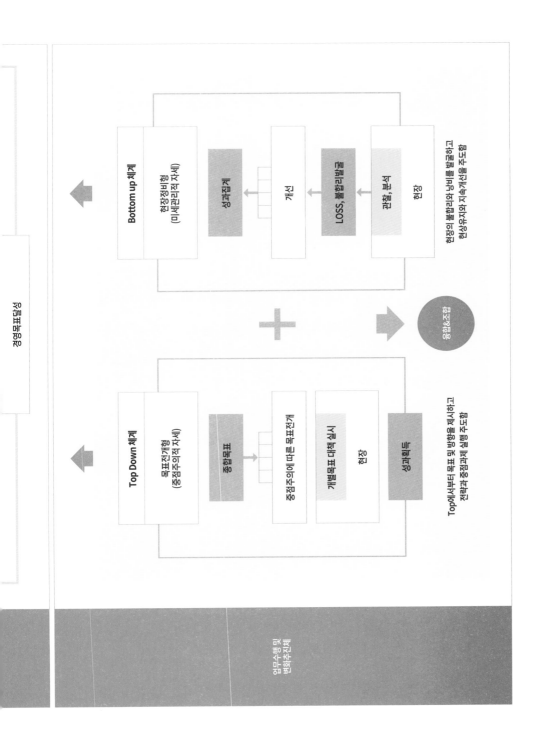

경영목표달성

**Bottom up 체계**

현장정비형
(미세관리적 자세)

성과집계

개선

LOSS, 불합리발굴

관찰, 분석

현장

현장의 불합리와 낭비를 발굴하고
현상유지와 지속개선을 주도함

응합&조합

**Top Down 체계**

목표진개형
(중점주의적 자세)

종합목표

중점주의에 따른 목표진개

개별목표 대책 실시

현장

성과획득

Top에서부터 목표 및 방향을 제시하고
전략과 중점과제 실행 주도함

업무수행 및
변화추진체

기업의 활동은 해당 업(業)을 일으켜서 최종 목적지까지 전체 조직구성원의 역량을 총동원하고 업무수행을 최적화하여 고객에게 이로운 가치를 창출하는 과정이라 할 수 있다. 이와 같은 과정은 일회성으로 끝나는 것이 아니라 지속적으로 고객으로부터 선택을 받을 수 있을 때라야 무수한 경쟁자들 속에서 살아남을 수 있을 것이다. 따라서 기업의 활동은 긴 항해와 같다고 할 수 있다. 기업이 최종적으로 도달하고자 하는 미션과 비전을 정하고 변화하는 경영환경에 대응하는 전략과 목표를 정하며 일상은 물론 중장기적인 성과를 이루어 낼 수 있어야 한다. 기업에서 이 같은 일하는 시스템은 대체로 9가지 부문의 업무 과정과 흐름으로 이루어지는 것이 일반적이다. 따라서 전체 구성원은 이 시스템 안에서 계획, 실행, 평가라고 하는 사이클을 반복하면서 시스템적으로 운영을 효율화한다. 이 반복적인 운영을 통해서 기업이 지속적으로 경영성과를 창출해내고 장기적으로는 비전 수준에 도달할 수 있게 하는 것이다.

표 2-5 **일반적인 시스템 경영의 기본구조 및 운영 FLOW(9개 모듈 중심)**

| 이념 및 비전설정 | 경영이념/철학의 정립 ▶ 창업이념, 행동철학, 리더십 원칙 등 |
| | 미션의 정립 ▶ 기업(조직)의 존재이유, 사명(최종 도달 지점) |
| | 1) 비전의 설정과 진척관리 ▶ 기업이 이루고자 하는 도달 수준과 방향제시(주로 10년 단위) |

목표와 전략 및 대책 수립

2) 비전달성을 위한 중장기 전략과 목표 수립
비전달성도 측정 ▶ 환경분석(성과추이/고객니즈/경쟁상황 등)
전략수립(전략지도) ◀ 중장기목표수립

3) 당해연도 전략목표 방향 수립
전략목표 ▶ 상위목표 ▶ 중위목표 ▶ 하위목표

4) 당해연도 목표(KPI) 수준 설정 및 진척관리
CEO ▶ 사업부 ▶ 팀별 ▶ 개인별

9) 당해연도 MBO설정 목표 및 핵심지표 선정
본인 도출 ▶ 상사 조율 ▶ 본인 확정 ▶ 승인

실행관리

5) 경영목표 성과분석 : 성공/부진 사유 분석
6) 대책 구상 및 즉실행
7) 대책 과제의 수립
8) 대책 과제 실행 및 진척 관리

5) 경영목표 성과분석
성공/부진 사유 분석

경영평가

9) MBO 운영 및 업적 평가
당초목표 ▶ 변동목표 ▶ 실적측정 ▶ 달성도평가

## (4) '성공경영체계 만들기'를 위한 경영시스템의 변화 방향

치열한 경쟁환경을 돌파하고 글로벌 우량기업으로 우뚝 설 수 있는 단 하나의 비법은 존재하지 않는다. 앞서 살펴본 바와 같이 도요타, 아마존, 삼성과 같은 글로벌 일류기업들도 예외 없이 수십 년에 걸쳐서 '자기 업(業)'에 맞는 독특한 '성공경영체계'를 만들고 그것을 통해 남과 차별화되는 기업의 '핵심역량'을 확보해왔음을 알 수 있다. 그들도 역시 오래전부터 시스템에 의한 경영을 운영하여왔다. 〈표 2-5〉와 같이 시스템 경영활동의 방식과 절차는 이미 대부분의 기업들이 운영 중이거나 아니면 부분적으로라도 만들어나가고 있다. 그러나 문제는 이 시스템 구조만을 만드는 수준으로는 기업을 일류화하는 데 한계가 있다는 사실이다. 시스템에 의한 경영을 뛰어넘어 시스템을 기반으로 한 '성공경영체계'까지 만들어져서 운영될 수 있을 때 기업의 핵심역량을 확보할 수 있기 때문이다. 〈표 2-6〉에서는 시스템 기반의 '성공 경영체계' 만들기의 과정을 나타내고 있다.

표 2-6 **시스템에 의한 개선 및 변화 체질 갖추기와 성공경영체계 만들기 Frame**

### • 제1단계 : 시스템 기반 만들기

전체 구성원이 절차에 따라 일하는 방법과 표준을 체계화시키는 기반 시스템을 만드는 일이다. 〈표 2-5〉에서 언급한 바와 같이 일반적으로 9가지 부문으로 나누어져 있으며 이 체계를 작동시킴으로써 효율적으로 기업 운영을 할 수 있는 기본 도구가 된다.

### • 제2단계 : 시스템의 학습과 운영 역량 갖추기

전 구성원 각자가 이 기반 시스템을 사용할 수 있도록 가르치고 그것을 통해 일의 계획(Plan), 실행(Do), 평가(See)하는 업무수행력을 생활화한다. 이 과정은 선배는 후배에게, 상위자는 하위자에게 내림식으로 가르치고 전수받게 함으로써 공통적인 일하는 방식과 절차가 숙달된다. 이렇게 내부적인 일하는 방식이 심화되는 과정에 창업자의 일하는 철학과 정신이 전승되어 자연스럽게 기업의 무형적인 자산인 기업문화로 자리 잡는 계기가 된다. 이 같은 기업의 내부 학습 역량은 구성원의 업무수행력을 조기에 다져지게 함으로써 기업 운영 초기부터 일류화의 싹을 키우는 데 큰 역할을 한다. 삼성, 도요타, 아마존의 일류기업들의 내부 학습 문화는 이미 정평이 나 있다.

### • 제3단계 : 시스템의 공통 운영 역량을 통해 일상관리와 변화, 혁신 역량 갖추기

경영층은 Top-down 리더십을 통해 조직구성원에게 비전과 전략 방향을 제시해야 한다. 즉, 목표 달성을 향해 기업의 총역량을 정렬하고 시장을 선점해나가는 성과의 리더십을 발휘해야 한다. 관리자층은 강력한 목표도전과 전체 최적화를 통해 방침과 목표달성의 선도자 역할을 해야 한다. 개인 및 소집단 구성원은 현업의 접점에서 일상관리를 치밀하게 수행하는 동시에 문제와 불합리를 발굴하고 개선하는 역량을 키운다. 이러한 과정에서 기업은 전략적이고 도전적 목표를 정하는 방법, 현업 접점의 장애요인을 발굴하고 극복하는 과제해결 능력, 성과 달성을 위해 협력과 팀워크를 발휘하는 리더십 역량 등을 갖추어나간다. 이것은 현재의 험난한 경영환경을 극복하고 미래를 창조해나가는 기업가 정신과 역량을 만들어가는 핵심 과정이라 볼 수 있다.

### • 제4단계 : 끊임없는 도전과 지속성을 발휘하여 핵심역량 확보하기

이렇게 만들어진 전 구성원의 변화, 혁신 역량을 발전시켜 나가면 그것이 곧 차별화된 그 기업만의 핵심역량으로 체질화된다. 문제는 그토록 어렵게 확보한 역량을 어떻게 지속해나갈 수 있느냐이다. 도요타, 아마존, 삼성과 같은 일류기업이 시장 선점을 통해 지속 성장을 이룩해나가는 이면에는 끊임없는 자기 성찰과 위기의식으로 무장하고 높은 전략적 목표에 도전케 함으로써 기업 내부의 무사 안일과 관료주의를 배격했고, 이로써 그 지속성을 유지하는 것으로 널리 알려져 있다.

### • 제5단계 : 우량기업으로서의 위치에 오르기

결국, 기업 업무수행의 기반 역할을 해내는 시스템 경영체계가 잡히고 그 기반 역량을 통해 일상 업무 관리와 변화 혁신 역량을 발휘할 수 있게 되어 성공적 경영구조와 핵심역량을 만들 수 있다. 따라서 기업은 이를 차별화된 경쟁력으로 삼아 지속적인 성장과 고수익을 창출하는 우량기업의 지위에 오를 수 있게 된다.

선진국형 일류화 경영체계를 갖추기 위해서는 무엇보다도 전체 구성원이 함께 전력 질주하여 일하는 기반 시스템부터 효과적으로 운영할 수 있어야 한다. 그러나 일반적으로 현재 관행처럼 운영하고 있는 오프라인 중심 경영시스템으로는 이 시대 경영의 화두인 신속 유연한 전략적 업무수행, 도전적 목표 수행을 위한 전사역량 최적화 등을 기대하기에는 한계가 있다. 더구나 미래 경영의 주인공이 될 신세대 기업 구성원들이 만들어갈 자율 창의적 근무환경을 확보하기 위해서라도 일하는 시스템과 그 운영 방식의 대전환이 필요하다.

# Part 03

## 플랫폼 경영시스템,
## 이렇게 설계한다

———

**CHAPTER 1**

## 플랫폼 경영시스템이란
## 무엇인가?


오늘날 비즈니스 세계에서 '플랫폼(Platform)'이라는 용어는 아주 흔한 말이 되었다. 사전적인 용어로 플랫폼은 기차를 타고 내리는 승강장을 의미한다. 승강장은 교통수단과 승객이 만날 수 있는 거점 역할을 하며 교통과 물류의 중심이 된다. 그 안에서 무수히 많은 가치 교환이 일어나고 거래가 발생한다. 이것이 바로 플랫폼이다. 최근에는 e-commerce 기업들이 다양한 상품을 판매하기 위해 만들어놓은 상거래 기반의 인프라를 갖춘 기업들을 플랫폼 기업이라 부르기도 한다.

아마존(Amazon)은 온라인 서점이자 도서 판매 플랫폼으로 시작했는데 이제는 그 사업 범위를 '세상의 모든 것을 파는 기업'으로 확장하고 있다. 우리나라에서도 쿠팡, 마켓컬리 같은 기업이 그 대표적인 기업 모델이라 할 수 있다. 이 같은 e-commerce 기업들은 마켓플레이스를 플랫폼으로 하여 고객이 직접 다양한 상품을 올리고 서로의 고객과 소통하고 거래하는 과정을 통해 새로운 가치와 혜택을 제공하고 있다.

마찬가지로 기업의 비즈니스에도 '일하는 플랫폼'이 가능하다. '일하는 플랫폼'이란 그 안에 조직구성원 모두가 일을 올려놓고 자기경영을 하는 것이다. 그 안에서 기업의 비전, 미션, 목표를 공유하고 소통한다. 조직구성원 모두는 그 안에서 목표를 향해 정렬하고 상하좌우의 계층별 협업과 지식의 교환을 통해 일상의 직무수행은 물론 변화혁신 업무를 해낼 수 있다. 이러한 경영방식을 곧 '플랫폼 경영'이라고 일컬을 수 있다.

기업의 경영환경은 너무나 빠르고 다양하게 변하고 있다. 시장과 고객의 니즈는 수시로 변하는데 CEO에서 임원, 간부, 개인까지의 전 구성원의 '고객을 향한 맞춤'이 느리고 조직의 역량을 집결하지 못한다면, 그 기업은 경쟁에서 도태될 수밖에 없다. 세상의 모든 것들이 연결되고 있는 사물 인터넷 시대에 우리 기업의 일하는 모습도 변화해야 한다. 즉, 온라인 플랫폼 위에서 입체적 경영을 수행할 수 있도록 변해야 하며, 이를 위해서는 참으로 중요한 결단이 필요하다. 플랫폼을 구축하는 데는 끈기와 장기적인 경영의 안목이 필요하다. 그러나 중요한 것은 플랫폼 경영시스템으로 기업 체질을 바꾼다는 것은 기업의 모든 것을 변화시키는 커다란 시작이 되리란 점이다.

## CHAPTER 2

# 현재 경영시스템의 한계점과
# 플랫폼화의 필요성

### 기업과 경영시스템 갖추기의 의미

한 기업이 창업 이후 혼란기를 거쳐 사업의 기반이 만들어지고 작은 규모에서 점차 성장하는 과정에는 어떤 형태이든 자기 업에 맞는 일하는 방법과 체계가 만들어진다. 어떤 기업은 경영 전체의 운영을 시스템화하여 안정된 관리가 이루어지고 있는 반면, 어떤 기업은 우선 급하고 중요한 부문에만 체계가 작동되어 겨우 운영의 모습만 갖춘 기업도 있다. 그러나 업의 규모에 걸맞게 제때 운영시스템을 갖추지 못하면 회사는 성장하는 데반해 관리가 뒤따라가지 못하여 경영이 부실해지기 시작한다. 기업이 일하는 체계를 갖춘다는 것은 시스템으로 일하는 능력을 갖게 됨을 의미한다. 그런 회사에서 일을 배우는 사람들은 입사 초기부터 상사나 선배들로부터 제대로 일을 배워 제 할 몫의 관리가 이루어지고 전체조직으로 확산됨에 따라 기업 활동이 안정되어 간다. 곧 그것이 기업의 일하는 문화가된다.

그러나 그렇지 못한 기업들도 상당히 많다. 입사한 후 제 기능을 습득할 새도 없이 현업에 투입되고 상사나 선배들의 내림식 가르침이 없는 기업은 무엇보다 일하는 방법이 통일될 수 없다. 그렇게 되면 회사나 조직이 가고자 하는 목표나 전략, 대책이 불분명해지고 실행으로 끝까지 이어지지 못하게 된다. 결국, 일하는 기반이 만들어지지 않은 조직에서는 모두가 각자 열심히 일한다 해도 조직의 역량이 결집되지 못하고 분산되며 낭비와 비효율로 이어져 전체 회사의 경영부실을 초래하게 된다. 따라서 창업 초기부터 내부 운영체계를 갖추는 것이 경영자의 큰 역할이라 할 수 있다.

그러나 그 일하는 체계 및 시스템을 갖추는 데도 절대적인 시간은 소요되기 마련이다. 어떤 기업은 중견기업 수준으로 성장하고 나서도 10년 또는 그 이상이 지나도 자기업의 특성과 규모에 걸맞는 경영시스템을 갖추지 못한 경우도 많다. 한편 경영 전반이 시스템으로 잘 운영되고 있는 기업도 사실은 일반적인 경영시스템이 지닌 불균형적인 운영과 기능상의 문제점으로 인해 한계에 이르는 경우가 많다.

### 현재의 경영시스템의 한계와 문제점

일반적으로 운영하는 기업의 경영시스템은 다음과 같은 이유로 최고경영자인 CEO에서부터 전 구성원이 일상 운영의 도구로 활용하는 데 많은 어려움이 있다.

첫째, 성과 중심의 구미식 경영방식에서 오는 경영시스템 운영상의 한계에 대한 문제다.

대부분의 국내 기업 경영방식이 서구식 영향을 받음으로써 '성과 중심' 또는 '결과 중심' 경영으로 너무 치우쳐 있다는 우려가 오래전부터 경영

현장에 '불편한 진실'로 거론되어왔다. 최근에는 이 같은 경영방식의 효율적인 운영을 위하여 IT화 또는 디지털화로 경영시스템을 대폭 진화시키고 있다. 그러나 그것은 경영의 보조수단으로의 기능만 향상할 수 있을 뿐이지 경영의 본질 개선에 큰 영향을 미치지 못한다는 의구심이 많다. 즉, 그로 인해 경영의 성과가 더 나아진다고 볼 수 없을 뿐 아니라 경영의 주체가 되는 모든 구성원의 일에 대한 만족도 향상에도 영향을 주지 못한다는 견해이다.

그러면 성과 중심(결과 중심)의 경영이 전체 일하는 경영시스템의 운영과 흐름에 어떤 불균형을 초래하는 것일까? 〈표 3-1〉을 통해 그 현상을 구체화해본다.

표 3-1 **일관리의 기본 영역과 시스템을 통한 운영 체계**

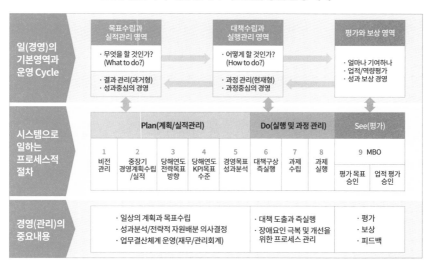

일(경영)을 한다는 것은 '무엇을 할 것인가(What to do?)'라는 '성과관리 영역'과 '어떻게 할 것인가(How to do?)'라는 '대책의 실행관리 영역'으로

구분할 수 있다. 그런데 일상적인 경영현장에서는 실적(성과)이 어떠하며, 무엇 때문에 그런 차이가 발생했는지에 대한 원인 분석과 대책 찾기에 너무 많은 시간과 자원을 할애하고 있다. 반면, 대책의 실행관리 영역에서는 상대적으로 전사적 역량 투입이 되지 못하고 있다. 그러나 과정이 없는 결과는 있을 수 없다는 것만큼 확실한 사실이 어디 있는가.

그런데도 과제개선 역량을 갖추고 난제를 해결하고 돌파하는 과정 관리 일에는 전사적인 지원이나 구성원에 대한 역량 키우기가 빈약하다. 이것은 곧 기업의 좋은 성과 창출과 변화 혁신을 추진하는 과정 관리의 선순환 구조가 무너지는 것을 의미한다. 또한 기업의 업적평가 제도인 MBO 운영에 있어서도 과정보다는 결과에 대한 평가만이 이루어지고 있는 것이 현실이다. 결국, 이것은 과정에 투하한 구성원의 노력이 인정받지 못할 뿐 아니라 그 과정관리 영역에 대한 가치도 평가받지 못한다는 것을 의미한다. 이렇게 되면 보상의 등급이 사람의 등급평가로 인식됨으로써 지나친 경쟁 근무환경을 유발하게 된다. 이는 피터 드러커가 제시하는 진정한 의미의 '자기관리에 의한 MBO(Management by Objectives & Self-control)'의 운영 원칙에서도 벗어난다. 따라서 현재와 같은 불균형적인 경영시스템 운영이 경영 현장에서 지속된다면 결과관리와 과정관리의 선순환구조에 의한 기업의 지속적인 성과창출에도 한계점을 드러낼 수 있다.

둘째, 경영시스템 그 자체가 지닌 기능상의 문제다.
① 경영시스템을 움직이는 전체 프로세스의 기능들을 통합 운영하기가 어렵다. 즉, 경영시스템은 일반적으로 경영계획의 수립(Plan), 실행(Do), 평가(See)의 큰 사이클과 약 30여 개의 작은 업무 모듈로 이루어져 있는데 이것을 연계하고 통합하여 한눈에 볼 수 있는 기능이 매

우 약하다.

② 경영행위의 과거, 현재, 미래의 시차를 넘나드는 입체적 운영이 어렵다. 즉, 앞서 정해놓은 목표계획 대비 실적관리(과거형 일)와 대책 및 실행과제수행(현재의 일)과 미래에 도달하기로 되어있는 비전관리영역(미래의 일)이 분산되어 있으므로 수시로 리뷰하여 신속히 재정립할 수 있는 일체형 입체적 경영발휘가 어렵다. 따라서 먼저 세운 계획과 목표는 간데없고 현재의 새로운 대응에만 치중하다 보면 미래에 도달하기로 되어있는 중장기적 목표와 비전 수준과는 동떨어진 임기응변식 업무수행에 머무르기 쉽다.

③ 경영의 비전, 미션, 전략목표의 정렬과 대책 및 과제실행 부문의 정렬, 그리고 이 두 부문의 일체화된 정렬기능이 취약하다. 이는 기업의 전체 핵심역량을 고객 니즈와 다양한 경영환경에 따라 정렬하고 결집하는 기능이 약해지게 만든다. 따라서 CEO는 물론 전 구성원이 전략목표와 대책을 수립하고 재조정하는 데 많은 시간과 노력을 낭비한다.

④ 조직 및 계층별 일의 정렬이 취약해지면 전사의 경영자원의 배분과 조직 역량의 결집을 최적화하기가 어려워진다. 즉, 전체 조직의 상황 공유와 일의 결과와 과정 관리가 불투명하게 되면 자기 일의 영역에만 갇히게 되고 전사가 처한 위기의 실체를 알기 어려워져서 극한 목표에 대한 도전력이 약해진다. 이 같은 조직은 곧 무사한 일과 관료주의의 늪에 빠질 수 있으므로 경영은 타율적이고 통제 중심의 경직된 문화가 형성되는 요인이 된다.

⑤ 기존 오프라인 중심의 시스템 경영으로는 경영의 기반 운영체계를 갖추는 데 오랜 시간과 많은 자원이 투입된다. 또한 스마트 환경하에

새로운 세대의 업무수행력을 떨어트리는 결과를 초래함으로써 일류화 경영구조를 만드는 일 자체가 늦어질 뿐이다.

결국, 이러한 취약점을 지닌 일반적인 경영시스템을 예나 지금이나 관행처럼, 회사 내 일종의 행사처럼 답습한다면 최고의 기업핵심역량을 갖춘 글로벌 경쟁 세대를 대응하기가 점점 어려워질 수밖에 없다. 이것은 이제 막 사업을 시작한 스타트업 기업은 물론 초기 기반을 닦고 있는 중견 기업들, 그리고 글로벌 일류화를 생존목표로 하는 대기업들 등 모든 기업이 '시스템으로 일하는 경영체계'를 갖추는 데만도 수십 년을 소요해야 한다는 딜레마에 빠지기 때문이다. 따라서 그 같은 현재의 경영시스템이 지닌 한계점을 뛰어넘으면서 동시에 단기간 내에 일류화 핵심역량을 갖추게 하는 데는 필자가 제시하는 '플랫폼 경영시스템'이 매우 긴요한 수단이 될 수 있다.

**CHAPTER 3**

# 플랫폼 경영시스템을 통해 얻고자 하는
# 기업의 핵심역량

    플랫폼 경영은 한마디로 기존의 경영시스템이나 일하는 방법으로는 충족시키지 못하는 업무수행기능을 플랫폼 기반 안에서 가능토록 하는 것이다. 따라서 다음과 같은 기능이 '플랫폼 경영시스템'을 통해서 발휘될 수 있도록 하고 있다.

① 회사의 전 구성원이 플랫폼 안에서 모든 업무를 할 수 있도록 한다.
- 일반적인 경영관리의 사이클인 계획하고(Plan), 실행하고(Do), 평가(See)하는 업무 프로세스가 일체화되어 작동됨으로써 기업의 최고경영자인 CEO로부터, 각 계층별 구성원 모두가 각자 업무수행을 스스로 할 수 있도록 한다.

② 회사의 장기 비전과 최고경영자의 경영목표와 전략이 전체 구성원의 역량과 한 방향 정렬이 항상 이루어지도록 한다.

- 이는 시장 환경과 고객 니즈에 따라 일시에 맞춤 변환을 가능케 한다.

③ 반드시 성과로 이어지는 '목표관리'가 일상적으로 이루어지게 한다.
- 기업의 성과창출은 목표관리가 핵심이다. 목표관리는 일반적으로 '결과관리'를 중심으로 이루어지고 있으나 '과정관리'를 동시에 진행함으로써 말보다 실행이 앞서도록 한다. 또한 조직별, 개인별 자기 사업화와 성과관리가 이루어지게 한다.

④ 일상업무와 변화혁신 업무를 동시에 진행하여 높은 목표에 도달할수 있도록 한다.
- 변화와 혁신 업무가 따로 있는 것은 아니다. 일상 업무의 연장선상에서 도전적인 높은 목표를 정하고 난이도가 높은 혁신과제를 스스로진행하여 지속적인 사업구조를 개선토록 한다.

⑤ 업무수행이 '부분최적화'에서 '전사최적화'가 이루어지도록 한다.
- 플랫폼 내에서 계층별 상하좌우의 목표와 개선과제를 수행하는 과정에 협력, 지원, 교류의 폭이 넓어져 부문 상호 간 시너지를 최대화할수 있도록 한다.

⑥ 조직간/계층별 업무 커뮤니케이션 확대로 자율창의문화가 확대된다.
- 목표와 과제개선 과정에서 상위자와 하위자 간의 참여, 코칭이 증가하여 스킨십이 깊어지며 자기 통제(Self-Management)에 의한 성취문화를 만들어간다.

⑦ 플랫폼 내에 글로벌 일류기업들이 활용하는 경영 도구 및 스킬 사용 (BSC 전략경영, 6시그마 개선, 도요타식 개선 등)을 체질화하여 글로벌 기업들과 표준화된 비즈니스 언어로 소통할 수 있는 경영 수행 능력을 체득하게 한다.

⑧ 업무계승 및 기업의 2세 경영 역량을 손쉽게 확보할 수 있다.
- 플랫폼 내 조직별, 개인별 업무수행 내력이 저장되어 있어서 인사이동으로 인한 업무단절을 해소하고, 2세 경영인의 운영 역량을 조기에 확보할 수 있다.

⑨ 플랫폼의 온라인화로 비대면 재택근무의 공백을 해소할 수 있다.
- 대면 근무에 못지않은 경영관리의 치밀성을 유지시킨다.

## CHAPTER 4

# 플랫폼 경영시스템의 기본 구조와
# 경영체계 설계 구상

플랫폼 경영시스템을 설계하기 위해서는 무엇보다 앞에서 기존의 경영 시스템이 지닌 경영 운영상의 불균형과 시스템 자체의 기능상의 문제를 해소할 수 있는 구조를 갖추기 위해 다음과 같이 반문하면서 개선점을 설계해야 한다.

① 어떻게 하면 성과 중심으로 치우치는 구미식 경영방식의 운영을 과정 관리 중심의 운영과도 잘 조화될 수 있도록 할 수 있을까?

– '무엇을 할 것인가'라는 '성과관리영역'과 '어떻게 할 것인가'라는 '실행과정 관리영역'을 시스템적으로 한 방향 정렬시키기 위해 'KPI Tree'와 '과제 Tree'라는 정렬도구로 일체화시킨다.

② 어떻게 하면 일상의 일관리와 경영전반을 시스템으로 쉽고도 효율적
  으로 운영할 방법을 설계할 수 있을까?
- 경영관리의 단절된 프로세스를 하나로 일체화시킨다.

- 경영행위의 시점 차이에서 분산되고 단절된 업무의 내용을 입체화시
  킨다.

③ 어떻게 하면 시스템을 통해 일류경영 및 관리 능력을 확보하고 글로벌
  기업 구성원들과도 소통, 교류할 수 있는 수준으로 설계할 수 있을까?
  이를 위해 글로벌 일류기업들이 운영하고 있는 경영 도구들을 탑재
  한다.
- 비전/전략/목표의 정렬 관리를 통해 치열한 환경과 고객 니즈에 맞춤
  이 되는 전략경영운영 능력을 갖추도록 한다.
  └, 선진 우량기업들의 운영도구인 'BSC균형성과관리체계(Balanced
    Score Card)'를 탑재하여 자연스럽게 선진기업들의 일류관리 능력
    을 체득하게 한다.
- 대책 실행력을 키워 기업의 지속적인 도전적 목표(Stretch Goal)를 수
  행해낼 수 있는 '변화, 혁신 역량'을 갖출 수 있게 한다.
  └, 5단계 과제개선 프로세스 운영을 생활화하여 구성원의 논리화/객

관화 역량을 갖추고 난관돌파력을 확보하게 한다.

④ 어떻게 하면 진정한 의미의 MBO 운영, 즉 '자기 통제(Self-control)에 의한 목표관리(Management by Objectives & Self-Control)'가 이루어 지고 자율 창의적 기업문화를 만드는 데 기여할 수 있을까?
- 목표와 대책(과제)의 수립, 실행, 평가의 과정에서 패밀리 미팅(Family Meeting; 가정과 같은 평안한 분위기 속에서 조율과 합의를 중시하여 운영하는 회의체)을 기본으로 하는 일
- 일상목표관리와 전략적 성과목표관리의 병행체계
- 업적평가와 역량평가의 객관화 방법 찾기

⑤ 어떻게 하면 플랫폼 경영시스템을 통해 기업 일류화의 모델 갖추기 와 리더십 운영 방안을 제시할 수 있을까?
- 효율적인 일상목표관리 활동 추진
- 변화 혁신 지속 추진 로드맵 제시
- 플랫폼에서 전 구성원 합치 경영(오케스트라 경영)을 추구하는 방법 구상

따라서 기존의 경영시스템으로는 해소하기 어렵고 한계점에 다다른 경영방식을 스마트워크(Smart Work) 시대까지 대응할 수 있는 시스템으로 '플랫폼 경영시스템'의 구조를 설계한다.

**CHAPTER 5**

# 플랫폼 경영시스템의
# 기본 설계구조 및 특성

다음 장에 나오는 〈표 3-2〉에서는 플랫폼의 기본 구조 설계 개념과 그
것의 상호 연계성을 도식화하여 플랫폼 경영의 운영 개념을 정립했다.

① 가로축으로는 → 일하는 기반 프로세스인 9가지 모듈이 일의 결과관
   리, 과정관리 영역을 동시에 볼 수 있도록 작동되어 기본 업무를 할
   수 있도록 한다.

② 세로축으로는 → 전략경영체계가 운영될 수 있도록 전략 체계도와
   BSC 4대 관점 기능을 탑재하여 일류기업의 경영체계를 갖추게 하며
   → 과제화 추진을 위한 5단계 프로세스가 작동되어 도요타식 과제개
   선, 6시그마 개선 개념 등을 통해 과제해결 능력을 습득하게 할 수 있
   도록 설계한다.

③ 기반 보조축으로는 → 위의 9가지 업무모듈이 입체적인 정보 연계성
   을 갖도록 기존의 IT 시스템과 연결할 수 있도록 한다(DW, OLEP 분석
   기능, ERP 기반 시스템 등).

표 3-2 **플랫폼 경영시스템의 기본 구조 설계의 Frame**

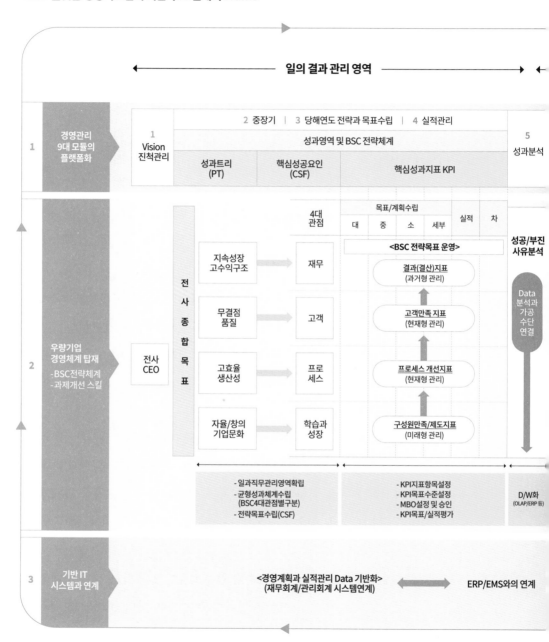

## 일의 개선과정 관리 영역

| 6 대책구상 / 즉실행 | 7 과제의 도출 | | | 8 과제 개선 5단계 진척관리 | 지식관리 (집단지성 Bank화) | 9 성과평가 보상 (MBO) |
|---|---|---|---|---|---|---|
| | 전략과제 | 실행과제 | 과제채택 참여범위 | 1)현상파악  2)원인분석  3)대책수립  4)현장적용  5)효과파악  문제해결형/기획/창조형 과제개선 관리 | | |

|  |  | 기여도 | 책임 범위 | **논리화/객관화 역량 갖추기** | 무형자산의 축적 | 목표 수립 |
|---|---|---|---|---|---|---|
| 대책 구상 | 과제 추진 영역 | S | 경영층 | S : 논리화/객관화 능력 – 최고전문가 수준 ★ | · 과제개선사례 · 전사제안발굴 | 업적 평가 |
| | | A | 본부장 | A : 논리화/객관화 능력 – 전문가 수준 ○ | | |
| | | B | 사업부장 | B : 논리화/객관화 능력 – 보통 수준 ● | 가치평가 | 조정 심의 |
| | | C | 팀장 (개인) | C : 논리화/객관화 능력 – 낮은 수준 ▲ | | |
| 즉 실 행 | | D / E / F | 말과 행동 단기실행 | 과제 개선의 생활화를 통해 일류 기업이 사용하는 선진기법의 자연스러운 체질화 유도  · 논리화 스킬 → 5단계 프로세스의 반복 숙달 · 객관화 스킬 → 각종 품질경영 도구들의 학습 (QC, 6시그마, BPR, TQM, TPM, BPS 등) | 활용 / 보상 | 보상 절차 |

| 대책은 즉실행으로 전환 | 상위자들의 전략목표 달성을 위한 큰 과제 구상 (계층별 실행과제 도출) | 과제 개선이 반복될수록 상위자의 지도 및 코칭이 확대되어 스킬쉽과 소통의 심화 (가르침을 통한 구성원 간 신뢰, 친밀도 향상 추진) | 성취에 대한 평가 및 보상 (자기 경영 확산) |
|---|---|---|---|

<실행전략과 대책 수립 → 과제개선 스킬의 지원체계 IT 연계>
- 5단계 프로세스별 적용 가능한 객관화 스킬 탑재

<지식경영 IT화>    <인사 및 재무 연결>

## CHAPTER 6
# 구축되는 플랫폼 경영시스템을 통한
# 기업의 일류화 추진 구상

플랫폼 경영시스템을 구축하고 나면 〈표 3-3〉에서와 같이 5단계에 걸쳐 전체 구성원이 일하는 기반 플랫폼을 만든 후 일반적인 경영활동을 수행할 수 있게 한다. 이와 동시에 변화와 혁신을 통해 도전적인 목표관리 활동이 반복, 지속될 수 있도록 하는 변화의 리더십 역량 발휘가 중요하게 된다. 즉, CEO에서 전 구성원에 이르기까지 비전 달성을 위한 중장기적인 목표 수준에 반복하여 도전하며, 혁신적인 내부구조 변화와 난관 돌파의 과제개선 역량이 발휘되는 것이다. 이 역시 플랫폼 경영시스템에서 전 조직구성원의 힘이 한 방향 정렬되고 실행의 최적화를 통해 성과창출을 지속하기 때문에 가능해진다. 시스템을 통한 변화의 리더십 역량이 발휘될 수 있도록 하는 것은 곧 기업의 일류화의 원동력이 되는 것이다.

## 표 3-3 **플랫폼 경영시스템의 기본구조와 5단계 성공경영체계 운영구상도**

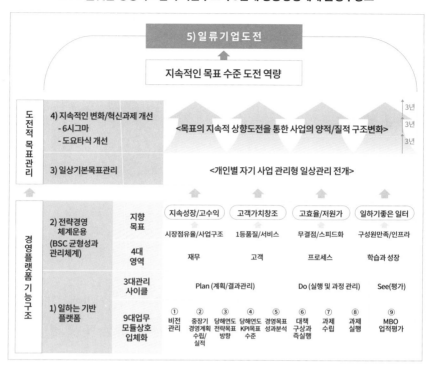

**5) 일류 기업 도전**

지속적인 목표 수준 도전 역량

도전적 목표관리

4) 지속적인 변화/혁신과제 개선
- 6시그마
- 도요타식 개선

&lt;목표의 지속적 상향도전을 통한 사업의 양적/질적 구조변화&gt;  3년 / 3년 / 3년

3) 일상기본목표관리

&lt;개인별 자기 사업 관리형 일상관리 전개&gt;

경영플랫폼 기능구조

2) 전략경영 체계운용 (BSC 균형성과 관리체계)

| 지향 목표 | 지속성장/고수익 | 고객가치창조 | 고효율/저원가 | 일하기좋은 일터 |
|---|---|---|---|---|
| | 시장점유율/사업구조 | 1등품질/서비스 | 무결점/스피드화 | 구성원만족/인프라 |
| 4대 영역 | 재무 | 고객 | 프로세스 | 학습과 성장 |

1) 일하는 기반 플랫폼

| 3대관리 사이클 | Plan (계획/결과관리) | | Do (실행 및 과정 관리) | See(평가) |
|---|---|---|---|---|

| 9대업무 모듈상호 입체화 | ① 비전 관리 | ② 중장기 경영계획 수립/ 실적 | ③ 당해연도 전략목표 방향 | ④ 당해연도 KPI목표 수준 | ⑤ 경영목표 성과분석 | ⑥ 대책 구상과 즉실행 | ⑦ 과제 수립 | ⑧ 과제 실행 | ⑨ MBO 업적평가 |

**CHAPTER 7**

# 플랫폼 경영시스템의
# 온라인 운영체계 구축 방향

기본적으로 '플랫폼 경영시스템'은 기존의 오프라인 기반에서도 그 기능을 발휘할 수 있다. 그러나 이미 기업 운영에 적든 많든 IT 및 정보화 체계가 상당히 구축되어 활용되고 있으므로 그 정도에 맞게 온라인 체계로 전환하면 그 성과를 극대화할 수 있다. 이렇게 업무를 온라인 환경으로 만듦으로써,

첫째, 업무수행 환경이 시간과 공간을 초월하여 일할 수 있는 'Smart-Work' 시대의 '일하는 시스템'으로 전환할 수 있다. 이것은 이미 최근에 갑자기 닥친 '코로나 팬데믹'이라는 단절의 환경 속에서 비대면 재택 근무환경이 절실해진 것으로도 그 필요성을 입증하고 있다.

둘째, 기업 내 흩어져 있고 사장화된 경영노하우와 일상 속에서 창출되는 수많은 창의적 아이디어를 경쟁력의 원천으로 확대재생산 할 수 있게 한다. 즉 근무 중에 실행한 좋은 대책과 경험이 암묵지 상태로 버려지는

것을 과정관리를 통해 형식지화함으로써 회사 내 집단지성을 자산화할 수 있도록 한다.

플랫폼의 온라인화 운영의 접근 방향

IT 기반이 잘 갖추어지지 않은 기업도 Excel 기능만으로도 기반 플랫폼을 구축하여 기존 오프라인 방식의 현업 관리수준을 현저히 높일 수 있다. 이 기간 동안 전 구성원이 '플랫폼 경영시스템'이 가져다주는 시스템 경영의 효용가치를 학습하고 일하는 방법을 체득할 수 있다. 또한 회사의 경영 전반에 걸쳐 상당히 많은 업무가 정보 시스템으로 운영되는 회사는 웹(Web) 기능으로 바로 전환하여 온라인 입체경영의 시기를 앞당길 수 있음은 물론이다.

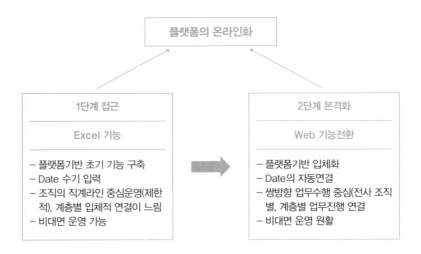

## 플랫폼 경영시스템의 온라인화 기능 및 운영 설계의 Frame Work

플랫폼을 온라인화한다는 것은 한 기업의 모든 구성원이 똑같이 일하는 시스템 위에서 각자의 일을 올려놓고 계획하고, 실행하고, 평가함으로써 경영행위가 일관되고 입체적으로 작동함을 의미한다. 따라서 본 플랫폼 경영시스템을 온라인 운영체계로 설계하는 데는 다음과 같은 핵심적인 기능이 발휘될 수 있도록 구상했다.

① 업무 플랫폼의 9대 업무모듈이 한 개처럼 연동하고 일체화해 그 위에서 모든 구성원의 경영 및 관리행위가 이루어질 수 있게 한다.

② 그 기반 위에 BSC 4대 관점별 전략과 목표정렬을 입체화시켜 한 방향 정렬한다. 이때 CEO를 정점으로 계층별 개인까지 상하좌우 정보가 쌍방향 소통된다.

③ 개인별 업무 화면을 열면 성과관리와 과정관리의 두 개의 화면을 동시에 보면서 모니터링 할 수 있게 최적화한다.

④ 목표와 실적관리, 과정관리 중에 발생되는 데이터는 현업 접점에서부터 IT 기반, 실시간으로 수집, 가공되어 필요한 의사결정 자료와 인터페이스할 수 있도록 한다.

플랫폼 경영시스템의 변화는 '말'로 하는 것이 아니라 '실행'으로 한다.
실행은 개인은 물론 조직 전체가 '한 방향'으로 가고 있음을
눈으로 보듯이 관리할 수 있어야 한다.

표 3-4 **플랫폼 경영시스템의 온라인화와 IT 기반 연계 구상도**

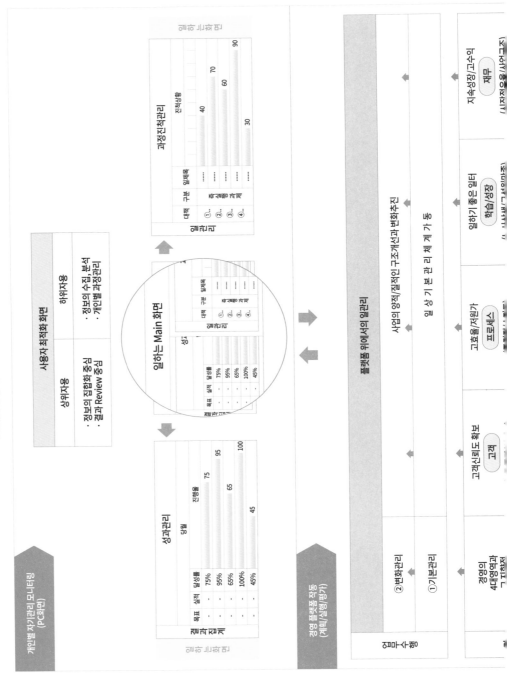

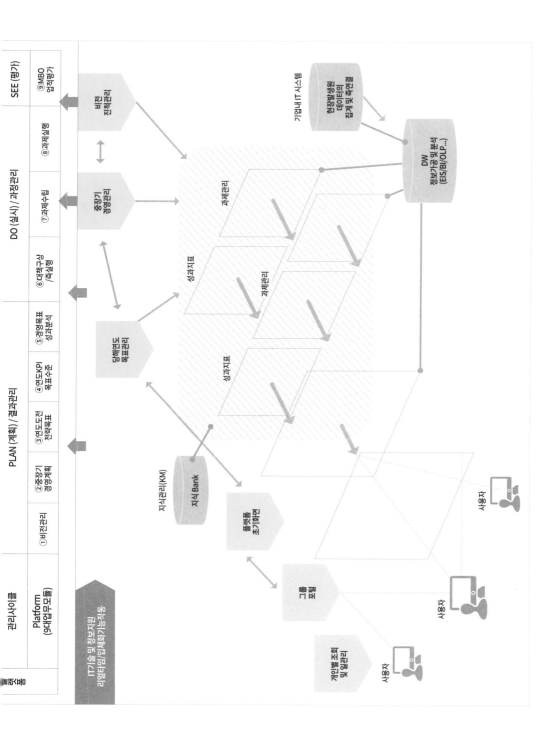

## 플랫폼 경영시스템의 IT화와 운영상의 지향점

IT화로 플랫폼이 온라인화되고 데이터가 자동적으로 연결됨으로써 상하좌우의 계층 간의 업무수행 경계가 허물어지고 쌍방향 소통이 확대된다. 그러다 보면 일상이 PC 화면을 중심으로 또는 모바일 기기로 연결되어 업무가 이루어짐으로써 마치 플랫폼 경영시스템의 기능과 역할이 IT라는 기능적인 특성에 묻혀버려 '플랫폼 경영시스템 = 전산화'라는 오해를 받기 쉽다. 따라서 두 가지를 제대로 인식할 필요가 있다.

첫째, '플랫폼 경영시스템'은 '전산기능체'가 아니라 '일하는 시스템'이라는 것이다.

이는 창업자 또는 최고경영자의 경영철학을 구현하고 비전과 목표 수준을 달성하기 위한 강력한 변화추진체라고 할 수 있다. 따라서 모든 구성원이 플랫폼에 들어와 일상업무를 치밀하게 관리하는 한편 그 기반 위에서 더 큰 목표에 도전하여 개선과 변화 업무를 추진하는 일이 핵심이다.

그러므로 시스템에 의한
- '변화'는 아무리 빨리 가려고 해도 시스템의 단계별 운영과 숙달이 필요하다. 작지만 기본적인 것부터 제대로 할 수 있어야 하고, 그 기반 위에 큰 변화 업무를 해내는 방법을 체득하는 것이 더 중요하다.
- 변화는 '말'로 하는 것이 아니라 '실행'으로 한다.
- 실행은 개인은 물론 조직 전체가 '한 방향'으로 가고 있음을 눈으로 보듯이 관리할 수 있어야 한다.
- '눈으로 보는 관리'는 '목표 및 성과관리'와 그 결과를 담보해주는 '과정관리'를 동시에 해낼 수 있다면 충족될 것이다. 따라서 'IT적 기능'

은 이 두 가지 기능을 누구나 쉽고 효율적으로 운영하는 부수적 지원
도구인 셈이다.

둘째, 플랫폼 경영시스템을 통해 피터 드러커가 말하는 진정한 의미
의 '자기관리에 의한 목표관리(MBO; management by objectives and self-
control)[2]'가 운영될 수 있기를 기대한다. 기존의 MBO 체계가 위로부터의
통제와 단순히 평가의 수단으로서 운영되는 모순으로부터 벗어나서 구성
원 스스로의 성취에 의한 자기목표관리가 될 수 있도록 경영자와 관리자
의 운영 리더십 발휘가 중요하다. 결국, 플랫폼 경영시스템은 'IT 기능체'
로서가 아니라 '경영철학의 구현체'이며, '일하는 시스템'이면서 '인재육성
시스템'으로 인식되어야 한다. 왜냐하면 '경영은 곧 사람'이기 때문이다.

## Part 04

# 플랫폼 경영시스템에
# 핵심역량을 키워주는 경영방식을 탑재한다

## CHAPTER 1

# 탑재된 핵심 경영관리 사상의 설계구조

일반적으로 선진우량기업들의 경영방식이나 스킬을 부문적으로 받아들여 자기 회사에 적용하려는 시도는 많다. 그러나 그것들을 배울 수는 있어도 현업에서 전 구성원이 사용하고 체득하기란 쉽지 않다. 현재의 일하는 방식에다 새로 받아들이는 방식을 접목하는 데는 일정한 프로세스, 즉 학습 적용 생활화라는 과정을 거쳐야 하는데 이는 상당한 시간과 노력이 소요되기 때문이다. 이 기간에는 본 업무와는 별개로 취급되어 귀찮은 존재로 인식되기 쉽다. 결국, 지속적으로 일상화되는 과정을 유지하지 못하면 그것의 사용 가치를 확인할 사이도 없이 중도에 포기하거나 소멸하는 것이 흔한 일이다. 따라서 본 플랫폼에서는 우량 기업들의 경영 방식을 곁가지 일로써가 아니라 일상의 본 업무수행 중에서 자연스럽게 사용케 함으로써 일류 기업의 핵심역량을 확보할 수 있도록 했다.

〈표 3-2〉에서 나타낸 바와 같이 플랫폼 내 구현시킨 경영관리 사상은 다음과 같다.

### ① 입체경영구현

일반적으로 기업 내 경영활동은 흔히 지나간 결과, 즉 "이렇게 했습니다."라고 하는 과거의 일 분석에만 너무 집착하는 경향이 있다. 그러나 더 중요한 것은 "현재 이렇게 하고 있습니다(현재)."와 "앞으로 이렇게 할까 합니다(미래)."의 서로 다른 시점의 행위가 항상 같이 맞물려서 입체적인 사실을 규명하고 있어야 한다는 것이다.

### ② BSC(균형성과관리)운영과 전략경영체계의 적용

기존 '재무'중심(결과 중심 주의) 경영을 뛰어넘어서 고객, 프로세스, 학습과 성장이라는 4대 관점의 균형 성과를 관리함으로써 결국 단기적, 중장기적 지속 경영을 추구할 수 있도록 구성한다. 또한 기업의 비전과 목표 달성을 위한 전략적 방향을 정렬시킴으로써 선택과 집중을 통한 성과극대화를 추구한다. 대부분의 글로벌 우량기업들은 물론 국내 우량기업들도 이 BSC 전략경영체계를 운영하는 추세이다.

### ③ 과제개선을 통한 지속 개선 및 변화관리 방식 적용

문제해결 및 큰 장애요인 극복은 보통의 절차와 방식으로는 해결이 어려운 것이 대부분이다. 이를 효과적으로 처리하기 위해서는 이미 선진우량기업들이 과제개선에 활용하고 있는 방법 및 스킬을 구성원들에게 가르치고 활용할 수 있도록 하는 것이 최상책이다. 본 플랫폼에서는 과제개선 5단계 프로세스를 탑재하여 논리적, 객관화 스킬을 평소에 체득할 수 있도록 했다. 처음에는 기초적인 논리화 과정을 숙달하면서 점차적으로 통계에 따른 객관화 기법(QC, 6시그마 개선 기법 등)까지 적용할 수 있도록 했다.

이 장에서는 플랫폼 안에 탑재되어 기능 발휘를 해줄 두 가지의 핵심 경영방식인 BSC 전략경영체계와 5단계 과제개선 도구(6시그마 개선스킬 중심)의 운영 개념을 정리함으로써 플랫폼 경영시스템 내의 운영 콘텐츠를 이해하는 데 도움이 될 수 있도록 했다.

## CHAPTER 2

# BSC 경영을 통한
# 전략경영체계의 구축

### (1) BSC 경영체계의 의미와 기능 특성

지금까지 많은 기업들은 경영 성과를 나타낼 때 대체로 매출액이나 이익이 얼마나 발생했는지를 갖고 목표 달성도를 평가하는 수준이었다. 그러나 이 같은 경향은 단기 성과에 치우칠 수 있기 때문에 장기적 관점에서 지속적인 성과 창출 지표의 발굴 필요성이 요구되었다. 또한 한정된 경영 자원을 어떻게 효과적으로 배분하여 고객 가치를 제공하면서 궁극적으로 기업의 비전을 달성할 것이냐 하는 전략경영이 필요하게 되었다.

이 같은 경영 관점의 대응으로 1992년 하버드 대학의 로버트 캐플란(Robert Kaplan) 교수와 컨설턴트인 데이비드 노턴(David Norton) 박사가 공동으로 새로운 성과 측정 방법인 '균형성과지표(BSC; Balanced Score Card)[1]'를 개발했다. 이 BSC 체계를 글로벌 우량 기업들이 적용하게 되었고 국내의 우량 기업들도 상당수 도입하기에 이르렀다. 따라서 필자는 글로벌 경쟁 시대의 기업 운영 표준에 맞출 수 있도록 플랫폼 경영시스템에서도 이 BSC 경영 도구를 탑재하여 '전략경영체계'를 적용할 수 있게 했다.

그전까지는 대부분의 기업들이 재무적인 수치만을 바탕으로 조직과 개인의 성과를 측정했지만 BSC에서는 이를 보완하여 재무성과에 영향을 주는 비재무적 관점의 지표들과도 균형을 유지하도록 하고 있다. 즉 기업의 성과는 궁극적으로 수익이라는 재무 결과로 나타나지만 지속적인 이익을 내기 위해서는 고객 만족, 프로세스 상에서의 일하는 방식 개선, 구성원의 역량 및 근무 만족 개선 등이 선행 조건으로 실현되어야 한다는 것이다. 따라서 BSC 경영에서는 성과지표를 재무, 고객, 프로세스, 학습과 성장이라는 4가지 관점으로 측정토록 하여 균형을 이루는 관리가 되도록 하고 있다.

표 4-1 **BSC(Balanced Score Card)의 4대 관점의 개념**

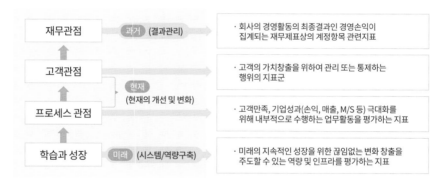

즉, 이 같은 4가지 관점으로의 종합적이고도 균형적인 관리를 통해
- 재무와 비재무적 경영 지표 간의 균형
- 단기와 장기적 성과 간의 균형
  └, 과거(재무)와 현재(고객, 프로세스)와 미래(학습과 성장)에 대한 균형
- 과정과 결과(선행지표와 후행지표)에 대한 균형
을 이루면서 경영을 할 수 있도록 해준다.

또한 BSC에서는 4대 관점으로 성과 목표를 수립해나가는 과정에서 반드시 기업이 도달하기로 정한 비전과 목표 달성에 초점을 맞추어 전략적으로 생각하도록 하는 것이 특징이다. 대부분 회사는 비전과 그 달성 수준을 만들어놓지만 각 구성원들은 그 방향으로 전략과 목표를 정렬하기 쉽지 않다. 다행히 BSC는 비전 달성을 위한 전략과 목표, 그리고 추진해야 할 이니셔티브(과제)까지를 한 방향 정렬시킬 수 있게 하는 데 유용하다. 목표의 수준 설정에서도 비전을 달성하기 위한 높은 수준의 도전 목표, 즉 도전적 목표(Stretch Goal)를 세울 수 있도록 유도해주는 기능도 발휘한다.

표 4-2 **BSC 균형 성과표에 의한 전략 업무 수행도**

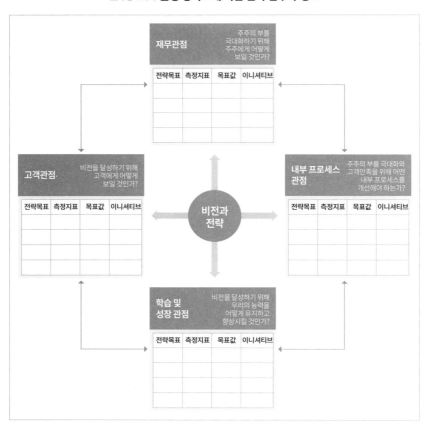

## (2) 비전체계와 그 실행을 위한 BSC 전략체계의 역할

기업의 전략경영체계를 만들어갈 때는 크게 두 단계를 거치면서 운영의 틀을 만들게 된다.

**• 제1단계 : 기업이 나아갈 방향의 정렬**

기업의 최종적 존재 이유가 되는 사명(Mission)을 명확히 하고, 경영이념을 정립하며 중장기적으로 도달해야 할 미래의 모습을 비전과 경영목표 수준으로 확립한다.

**• 제2단계 : 목표달성을 위한 전략 체계화**

경영목표 수준을 달성하기 위하여 전략을 BSC 4대 관점인 재무, 고객, 프로세스, 학습과 성장으로 구분하고 전략적 달성목표를 측정할 수 있도록 그 연계성을 명확하게 한다.

비전과 경영목표를 달성하기 위해서는 무엇보다 '선택과 집중'이라는 전략적 방안을 구상하고 선정하는 일이 중요하다. 고객의 니즈와 경쟁환경에 최적이라고 생각하는 전략을 도출해내는 일은 결코 쉽지 않다. 무엇보다 전사적인 관점에서 최고경영자와 사업부문 핵심 경영진들이 달성목표를 공유하는 한편 전략적 실행 수단을 구상하고 먼저 초기안을 마련하는 과정을 거치면 각 사업부문과 실행팀 별로 경영전략 수립을 전개해 나가기가 훨씬 효율적이다. 그러한 절차적 과정관리체계를 간략히 요약해보면 다음 〈표 4-3〉과 같다.

## 표 4-3 **BSC 기반의 전략경영체계(성과경영체계) 운영의 틀**

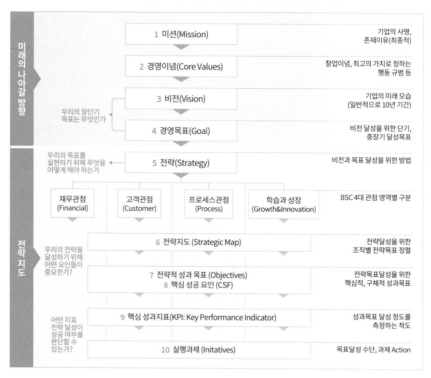

## 표 4-4 **전략도출과 4대 관점 구분, 부문별 안배 절차**

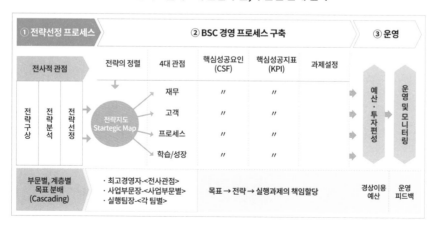

이러한 과정을 거치면서 전략적 목표와 실행 방향이 도출되더라도 그것이 재무성과로 이루어내는 데 인과적 요인들(Cause & Effect)이 타당한지를 확인하고 정렬해보는 것이 중요하다. 즉 고객에게 제공할 가치는 무엇인가? 이를 가능케 하는 프로세스에서의 변화는 무엇인가? 그리고 이 같은 기능을 뒷받침해줄 각 구성원들의 업무수행 역량과 제도적 시스템 구축은 무엇인가? 등을 염두에 두면서 전략을 명확히 규명하고 정렬해주는 과정이 필요하다. BSC에서는 그 기능을 '전략지도' 만들기를 통해 정립한다.

## (3) 전략지도의 작성과 전략의 명확화

전략지도(Strategic Map)란 기업이 비전 달성을 위해 중점적으로 추진해야 하는 핵심성공요인(CSF; Critical Success Factor) 또는 전략목표와 그것의 달성도를 측정하는 핵심성과지표(KPI; Key Performance Indicator)를 재무, 고객, 내부 프로세스, 학습 및 성장이라는 4대 관점에서 선정하고 이들의 상호 연계성을 도표로 나타낸 지도[2]이다. 이 전략지도는 조직이 가고자하는 '비전'이라고 하는 목적지가 어디이며 그곳으로 제대로 가고 있는지를 지표를 통해 측정하고 모니터링할 수 있는 성과지표 역할을 해준다.

〈표 4-5〉는 CSF 만을 도출하여 4대 관점과 연계하는 것을 볼 수 있고 〈표 4-6〉, 〈표 4-7〉에서는 도출된 CSF와 그 측정지표인 KPI 까지를 함께 세팅할 때의 전략지도의 예이다.

표 4-5 **전략지도 사례 ① : 핵심성공요인(CSF)의 연관도(전략목표화)**

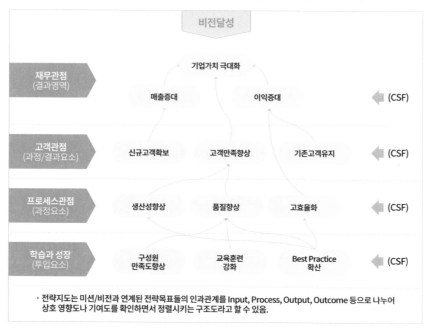

· 전략지도는 미션/비전과 연계된 전략목표들의 인과관계를 Input, Process, Output, Outcome 등으로 나누어
  상호 영향도나 기여도를 확인하면서 정렬시키는 구조도라고 할 수 있음.

전략목표 및 핵심성공요인(CSF)이 4대 관점으로 전략지도가 작성되면 각각 해당 CSF의 달성도를 측정할 수 있는 핵심성과지표(KPI)를 바로 밑에 연결시킨다. 그러면 정렬이 누락되지 않고 일관성이 있게 된다.

## 표 4-6 전사 전략지도 사례 ② (CSF + KPI 동시정렬 중심)

표 4-7 **영업본부 전략지도 사례 ③ (CSF + KPI)**

전략지도를 작성하는 데 있어서 그 전략과 관련된 핵심성과요인(CSF)이나 핵심성과지표(KPI)가 전략적 목표에 영향을 주거나 인과관계성이 잘되어 있는가를 확인하는 절차가 필요하다. 이것을 하기 위해서 일반적으로 PDT(Performance Driver Tree; 성과에 영향을 미치는 성과동인)라고 하는 Logic Tree를 이용해 도식화하는 방식이 있다.

이렇게 함으로써

첫째, 상위 성과를 설명하는 하위의 동인들(Driver)이 중복이나 누락이 없도록 할 수 있다.

ㄴ, MECE 원칙 확인(Mutually Exclusive Collectively, Exaustive)

둘째, 상위 동인과 하위 동인이 인과관계로 연결되어 있는지를 확인할 수 있게 한다.

ㄴ, Cause & Effect 원칙 확인

표 4-8 **성과 영역 구조와 전략지도 연계성 검증**

| 성과동인구조 Tree<br>Performance Driver Tree | | 핵심성공요인(CSF)<br>(전략목표화 Tree) | 핵심성과지표<br>(KPI) Tree | 전략지도<br>(4대 관점별) |
|---|---|---|---|---|
| 수익성 | 매출성장 | 시장 개척 확대 …… | 신규시장개척수 | 재무관점 |
| | 원가개선 | 마케팅 비용 감소 …… | 마케팅비용금액 | |
| | | 원가 절감 | 원가절감액 | |
| 고객만족도<br>(CSI) | 제품만족도 | 불량수준 감소 …… | 불량률 | 고객관점 |
| | | 고객불만 감소 …… | 고객불만율 | |
| | 서비스 만족도 | 서비스 지연감소 | 지연감소율 | |
| 생산성 | 노동생산성 | 제조생산성 향상 …… | 공급지연율 | 프로세스관점 |
| | | SCM 효율화 | | |
| | 설비가동률 | 종합효율 향상 …… | 종합효율 | |
| 구성만족도<br>(ESI) | 기업문화<br>만족도 | 문화행사 운영수준 …… | 문화행사실행건수 | 학습과 성장 |
| | | 고충처리 활성화 …… | 고충처리실행건수 | |
| | | 제안참여도 향상 | 제안참여율 | |
| | 인적문화<br>만족도 | 재해예방수준 향상 …… | 잠재재해개선건수 | |
| | | 교육수준 만족도 향상 | 교육수준만족도점수 | |
| | | 소집단 활동수준 향상 …… | 소집단활동평가점수 | |

\* PDT의 원칙으로는 MECE(중복, 누락방지)와 인과관계(Cause&Effect)를 확인하면 그 구분이 명확해질 수 있다.
(A=B+C+D)　　　(A←B←C←D)

## (4) BSC 균형성과표의 완성과 KPI 목표 수준 설정

이러한 과정을 거쳐서 전사 BSC 균형성과표가 만들어지면 각 계층별 하위 그룹인 본부-사업부-팀-개인까지의 균형성과표를 순차적으로 완성해 나간다. 여기에서 핵심지표(KPI)를 선정할 때 선행지표와 후행지표를 구분해 놓는 것도 성과관리에 도움이 된다. 즉, 최종적으로 측정되고 성과로 나타내는 지표를 후행지표로, 후행지표에 앞서 성과에 영향을 끼치는 과정 관리용 지표를 선행지표라고 부른다. 특히 계층별 업무수행상 하위자 그룹은 선행과정의 지표가 많은 편이고, 상위자 그룹일수록 후행지표 운영이 많은 것이 일반적이다.

## 표 4-9 △△ 기업의 BSC 균형 성과표(예)

| 제목 | △△ 기업의 균형성과표 | | | | | |
|---|---|---|---|---|---|---|
| 비전 | 특정 세계시장의 최고의 제품공급업체 | | | | | |
| 미션 | 혁신적인 제품 및 선도기술 적용을 통한 목표고객만족 | | | | | |
| 관점 | 전략목표<br>(CSF) | KPI 항목<br>(후행지표/선행지표) | KPI<br>목표 | KPI<br>실적 | KPI달성<br>평가점수 | 비고 |
| 재무 | 주주기대치 초과 | 주가 | 72.0 | 71.0 | 0.975 | |
| | | 투하자본수익률(ROI) | 25.0% | 21.5% | | |
| | 매출액 증대 (40%) | 매출액(백만$) | $6.000 | $5.482 | | |
| | 이익률 제고(38%) | 매출액 총이익률 | 35.0% | 31.6% | | |
| | | 매출액 대비 운영비용 | 20.0% | 24.2% | | |
| | 수익원 다변화(25%) | 상위 20% 고객비율 | 50% | 48% | | |
| | | 매출액 5% 미만 제품수 | 6 | 7 | | |
| 고객 | 현재 고객의 매출액 증대 | 교차판매율 | 30% | 13% | | |
| | | 고객유지율 | 95% | 90% | | |
| | | 고객대비 우선 공급자 비율 | 35% | 20% | | |
| | 고객기반 다양화 | 신규고객 통화건수 | 90 | 84 | | |
| | 신규고객 유치 | 신규고객 매출액(백만불) | $0.500 | $0.800 | | |
| | | 광고비 | $25.0K | $23.4K | | |
| 프로세스 | 수익성 높은 고객군 집중 | 파악된 고객세그멘트 수 | 3 | 0 | | |
| | 신제품 개발 | 신제품 매출액 | $40.0K | $55.5K | | |
| | | 신제품 출시 소요시간(일수) | 60일 | 95일 | | |
| | 주문 이행프로세스 합리화 | 주문이행소요시간(일수) | 7.5일 | 8.8일 | | |
| | | 적시 배송률 | 95% | 51% | | |
| 학습 및 성장 | 종업원 역량개발 | 종업원당 이익 | $50.0K | $32.5K | | |
| | | 종업원 만족도 | 80% | 82% | | |
| | | 종업원당 교육일수 | 2.00 | 1.25 | | |
| | | 종업원 유지율 | 95% | 99% | | |
| | 시스템 통합 | IT통합 이행비율 | 80% | 90% | | |
| | | 인터넷 주문접수율 | 10% | 4% | | |

## (5) BSC 균형성과표의 완성과 전사적 종합관리

부문별, 계층별, 개인별로 균형성과표가 완성되면 전 조직의 현황을 알수 있도록 종합집계표를 만든다. 이것은 CEO를 정점으로 전 구성원의 전략과 목표가 어떻게 정렬되어 있는지를 쉽게 알 수 있도록 하며 실행 후의성과달성도도 일목요연하게 모니터링하는 데 도움이 된다.

표 4-10 **전사 BSC 균형성과표(Scorecard) (예)**

| 전사 Scorecard(양식) | | | | | | | | | | |
|---|---|---|---|---|---|---|---|---|---|---|
| 관점 | 가중치 | 전략목표 | 가중치 | No. | 성과지표 | 가중치 | 배점 | 측정주기 | 지표산식 | 주관부서 |
| | | | | | | | | | | |
| | | | | | | | | | | |
| | | | | | | | | | | |
| | | | | | | | | | | |
| | | | | | | | | | | |

## 표 4-11 **전사 각 부문의 균형성과표 종합집계 (예)**

| | | | | | | | | | | |
|---|---|---|---|---|---|---|---|---|---|---|
| Cool Chart | | | | | | | | | | |

| 관점 | | 전략목표/성과목표 | | 성과지표 | | 지표산식 | 가중치 | 난이도 | 사업본부 | - 부서별 집계 - |
|---|---|---|---|---|---|---|---|---|---|---|
| 명 | 가중치 | Objectives | 가중치 | Measures | 가중치 | | | | 팀 | |
| 재무 | | | | | | | | | | |
| 고객 | | | | | | | | | | |
| 내부프로세스 | | | | | | | | | | |
| 학습및성장 | | | | | | | | | | |
| 팀별 가중치 합계 | | | | | | | | | 0 | 0 0 0 0 0 0 0 0 0 0 0 0 0 0 |

● ●

**CHAPTER 3**

## 논리력, 객관화 역량 갖추기를 위한
## '과제개선 5단계 프로세스' 운영

이번 장에서는 '경영은 실행이다'라는 말이 있듯이 문제와 장애요인을 극복하게 해주는 과제개선 프로세스에 대한 설명을 하고자 한다. 과제개선 역시 대책을 실행으로 옮기는 핵심수단인데 여기에서도 글로벌 우량기업들이 일상화하고 있는 '과제개선 5단계 프로세스'를 탑재하여 논리적, 객관화 개선 능력을 갖출 수 있게 했다. 이 개선 절차는 도요타의 업무개선 방법으로 많이 이용하는 5단계 절차를 사용한다. 그러나 그 객관화 방법에 있어서는 GE가 운영하는 6시그마적 통계적 스킬까지 활용 가능하도록 했다. 따라서 향후 과제개선의 전문성을 확장하기 위해서 6시그마식 객관화 방식을 중심으로 설명하고자 한다.

흔히 6시그마 개선기법은 통계 처리 방법으로 숙달된 전문가 수준의 인력들만 사용하는 것으로 알려져 있으나 여기에서는 아주 평범한 구성원들도 쉽게 활용할 수 있도록 절차와 방식을 단순화했다. 기업 내에서 대책이나 과제개선을 하는 데 있어 제일 어려운 일이 구성원들이 논리적이거나 객관화 방식을 체득하지 못하는 것이다. 그리하여 대책은 있으나 실행으로 이어지지 못해 성과를 내지 못하는 안타까운 사례가 매우 많은 실정이다. 따라서 너무 어려운 통계적 스킬을 배우는 것보다는 우선 문제의 인과관계를 도출하고 논리적으로 결과를 내놓는 등 성과 있는 일하는 방식을 체득하게 하는 일이 보다 급선무임을 알 수 있었다(사실 학교 교육에서 가르쳐주지 못하는 실정이다). 그렇게 함으로써 전 구성원이 일상 업무를 수행하는 과정에서 기업의 곳곳에 산재된 경영품질비용 및 낭비의 실체를 제대로 파악하고 문제해결을 지속화함으로써 비용을 수익으로 전환할 수 있는 핵심역량을 갖출 수 있게 했다.

## (1) 경영품질비용 및 낭비의 실체

COPQ(Cost of Poor Quality)는 원래 '좋지 않은 품질의 비용', 혹은 '저품질비용[3]'이라는 뜻으로 쓰이고 있는데 이는 '처음 단계에 100%의 품질을 생산해내지 못할 경우 발생하는 비용[4]'을 의미한다. 기업의 제품 및 서비스를 만드는 과정에서 발생하는 불량 및 낭비요소를 정량적으로 파악하여 비용으로 환산해보는 개념이다. 이 비용은 다시 불량, 폐기, 반품, 재작업 등과 같이 눈에 보이고 측정이 손쉬운 비용(매출액의 5%로 추정)과 눈에 보이지 않고 측정이 어려운 기회 손실, 낭비 요소, 최고 수준과의 능력 차이 등에서 오는 비용으로 나눌 수 있는데 그 비중이 매출액의 약 30%까지 내재되어 있다고 알려져 있다. 이 같은 비용들은 제조 프로세스 내에서만 아니라 고객만족 단계까지 이르는 기업의 전 과정의 결함에서 발생하므로 경영품질비용으로 확대해석하고 있다.

표 4-12 **눈에 보이는 기회손실과 눈에 보이지 않는 기회손실**

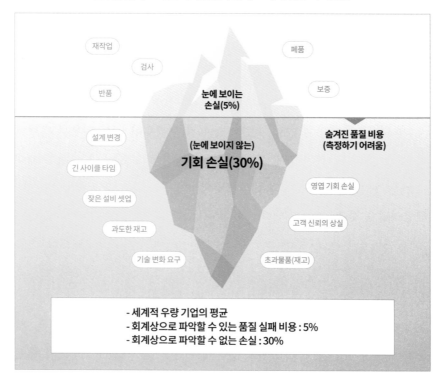

## (2) 경영품질비용 개선과 6시그마 개선기법 운영 역량

모든 업무 프로세스에는 눈에 보이는 낭비(비용)과 눈에 보이지 않는 낭비(비용)이 매출액의 약 30%대에 이른다고 보고 있다. 이중 일반적인 기업들은 눈에 보이는 약 5%의 낭비 영역의 개선에 집착하고 있으나 GE와 같은 글로벌 초우량기업들은 눈에 보이지 않는 25~35% 낭비 영역까지 문제를 발굴하여 개선에 집중함으로써 수익으로 전환하고 있다. 그러나 이같은 눈에 보이지 않는 많은 낭비(비용)를 수익으로 전환하기 위해서는 통계적이고 객관화된 정량화 방식을 이용하여 전 조직이 개선 활동을 전개하여야 한다. 이는 곧 각 조직원이 문제를 발굴하고 과제화하여 개선하는 역량을 갖출 수 있도록 지속적인 육성이 필요함을 의미한다.

초우량회사는 '초우량 수익구조'를 갖추고 있다. 그러나 그 배경에는 개선과 변화에 능한 인재양성 노력이 숨어있다. 이는 곧 기업에 숨어있는 '경영품질비용'을 집요하게 발굴하고 개선할 수 있는 조직의 변화혁신 역량을 지속적으로 키워왔음을 알아야 한다. 물론 이러한 실행역량을 갖추기 위해 국내 기업들도 여러 가지 업무개선 및 혁신 스킬을 도입하고 운영하여왔다. 즉, 우리나라 산업화 초기인 1970년대엔 QC 관리기법, 1980~1990년대엔 TQM(전사적품질경영), TPS(도요타 생산방식), MBO(목표관리) 등이 전파되었고 1990년대엔 TPmgt(종합 생산성 관리), BPR(업무 재설계), CS(고객 만족) 등이 활용되어왔다. 그러다가 1990년대 말에서 2000년대에 이르러서는 경영 전반의 전략경영수행을 위해 BSC 경영이 도입되기 시작했으며, 업무개선 실행역량을 위해 6시그마 개선기법을 대기업을 중심으로 도입하여 고객 만족과 극한 원가확보에 주력하고 있다. 특히 최근에는 제조기업 이외에도 필자가 성공모델로 벤치마킹한 바 있는 글로벌 초일류 e-commerce 기업인 아마존도 수많은 유통물류 풀필먼트(Fullfillment; 물류 전문업체가 물건을 판매하려는 업체들의 위탁을 받아 포장, 배송, 재고관리, 교환·환불 서비스 등의 모든 과정을 수행하는 물류 일괄 대행 서비스) 현장의 고객 만족 개선을 위해 '피자 두 판 팀'이라는 소집단들이 6시그마 개선 활동을 전개하고 있다고 소개되는 실정이다.

따라서 '플랫폼 경영시스템'에는 국내는 물론 세계적 기업들도 일상 변화관리에 운용하고 있는 6시그마 과제개선 방식을 적용할 수 있게 하여 '경영품질비용의 개선 역량'도 일류화할 수 있게 했다. 물론 기본은 초보적인 수준으로 시작하고 점차 필요 수준에 따라 전문화할 수 있도록 유의했다.

## (3) 6시그마 경영의 출현 배경과 기업 내에서의 활용 전략

6시그마 경영 일반에 대해서는 박성현 외 2인이 지은《6시그마 이론과 실제》와 마이클 해리 외 1인이 지은《6시그마 기업혁명》이라는 저서를 통해 기업의 운영사례를 기술하여 독자의 이해를 돕고자 했다.

### 모토로라의 최초의 6시그마 경영의 도입

6시그마를 최초로 도입한 기업은 모토로라이다. 1981년 당시 회장이던 갤빈(Robert W. Galvin)은 5년에 걸쳐 품질을 10배 이상 개선한다는 계획을 구상한다. 당시 빌 스미스라는 엔지니어의 연구에 의하면 제조 과정에서 결함이 발견되어 재작업을 거친 제품일수록 고객의 초기 사용단계에서 고장이 많이 발생한다는 사실을 알게 된다. 그후 마이클 해리 박사(Mikel Harry) 등이 주축으로 운영전략과 방법을 개발하여 1987년부터 6시그마에 의한 적용이 본격화되었다. 이 과정에서 만약 재작업을 없앤다면 '숨겨진 공장(Hidden Factory)'를 찾아서 투자 없이 생산량을 배가할 수 있다는 결론을 얻었다. 즉 프로세스 내에서 공정 능력을 6시그마 수준으로 높이면 검사와 재작업을 많이 줄이고 원가도 낮출 수 있다는 것을 밝혀낸 것이다.

모토로라는 10년 이상 일관되게 6시그마를 추진, 발전시켰고 이 결실로 1989년에 미국 최초로 맬콤볼드리지 품질대상을 수상했다. 또한 철저한 품질 시스템 평가(QSR; Quality System Reveiw)를 준비하고 모기업뿐 아니라 협력업체의 부품 품질도 높여가기 위하여 6시그마를 추진하지 않는 협력업체와는 거래하지 않는다는 방침 아래 품질 교육을 지원했다.

6시그마를 도입한 이래 1987년부터 1991년까지 4년간 모토로라는 22억 달러의 개선 효과를 거두었고 간접부문에서도 10억 달러를 절감하여 가장 높은 품질 수준을 구현하면 가장 낮은 원가의 기업을 실현할 수

있음을 증명했다.[5]

## GE의 6시그마 경영 본격 확대 운영

1995년 10월, GE의 잭 웰치 회장이 얼라이드시그널(Allied Signal; 미국의 항공 우주, 자동차 및 엔지니어링 회사)의 6시그마 성공사례를 접하고, 21세기를 대비하는 경영혁신 프로그램을 준비하도록 지시하면서 GE의 6시그마가 시작되었다. 1996년 말, GE는 각 사업장 단위마다 추진 성과가 발표된 후 6시그마에 대해 확신하게 되었다. 잭 웰치는 1997년부터 6시그마 실행조직을 구체화하여 본사에 감사(Auditor) 400명, 컨설턴트 200명, 사내강사 150명을 임명하여 양성했다. 또한 혁신의 지속성을 위하여 사업팀장이 되려면 블랙벨트, 마스터 블랙벨트, 6시그마 챔피언이라는 매트릭스 조직을 구성하여 수직적인 보고 이외에 수평적 조직을 통해 지속화를 추진했다. GE는 지속적인 도약을 위한 변화 가속화의 일환으로 6시그마를 최우선 정책으로 실행했다.[6]

표 4-13 **GE의 도약을 위한 단계별 변화로드맵 (예)**

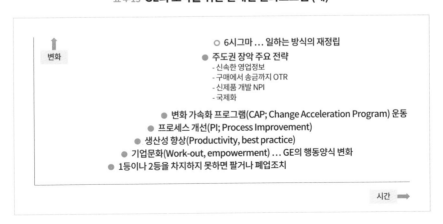

## '삼성전관'을 시작으로 한 국내의 6시그마 도입 운영

1996년, 삼성전관(현재의 삼성 SDI로 당시는 TV 브라운관 제조사였음)이 6시그마를 도입했는데 이는 삼성의 신경영 철학에 입각하여 국제적인 경쟁력 확보와 품질을 선도하려는 목적이었다. 1997년 12월 국내 최초로 품질 자격제도를 도입하여 전사원에 화이트벨트를 필수 승격 자격으로 정했다. 1999년부터는 제조 부문에 국한하지 않고 설계 부문까지 확산하기 시작했다.[7]

삼성을 시작으로 6시그마는 국내의 대기업을 중심으로 확산되었고, 2000년대 중반까지 글로벌 품질 표준으로의 맞춤과 경쟁력 확보를 위해 수많은 국내 기업들이 도입 확산하기에 이르렀다.

이상과 같은 글로벌 일류기업들과 국내 우량기업들의 도입 사례에서 보듯이 6시그마를 성공적으로 추진하려면 최고경영자가 주도하는 것이 확산도 빠르고 성공 가능성도 크다. 최고 경영진이 열정과 관심을 가지면 조직적으로 추진할 수 있는 바탕이 만들어지기 때문이다. 일반적으로 기업은 회계, 인사, 영업 등 비제조 부문의 비효율성으로 인하여 엄청난 실패 비용을 부담하고 있다고 GE는 지적한다. 그러므로 기업 경영 프로세스 가운데 가장 적은 비용으로 가장 큰 효과를 볼 수 있는 서비스나 간접 부문부터 개선하면 큰 성과를 볼 수 있다고 강조한다.[8]

## (4) 6시그마 경영의 운영과 경영수익에 미치는 영향

### 6시그마 경영이란 무엇인가?

6시그마 경영이란 최고경영자의 리더십 아래 시그마(σ)라는 통계 척도를 사용하여 모든 품질 수준을 정량적으로 평가하고, 문제해결 과정 및 전문가 양성 등의 효율적인 품질 문화를 조성하며, 품질 혁신과 고객만족을 달성하기 위하여 전사적으로 실행하는 종합적인 기업의 경영전략이라고 정의할 수 있다.

6시그마의 가장 기본적인 목표는 품질산포(또는 작업의 불균일성, 정상적인 일에서 벗어나는 실수 등)를 획기적으로 줄여 불량품(결함 건수, 실수 등)의 발생 소지를 없애자는 것이다. 고객에게  결함 없는 제품, 서비스를 제공하기 위해서는 높은 수준의 프로세스 품질이 필요하며, 특히 규격 안에 들어가는 산포가 작은 품질 분포가 요구된다.[9]

### 통계적 척도로의 6시그마

그리스 문자인 시그마(sigma) σ는 공정 또는 절차의 산포를 나타내는 통계용어로 표준편차를 의미하며, 에러(error)나 미스(miss)의 발생확률을 가리킨다. 즉 데이터들이 중심으로부터 떨어져 있는 정도를 나타내는 단위다.

6시그마(6σ)는 실제 업무상 실현될 수 있는 가장 낮은 수준의 에러로 인정된다. 6시그마는 통계학적으로는 100만 번에 3.4회(3.4 PPM)의 에러가 나는 수준을 가리키는 것으로 양품률 기준으로는 99.99966%가 되어 사실상의 '불량제로'를 지향할 때 품질비용을 극소화할 수 있음을 나타내는 것이다.[10]

표 4-14 **시그마 수준이 변하는 경우의 불량률 변화**

| 시그마수준 | 양품률(%) | 불량률(PPM) | 품질비용 | 기업경쟁력 |
|---|---|---|---|---|
| σ | 30.2328 | 697,672 | (해당사항 없음) | - |
| 2σ | 69.1230 | 308,770 | (해당사항 없음) | (경쟁력 없음) |
| 3σ | 93.3189 | 66,811 | 매출액의 25~40% | ↑ |
| 4σ | 99.3790 | 6,210(2) | 매출액의 15~25% | 산업평균 |
| 5σ | 99.97674 | 233 | 매출액의 5~15% | ↓ |
| 6σ | 99.99966 | 3.4 | 매출액의 1% 이하 | 초일류기업 |

## 일하는 수준이 기업의 경영품질에 미치는 효과

결론적으로 6시그마는 모든 프로세스의 품질 수준이 6시그마를 달성하여 불량률을 3.4PPM(100만 회 중 결합 발생률 3.4개) 이하로 하고자 하는 기업의 품질경영 전략이라고 할 수 있다. 〈표 4-14〉에서 보면 품질 수준이 3σ인 경우와 6σ인 경우의 불량률 차이를 보면 66,811/3.4=19,650으로 약 2만 배가량 된다. 흔히 무결점 운동은 다분히 구호적이고 제조공정 위주의 활동이었으나 6시그마 경영은 과학적으로 데이터에 근거한 품질관리를 요구하고 있으며 제조공정에서의 품질뿐 아니라 수주에서 출하에 이르는 모든 경영 프로세스를 대상으로 하는 종합적인 경영품질 혁신 활동이라고 볼 수 있다.[11]

표 4-15 **3σ와 6σ 품질 수준의 비교표**

| 업무프로세스 내용 | 3σ 품질수준<br>(66,811 DPMO) | 6σ 품질수준<br>(3.4 DPMO) |
|---|---|---|
| *한 병원에서의 약 처방 실수<br>*어느 지역에서의 전화 불통<br>*어느 대학의 우편물 분실<br>*김포공항 착륙 오류 발생<br>*어느 종합병원의 수술 오류 | 연간 1만 건<br>매주 30분<br>연간 약 200통<br>연간 약 40건<br>연간 500건 | 2년간 단 1회<br>매주 약 0.1초<br>100년간 약 1통<br>500년간 1건 정도<br>40년간 1건 정도 |

표 4-16 **6시그마 경영의 경영수익에 미치는 기대효과**

| 6-Sigma 경영의 기대 효과 | |
|---|---|
| 3시그마 기업이 매년 1시그마씩<br>향상시킬 때 기대 효과  | ◆20%의 수익 향상<br>◆12~18%의 생산능력 증대<br>◆12%의 종업원 수 감소<br>◆10~30%의 자본지출 감소 |

## (5) 6시그마 개선 역량 확보와 일류기업들의 수익 극대화 전략

제품이 만들어지는 과정에서 설계단계, 검사단계, 고객사용 단계로 나누어 품질비용의 증가 추세를 보면 '1 : 10 : 100의 법칙'이 존재한다. 즉, 설계단계에서 결함이 발견되어 수정하는 데 드는 비용이 1이라면, 출하검사 단계에서 결함이 발견되어 재작업을 거치게 되면 10의 비용이 들고, 고객이 사용하는 단계에서 결함이 발견되면 비용이 100배가 든다는 의미이다.

따라서 예방단계에서 결함이 발견되지 않도록 조치하는 것이 기업 손실을 가장 줄일 수 있고, 검사, 평가 단계에서 결함을 줄이는 것이 다음으로 기업 손실이 적지만, 고객사용 단계에서 결함이 발견되면 큰 비용이 들게 되는 것이다. 기회 손실은 눈에 보이는 기회 손실과 눈에 보이지 않는 기회 손실로 구분된다. 시그마 수준이 나빠지게 되면 눈에 보이는 기회 손실의 품질비용도 증가하지만, 눈에 보이지 않는 기회 손실로 인한 비용은 엄청나게 증가한다. 우량기업의 경우, 평균적으로 눈에 보이지 않는 기회손실 비용이 눈에 보이는 기회손실 비용의 6배 정도 되는 것으로 알려져 있다. 6시그마 경영을 실행하는 과정에서 전체적인 품질비용은 획기적으로 감소하게 되며, 기업의 이익을 극대화하는 데 큰 기여를 할 수 있다고 본다.[12]

일반적으로 초일류기업들은 이처럼 눈에 보이지 않는 낭비(비용)까지 수익으로 전환, 지속적인 우량 수익구조를 확보하고 있으며 아울러 극한 품질 달성의 도전체질, 습관을 통해 고객우선 기업문화를 추구하고 있다. GE는 6시그마 경영을 통해 정량적, 객관적 업무수행을 함으로써 무결점 6시그마 수준에 도전하고 있다. 더불어 도요타는 도요타 생산방식(TPS)이라는 고유 업무수행 방식을 통해 철저한 '7대 낭비개선'과 유연한 고객맞춤으로 글로벌 경쟁에서 선두를 달리고 있는 것이다. 아래 〈표 4-17〉은 기업의 수익성 구조를 '수익나무' 구조로 설명하고 있다.

표 4-17 **경영품질 수준과 수익성 구조와의 관계**

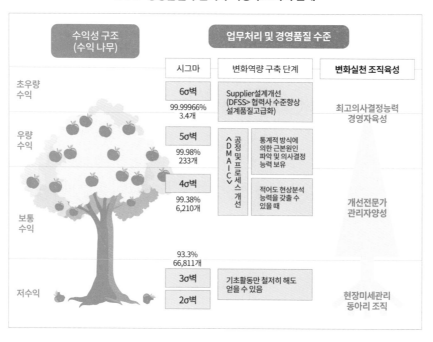

저수익기업은 업무수행 품질 수준이 2~3$\sigma$ 수준으로 100만 개당 66,811개의 결함(양품률 93.3%)을 발생하는 수준으로서 병들어 땅에 떨어지는 안 좋은 열매만을 얻을 수 있는 수준을 나타낸다. 흔히 업무 현장에서 매뉴얼과 표준을 지켜내고 5S 기본 활동을 해내는 수준이다.

보통 수익기업은 4$\sigma$ 수준(100만 개당 6,210개의 결함, 양품률 99.38%)의 영역 안에 있는 기업으로 약간의 덜 익거나, 손상이 있는 열매를 얻는 수준으로 본다. 현업 활동에서 문제 발굴과 현상 분석능력을 갖춘 기업이라고 본다.

우량 수익기업은 적어도 5$\sigma$ 수준(100만 개당 233개의 결함 발생, 양품률 99.977%) 벽에 도전할 정도의 기업으로 병들지 않고 손상을 입지 않은 아주 좋은 열매를 얻는 기업으로 상당히 우량한 수익을 갖추고 있다고 판단한다. 이 정도의 기업은 현업의 문제점을 통계적인 방식에 의해 근본 원인을 철저히 파악하고 정확한 대책을 적용할 수 있는 의사결정 능력을 보유하고 있다고 본다.

마지막으로 6$\sigma$ 경영품질 수준의 기업은 100만 개당 3.4개의 결함, 양품률 99.99966%을 나타내는 기업으로 흔히 '무결점 업무수행' 능력을 갖춘 상태이다. 현업에서는 설계 단계까지 에러가 없는 고품질 사양을 만들어내며 공급망과 연계된 외부 협력사까지 최고의 품질 수준을 낼 수 있어야 함을 의미한다.

이 같은 기업의 업무 수준을 이루기 위해서는 전 구성원이 자기 업무수행 과정에 전문가적 개선 역량을 확보할 수 있도록 해야 한다. 영업, 생산, 개발, 물류의 어느 현장이든 최일선 접점의 소집단의 미세관리 및 개선이 일상화되고 관리자 그룹은 선두에서 개선 전문가적 역량을 발휘할 수 있게 해야 한다. 또한 CEO를 비롯한 임원 경영층이 일류화를 위한 최고 변화관리자로서 선두에 서서 리더십을 발휘할 때 그 꿈같은 6시그마 수준의 초우량기업의 과실을 맛볼 수 있음은 두말할 나위가 없다.

문제는 이 같은 전사 역량을 갖추는 일이 단시간, 전 구성원에 갖추어지기가 대단히 어렵다는 데 있다. 따라서 본 '플랫폼 경영시스템'에서는 과제 개선 프로세스에 6시그마적인 객관화, 정량화 개선기법을 탑재해 놓았으므로 큰 부담 없이 일상 업무수행 중에 활용되고 모르는 사이에 터득되어 개선 역량 수준이 올라갈 수 있도록 그 수준과 단계를 안배했다. 필자는 실제로 자기업무상 도출한 핵심과제 실행만으로도 약 3년 내 전사적 계층별로 6시그마 경영을 추진할 수 있는 조직 역량이 갖추어질 수 있다는 사실을 경험했다.

## (6) 6시그마 프로세스에서의 과제개선 절차와 방법

식스시그마 경영에서 품질개선을 위한 작업은 크게 5단계로 나누어 실시하는데, 'DMAIC'가 그것이다. 이는 정의(Define), 측정(Measure), 분석(Analyze), 개선(Improve), 통제(Control)의 첫 글자를 딴 것이다. 'DMAIC'는 개선 대상이 될 프로세스 또는 프로젝트를 정의하고, 측정과 분석을 통해 프로세스나 제품/서비스의 문제점을 들춰낸 다음 문제해결 방법을 찾아내고 실제로 개선 작업을 실시하고, 이와 같은 과정을 제어/감시해 품질의 개선상태를 유지하도록 한다. 그 절차와 실행방법은 〈표 4-18〉과 같다.

표 4-18 **6시그마 개선 절차 및 추진방법**

| | 정의<br>Define | 측정<br>Mesure | 분석<br>Analyze | 개선<br>Improve | 관리<br>Control |
|---|---|---|---|---|---|
| **5단계<br>프로세스** | ① 고객의<br>요구 파악<br>(CTQ)<br><br>② 프로세스 및<br>프로젝트<br>범위설정 | ③ 산출물<br>(만족도, 불량률 등)<br>측정<br><br>④ 차이분석 | ⑤ 원인분석<br>- 추세분석<br>- 산포도<br>- 흐름도<br>- 통계분석<br>- 인과분석도<br>- 점검표<br><br>⑥ 정량화 | ⑦ 해결방안 작성 | ⑧ 모니터링/피드백<br><br>⑨ 표준화<br><br>⑩ 매뉴얼 구축 |
| **방법과<br>실행사례** | ·CTQ<br>(Critical to Quality)<br><사례><br>- 적시 납기<br>- 주문의 정확성<br>- 물리적 특성들<br>(무게, 크기 등)<br>- 고객에 대한<br>예의바름<br>- 송장의 적시송부 | ·측정/산포/데이터<br>수집<br><사례><br>- 불량의 빈도측정<br>(현재 시그마 수준)<br>- 문제를 계량적 정의<br>- 프로세스 매핑<br>- 측정시스템 검증<br>- 데이터수집 | ·데이터분석→<br>프로세스분석→<br>근본원인분석<br><사례><br>- 언제, 어디서 불량이<br>발생하는가?<br>- 불량의 형태와<br>원인 규명<br>- 불량의 잠재 원인<br>들에 대한 이해를<br>세밀하게 하기 위한<br>자료 확인 | ·가능한 해결책 나열<br>→해결방법 선정→<br>프로세스에 적용<br><사례><br>- 프로세스를 어떻게<br>고칠 것인가?<br>- 브레인스토밍으로<br>여러 사람의 지혜를<br>모은다.<br>- 가능한 방법의<br>실험적 실시 | ·프로세스의 모니터링<br>→문서화→제도화스에<br>적용<br><사례><br>- 어떻게 하면 고친<br>프로세스를 지속시킬<br>수 있나?<br>- 새로운 프로세스의<br>디자인과 절차 제도화<br>- 프로세스의 측정 방법과<br>관리 한계를 확인, 측정 |
| **주로<br>사용하는<br>통계<br>및 스킬** | -- | ·파레토 그림<br>·표준편차<br>·CPK<br>·시그마 등의 활용 | ·데이터의 그래프화<br>·공정능력분석<br>·특성요인도<br>·5-whys 등 활용 | ·실험계획법<br>·멀티-베리차트<br>·브레인스토밍<br>·코스트분석 등 활용 | ·눈으로 보는 관리<br>·SPC<br>·실수방지책<br>(mistake proofing)<br>·표준화 등의 활용 |

## (7) 플랫폼 내 '과제개선 5단계 프로세스' 방식을 통한 논리화·객관화 역량 갖추기

숨어있는 경영품질비용(COPQ)을 수익으로 전환하여 궁극적으로 기업의 경영수익 구조를 우량화하는 길에는 무슨 비법이 따로 있는 것이 아니다. 그것은 조직 내 일상업무수행 시 전 구성원 각자가 직관이나 경험에 의해 문제해결을 하는 수준에서 벗어나 문제점을 계수화하고 객관적 평가를 통해 업무처리 수준을 가능한 완벽한 수준, 즉 $6\sigma$수준(불량률 3.4ppm, 무결점 수준)으로 수행케 하는 조직으로 변화시키고자 권장하는 것이다.

구성원 입장에서도 일을 열심히 하는 것만으로 성과가 있는 것이 아니라 핵심을 드러내고 성과와 직결되는, 즉 올바른 방법으로 수행할 때 그 가치를 극대화할 수 있도록 업무수행 역량을 발휘하게 하는 것이 중요하다. 그러나 처음부터 6시그마적 개선과제수행방식으로 바로 들어가기에는 어려움이 따른다. 따라서 본 '플랫폼 경영시스템'의 과제개선 절차에서는 5단계 프로세스를 운영하되 초기 단계는 논리화 능력을 갖추는 데 주력하고, 2~3년 정도 경과 후에 프로세스적 개선 역량이 생기면 기초적 통계 및 객관화 도구로 사용할 수 있게 하여 점차 전문화 능력을 갖추도록 했다.

표 4-19 **플랫폼 경영시스템에서의 과제개선 5단계 운영 방법과 절차**

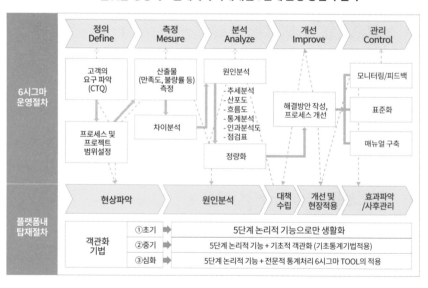

지금까지는 필자가 제시하는 플랫폼 경영시스템에 탑재되어 글로벌 일류기업들이 업무 역량을 체득할 수 있도록 하는 선진 경영 방식 및 스킬 활용에 대한 개념을 미리 이해하는 장이었다. 즉, 이것은 ①BSC 기반의 전략경영체계와 ②과제개선 5단계 프로세스의 운영 방식이다. 이 두 가지의 경영 방식과 스킬의 개념을 사전에 익힘으로써 다음의 5부, 6부에서 제시하는 플랫폼 경영시스템의 콘텐츠 설계와 운영 내용을 쉽게 이해할 수 있도록 했다.

**Part 05**

# 경영플랫폼의 기반구조 설계와
# 운영콘텐츠 개념

## CHAPTER 1

# 경영플랫폼의
# 콘텐츠 설계 개념

① 플랫폼은 비전설정 및 진척관리, 중장기 경영, 당해 연도 경영목표와 과제수립, 일상목표 및 과정 관리, MBO 수립 및 평가까지 일관성 있게 할 수 있도록 총 9개의 모듈로 구성되어 있다.

② 평소에는 당해 연도 일상목표와 과제과정 관리 중심으로 운영하여 현재를 관리하지만 필요 시 9개 모듈 어느 곳이나 변환시켜 입체적 운영이 가능하도록 했다.

③ CEO부터 사업부–팀별-개인까지 경영의 전 구성원이 전부 통일된 플랫폼 내에서 자기경영을 할 수 있고 상사와의 코칭, 지도 등 상호 커뮤니케이션으로 운영이 가능하다.

④ 비대면으로 온라인 회의가 충분하여 재택근무를 할 수 있도록 일반적인 표준 경영방식이 세팅되어 있어 이 플랫폼 내에서 경영의 대부분을 소화할 수 있다.

표 5-1 **경영 플랫폼의 핵심 내용 및 Flow**

| NO | 대구분 | 중구분 | 세부내용 | 비고 |
|---|---|---|---|---|
| 1 | 비전 설정 및 진척관리 | (1)비전 설정/보강<br>(2)비전 진척현황 | ◆ 그룹비전/각 사 비전/전사 종합목표<br>◆ 연초에 비전 대비 진척측정 | |
| 2 | 중장기 전략과 목표의 수립 및 실적 | (3)경쟁환경 분석<br>(4)장기생존목표수립<br>(5)중장기 달성 로드맵 | ◆ 고객니즈 및 시장동향, 국내/외 경쟁사<br>◆ 글로벌 1위 도전지표/달성 연도<br>◆ 중기3년, 장기6년 목표 | |
| 3 | 당해연도 전략목표 방향 수립 | (6)BSC 전략 체계도<br>(7)전략목표선정<br>(8)KPI도출<br>(9)계층별 Cascading | ◆ 전략지도 정립<br>◆ 전략목표(CSF)발굴<br>◆ 핵심성과지표 발굴<br>◆ 계층별 KPI Tree 정렬 | |
| 4 | 당해연도 KPI목표수립 /실적관리 | (10)BSC 관점별 지표화<br>(11)대 지표 목표수준<br>(12)중 지표 목표수준<br>(13)소 지표 목표수준 | ◆ BSC 4대 영역별 목표 수준 정하기<br>◆ 각 계층별 KPI, 대/중/소 목표수준 정렬 | |
| 5 | 경영목표 성과분석 | (14)성공/부진 사유 분석 | ◆ 목표달성 차이분석 | |
| 6 | 대책구상과 즉실행 | (15)대책 구상<br>(16)즉실행 | ◆ 대책 브레인스토밍 미팅으로 도출<br>◆ 즉실행 메모 | |
| 7 | 전략과제 및 실행과제 수립 | (17)후보과제 도출<br>(18)채택과제 선정<br>(19)추진 우선순위<br>(20)예상효과 산정 | ◆ 전략과제(대과제)와 연관성/적합성<br>◆ 기여도 평가<br>◆ 과제 등급별 우선순위 평가<br>◆ 연도 효과/연간 효과 | |
| 8 | 과제 실행 및 진척 관리 | (21)5단계 과정관리<br>(22)효과파악/사후관리 | ◆ 현상파악/원인분석/대책수립/현장적용/<br>효과파악/과제완료일<br>◆ 현업부서/확인부서의 평가 | |
| 9 | 당해연도 업적평가 (MBO) | (23)MBO 목표설정<br>(24)MBO 업적평가<br>(25)보상평가 | ◆ 본인/상사 협의<br>◆ 본인/상사 협의<br>◆ 보상제도 연계 | |

**CHAPTER 2**

# 경영플랫폼의 운영 Flow와
# 일상목표관리

경영플랫폼 내 탑재되는 9개의 모듈을 나누어보면 일반적인 경영활동 사이클인 계획(Plan), 실행(Do), 평가(See)라는 3대 실행 영역으로 운영될 수 있도록 한다. 따라서 이 9개 모듈과 25개 실행 콘텐츠가 유기적인 관계로 운영되면 일상적인 대부분의 경영활동을 수행할 수 있도록 구성한다. 특히, 경영은 일상의 목표관리 활동으로 실현된다고 할 수 있는데 이를 위해 일간/주간/월간/분기별/연간/중장기별로 개인별 자기 목표관리를 스스로 할 수 있게 한다.

# 표 5-2 경영 플랫폼과 일상목표관리 Flow

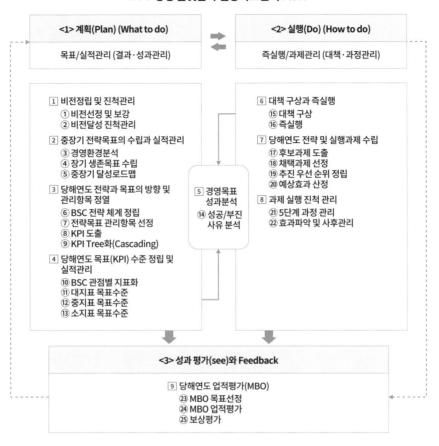

●●

**CHAPTER 3**

# 경영플랫폼의 구조 설계와
# 구성원의 자기경영체계 설계 방향

〈표 5-2〉에서 설명한 바와 같이 경영플랫폼에서 일상경영활동을 할 수 있게 하는 기능을 9개 모듈로 정립했다. 이제부터 해야 할 일은 그 9개의 모듈을 플랫폼 기반으로 일체화하는 동시에 입체화하는 일이다. 플랫폼의 설계는 일상의 경영관리를 쉽고도 효율적으로 운영할 수 있게 함이 중요하기 때문에 다음과 같은 업무수행이 가능토록 설계한다.

첫째, 일상의 경영목표관리를 '결과관리'와 '과정관리'라는 두 가지 핵심 기능만으로 요약하고 그 두 개의 창으로 집결되게 함으로써 한눈에 자기관리가 가능하도록 한다.
① 목표와 결과관리(무엇을 할 것인가?: What to do?) 영역
② 대책의 실행과 과정관리(어떻게 할 것인가?: How to do?) 영역

둘째, 이 두 가지 영역의 핵심 '일하는 창'이 9개의 모듈만으로도 충분한

지원이 가능토록 하며 결국은 그 9가지 기능 모듈도 한 개의 기반 플랫폼으로 통합하여 일체화한다.

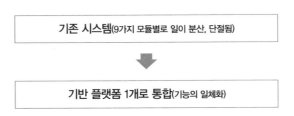

셋째, 단순 일하는 시스템으로서가 아니라 일의 과정에서 글로벌 일류 기업들의 구성원들이 성과를 내는 데 활용하는 선진국형 경영체계나 개선 기법들의 기능이 작동되도록 하여 부담 없이 스스로 체득할 수 있도록 설계한다(BSC 경영체계, 과제개선 프로세스 등).

넷째, CEO에서부터 구성원 개인별까지 각자의 목표관리창을 통해 스스로 자기경영을 하면서도 계층별, 부서별 소통을 통한 전체 최적화 기능을 발휘하게 한다. 따라서 소조직별 경영관리가 가능한 아메바경영 스타일을 전개할 수 있도록 한다.

다섯째, 기반 플랫폼으로 일체화됨으로

라는 시간차에 의한 단절을 한 시점으로 연계해봄으로써 입체 관리 및 경영을 구현할 수 있도록 한다.

여섯째, 결과와 과정 관리가 일체화됨으로써 상위자들은 하위자들의 과정 관리에 깊이 참여하고 하위자들과의 자연스러운 스킨십이 강화됨으로써 오케스트라 경영의 리더십을 발휘하게 하고 위임경영(Impowerment)을 실현할 수 있도록 한다.

**표 5-3 플랫폼 경영시스템의 구조 설계와 조직별/계층별 자기경영 기능의 구현체계**

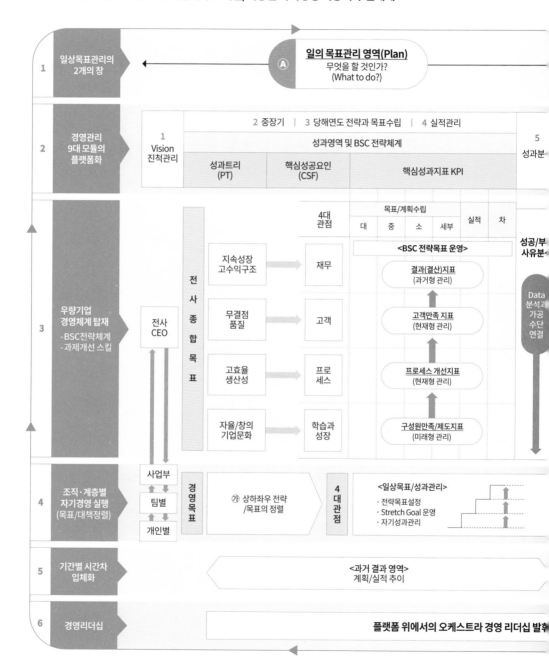

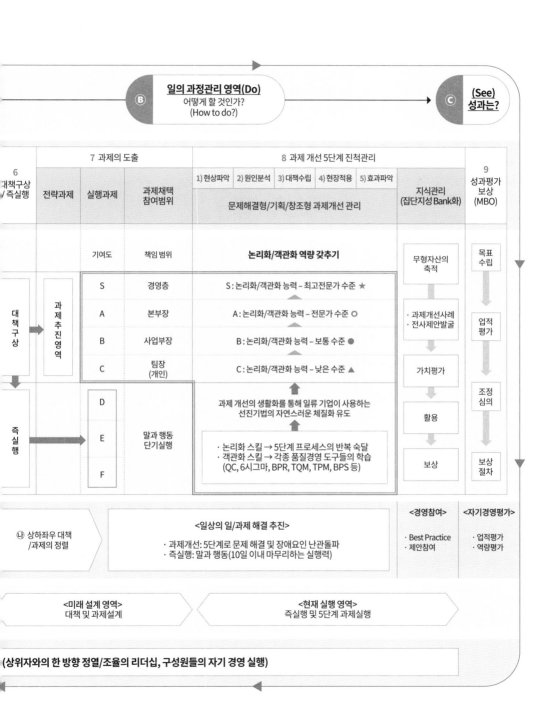

| | 7 과제의 도출 | | | 8 과제 개선 5단계 진척관리 | | | | | | 9 |
|---|---|---|---|---|---|---|---|---|---|---|
| 6 대책구상 및 즉실행 | 전략과제 | 실행과제 | 과제채택 참여범위 | 1) 현상파악 | 2) 원인분석 | 3) 대책수립 | 4) 현장적용 | 5) 효과파악 | 지식관리 (집단지성 Bank화) | 성과평가 보상 (MBO) |
| | | | | 문제해결형/기획/창조형 과제개선 관리 | | | | | | |

위 그림의 내용은 표 형식으로 완전히 변환하기 어려워 본문 요소로 기술합니다.

일의 과정관리 영역(Do)
어떻게 할 것인가?
(How to do?)

(See)
성과는?

**논리화/객관화 역량 갖추기**

| 기여도 | 책임 범위 | |
|---|---|---|
| S | 경영층 | S : 논리화/객관화 능력 – 최고전문가 수준 ★ |
| A | 본부장 | A : 논리화/객관화 능력 – 전문가 수준 ○ |
| B | 사업부장 | B : 논리화/객관화 능력 – 보통 수준 ● |
| C | 팀장 (개인) | C : 논리화/객관화 능력 – 낮은 수준 ▲ |
| D | 말과 행동 단기실행 | |
| E | | 과제 개선의 생활화를 통해 일류 기업이 사용하는 선진기법의 자연스러운 체질화 유도 |
| F | | · 논리화 스킬 → 5단계 프로세스의 반복 숙달 · 객관화 스킬 → 각종 품질경영 도구들의 학습 (QC, 6시그마, BPR, TQM, TPM, BPS 등) |

전략과제 영역: 과제 추진 영역 / 대책 구상 / 즉실행

지식관리: 무형자산의 축적 → · 과제개선사례 · 전사제안발굴 → 가치평가 → 활용 → 보상

성과평가 보상: 목표 수립 → 업적 평가 → 조정 심의 → 보상 절차

ⓑ 상하좌우 대책 /과제의 정렬

<일상의 일/과제 해결 추진>
· 과제개선: 5단계로 문제 해결 및 장애요인 난관돌파
· 즉실행: 말과 행동(10일 이내 마무리하는 실행력)

<경영참여>
· Best Practice
· 제안참여

<자기경영평가>
· 업적평가
· 역량평가

<미래 설계 영역>
대책 및 과제설계

<현재 실행 영역>
즉실행 및 5단계 과제실행

(상위자와의 한 방향 정렬/조율의 리더십, 구성원들의 자기 경영 실행)

**CHAPTER 4**

## 경영플랫폼의
## 9개 모듈 설계 및 운영 콘텐츠

앞서 언급한 바와 같이, 플랫폼 경영은 Web화된 온라인 체계에서 최상의 기능을 발휘할 수 있다. 그러나 일의 기본은 오프라인 단계에서 업무 수행 방식과 기능 및 구조를 이해하는 것이 매우 중요하다. 따라서 필자는 '플랫폼 경영시스템'의 설계 및 운영 콘텐츠를 우선 Excel 기반으로 설계하는 접근 방식을 택하고 가급적 사례를 들어 이해의 폭을 넓히고자 했다. 그렇게 함으로써 모든 구성원들이 일을 시스템적으로 운영하는 원리와 방식을 제대로 알고 숙달하기에 용이하다. 또한 Excel 기반으로 플랫폼을 설계하면 스타트업기업 및 중소기업부터 중견기업, 심지어 대기업까지도 현재 구성원들이 손쉽게 활용하고 있는 IT기능만으로도 단기간에 경영을 상당한 수준으로 효율화할 수 있기 때문이다. 이같이 Excel 기반 플랫폼에서부터 일상의 경영관리를 심화한 다음에 자기 업(業)에 맞는 Web화된 온라인 플랫폼으로 완성하는 것도 효율적임을 밝혀둔다.

## (1) 비전설정과 진척관리 체계

표 5-4 **비전설정과 진척관리 체계(플랫폼 탑재 예시)**

| 구분 | | | <1> 비전 설정 및 진척 관리 부문 | | | | | | | | | | | | | | | | | |
|---|---|---|---|---|---|---|---|---|---|---|---|---|---|---|---|---|---|---|---|---|
| | | | 성과영역 및 BSC 전략체계 | | | | | | | | 비전달성계획 및 진척현황 | | | | | | | | | |
| 그룹 비전 | 사별 비전 | BCS 4대 영역 구분 | 성과트리(PT) Performance Tree | | 핵심성과요인 (CSF) Critical Success Factor | | 핵심성과지표 (목표지표) (KPI) Key Performance Indicator | | | | 단위 | 담당 부서 | 시작 년도 목표 | 최종달성 목표 | | (_차)년도 추진실적 | | | 기준년도 대비 달성률 (%) | 글로벌 목표대비 진척률 | 비전진척 부진/성공 사유/대책 |
| | | | I | II | I | II | I | II | III | IV | | | | 예정 연도 | 지표 수준 | 목표 지표 | 실적 지표 | 달성도 (%) | | | |
| | 전사 | 재무 | | | | | | | | | | | | | | | | | | | |
| | | 고객 | | | | | | | | | | | | | | | | | | | |
| | | 프로세스 | | | | | | | | | | | | | | | | | | | |
| | | 학습성장 | | | | | | | | | | | | | | | | | | | |
| | 사업부 | 재무 | | | | | | | | | | | | | | | | | | | |
| | | 고객 | | | | | | | | | | | | | | | | | | | |
| | | 프로세스 | | | | | | | | | | | | | | | | | | | |
| | | 학습성장 | | | | | | | | | | | | | | | | | | | |
| | 팀 | 재무 | | | | | | | | | | | | | | | | | | | |
| | | 고객 | | | | | | | | | | | | | | | | | | | |
| | | 프로세스 | | | | | | | | | | | | | | | | | | | |
| | | 학습성장 | | | | | | | | | | | | | | | | | | | |
| | 개인 | 공통 | | | | | | | | | | | | | | | | | | | |

### ① 비전과 회사 전략과 핵심성과의 연계관리

비전은 조직이 미래에 이렇게 될 것이라는 최종 결과의 모습이며, 구성원들에게는 모든 난관을 돌파하여 이루고자 하는 희망찬 꿈이라 할 수 있다. 그러나 그 꿈이 단지 허황된 꿈으로만 남지 않으려면 조직이 추구하는 경영성과와 반드시 연계되어 일정 기간 안의 성과가 당초 설정한 목적지에 어느 만큼 가까워지고 있는지를 가늠할 수 있어야 한다. 흔히 비전을 수립할 때는 그 목적과 중요성을 제대로 정립하지만, 시간이 흐르면서 먼 미래에나 나타날 것 같이 추상적인 의미로 남게 되는 것이 보통이다. 물론 비전은 일반적으로 약 10년 주기로 달성할 장기 목표를 설정하는 것이 보통이다. 그러나 그 기간 안에도 단기적인 기간 내 진행되고 있는 성과목표를 일정 기간 내 측정하여 그 진척상황에 따라 전략실행의 강도를 가늠할 수 있도록 함이 중요하다. 따라서 비전과 전략체계의 핵심성과지표(KPI)를 선택하고 최소한 1년이 마무리되는 시점마다 평가할 수 있어야 한다.

### ② 비전의 진척관리

비전의 진척을 위해 비전을 시작하는 기준 연도의 수준을 정하고 최종 달성 연도의 수준을 명확히 한다(뒷면의 중장기 경영전략과 목표 수정 절차에 따름). 연말이 되면 기준 연도 대비 달성률, 글로벌 목표 대비 진척도를 측정하고 부진 사유나 성공적 진척사례를 평가하여 재도전을 위한 전략과 목표의 수정 보완을 해나간다. 따라서 이 비전 진척도에 따라 중장기적 목표를 정하고, 내년으로 다가온 당해 연도 1년간의 내용도 이를 감안하여 증가 또는 감소의 폭을 정할 필요가 있다.

## (2) 비전과 중장기 전략과 목표 수립 및 실적 관리체계

**표 5-5 비전과 중장기 전략과 목표의 수립 및 실적 관리체계(플랫폼 탑재 예시)**

| 구분 | | <1> 비전 설정 및 진척 관리 부문 | | | | | | | | | <2> 중장기 전략과 목표의 수립 및 실적 | | | | | | | | | | | | | | | |
| --- | --- | --- | --- | --- | --- | --- | --- | --- | --- | --- | --- | --- | --- | --- | --- | --- | --- | --- | --- | --- | --- | --- | --- | --- | --- |
| | | 성과영역 및 BSC 전략체계 | | | | | | | | | 고객니즈 및 경쟁환경 분석 | | | | | | | | 중장기 생존목표 수립 | | | | 중장기 목표달성 로드맵 | | | |
| 그룹비전 | 사별비전 | BCS 4대영역 구분 | 성과트리(PT) Performance Tree | | 핵심성과요인(CSF) Critical Success Factor | | 핵심성과지표 (목표지표)(KPI) Key Performance Indicator | | | | 고객니즈 및 시장동향 | 과거 3개년 실적 (핵심지표) | | | 국내 경쟁사 분석 | | | 차이 분석 | 글로벌 1위 도전목표 설정 | | | | 중기 1단계 | | 중기 2단계 | 산출근거 및 전략 키워드 |
| | | | I | II | I | II | I | II | III | IV | 시장동향 | _년 | _년 | _년 | 기준년도 | 관련회사 | 관련지표 | 차이 | 생존목표 | 현실목표 | 설정근거 및 전략 | 달성 최종년도 | _년 | _년 | _년 | |
| | 전사 | 재무 | | | | | | | | | | | | | | | | | | | | | | | | |
| | | 고객 | | | | | | | | | | | | | | | | | | | | | | | | |
| | | 프로세스 | | | | | | | | | | | | | | | | | | | | | | | | |
| | | 학습성장 | | | | | | | | | | | | | | | | | | | | | | | | |
| | 사업부 | 재무 | | | | | | | | | | | | | | | | | | | | | | | | |
| | | 고객 | | | | | | | | | | | | | | | | | | | | | | | | |
| | | 프로세스 | | | | | | | | | | | | | | | | | | | | | | | | |
| | | 학습성장 | | | | | | | | | | | | | | | | | | | | | | | | |
| | 팀 | 재무 | | | | | | | | | | | | | | | | | | | | | | | | |
| | | 고객 | | | | | | | | | | | | | | | | | | | | | | | | |
| | | 프로세스 | | | | | | | | | | | | | | | | | | | | | | | | |
| | | 학습성장 | | | | | | | | | | | | | | | | | | | | | | | | |
| | 개인 | 공통 | | | | | | | | | | | | | | | | | | | | | | | | |

비전의 진척관리를 위해서는 중장기 전략과 목표 수립의 절차가 필요하며 최소 5~6년 앞을 조망하고, 현실적으로는 금년도(당해 연도) 1년 차 목

표와 연계하여 구체화해 나간다.

### ① 고객 니즈 및 경쟁환경 분석

- 전사가 갖고 있는 상품과 서비스에 대한 고객과 시장의 다양한 요구 사항을 진단하여 그 핵심 내용 기록 : 특히 영업 및 마케팅 부문의 고객 접점의 니즈 파악과 향후 트렌드, 선진 기술의 변화와의 연계성을 조사할 필요가 있다.
- 과거 3개년간의 실적 리뷰(핵심지표기준) : 비전과 연계된 핵심지표에 대하여 과거의 최소한 3개년 실적을 시계열화해봄으로써 회사(조직)가 보유하고 있는 성과달성 역량을 확인할 수 있다.
- 국내 경쟁사의 수준 파악 : 국내 1위 최상의 수준 지표를 취합하되 1위가 자기 회사인 경우 2위(차하위) 회사와의 격차를 참고한다.
- 국외 선진사 수준 파악 : 국외 1위 회사 또는 글로벌리더 기업의 지표를 조사한다. 단, 글로벌 1위 기업과의 격차가 너무 클 경우 별도의 벤치마킹 기업을 선정하여 지표화한다.

### ② 중장기 생존목표의 설정

- 생존목표 : 조사된 글로벌 1위 기업의 지표 또는 그 이상 수준 지표로 선정한다.
- 현실목표 : 글로벌 1위 기업의 목표와 큰 격차가 있을 시 현실적으로 차선의 의지목표를 설정한다.
- 설정근거 및 전략방향(키워드 중심) : 생존목표 또는 현실목표를 설정한 후에는 그 설정 근거나 핵심전략을 기록한다.
- 달성 최종 연도 : 실행 가능한 전략 방향에 의거 달성 가능한 연도를

의지를 가지고 선정한다.


### ③ 중장기 달성 로드맵

- 중기 1단계 : 당해 연도의 목표설정을 기점으로 향후 3년간의 도전목
  표를 설정한다.
- 중기 2단계 : 중기 1단계 이후 2단계 3년간의 의지목표 로드맵을 작
  성한다. 중장기 6년이 끝났을 때 또 다른 5~6년 치의 로드맵으로 수
  정 대체한다.


## (3) 당해 연도 전략목표 및 방향 수립

표 5-6 **당해연도 전략목표 및 방향 수립(플랫폼 탑재 예시)**

비전과 연계된 성과 트리(PT) 및 BSC 전략체계도를 정립하는데 이때
가장 중요한 것은 핵심성과지표(KPI)를 도출하는 일이다. 또한 이 도출된
KPI를 LOGIC Tree 형식으로 연계성을 갖추게 함으로써 전사와 단위조
직 – 개인까지의 직무별 정렬과 성과 측정이 가능토록 함이 중요하다.

표 5-7 **비전과 전략 경영체계 정립 (예)**

| 비전 | | 전략지도 | 성과영역 및 BSC 전략체계 | | | | 계층별 조직별 배분 |
|---|---|---|---|---|---|---|---|
| 그룹비전 | 비전 | | PT | CSF | BSC관점 | 전사 KPI (대항목) | Cascading (조직단위별배분) |
| 초일류 생산성 1위 | OOO산업 글로벌 리더 기업 | | 지속적 고수익 구조 | 매출성장성 | 재무 | 매출액 | (사업부) 중항목 KPI |
| | | | | 수익성개선 | | 매출액성장률 신제품 매출 M/S 제조원가 매출이익 매출이익률 영업이익 영업이익률 공헌이익 원가절감 | (팀별) 소항목 KPI |
| | | | 무결점 품질 | 고객만족 실현 | 고객 | OO제품 CSI △△제품 CSI | (개인별) 세부항목 KPI |
| | | | 고효율 생산성 | 업무 단순화 | 프로세스 | 리드타임 | |
| | | | 창의 및 자율문화 구축 | 신바람조직 | 학습과 성장 | 종업원만족도 | 각 조직별 BSC관점별 관리항목 CSF와 KPI 트리만들기 전개 |

## (4) 당해 연도 KPI 목표 수준 정립과 실적관리

- 당해 연도 목표는 비전/경영환경 분석/중장기 로드맵과 반드시 연계
시켜 지표목표를 수립함으로써 연말 시점 비전 진척도를 파악한다.
- 도전목표 수립 : 내부 지향적인 소극적인 목표를 벗어나 외부 지향(글
로벌 도전 수준) 목표를 달성할 수 있도록 현재에서 거슬러가 역순으로
환산하여 설정한다. 그러기 위해서는 현재와의 GAP을 일정 기간마
다 확인하여 미달성 부문을 감안한 필수 달성의 도전적 목표(Stretch
Goal)를 수립함이 중요하다.

- KPI의 목표실적 운영은 월간점검, 분기점검, 주간점검을 가능토록 하고 필요한 핵심지표에 한해서는 일일점검 관리가 가능토록 한다.

## (5) 일상목표관리의 경영성과분석

- 당해 연도 경영목표관리 활동이 본격화되면 조직별, 계층별로 자기목표달성 수준을 점검하고 모니터링이 이루어진다. 일반적으로 전사 또는 사업부 단위는 월 1회, 경영실적회의를 통해 진척관리가 이루어진다. 그러나 업의 특성이나 경영환경 및 시장 현황의 유/불리 상태나 위기상황의 완급에 따라 주단위 또는 일단위의 성과 점검이 이루어질 수 있다. 이 점검과 분석을 위해서는 업무접점의 결과에 영향을 미치는 데이터를 수집 – 분석 – 가공 – 처리하는 과정을 거치는데 이때 IT 기반의 지원을 받을 수 있다면 더욱 효율적이다.
- 성과의 분석은 목표 KPI의 계획과 실적의 측정과 비교분석을 통해 달성 여부를 확인하게 되는데 주로 플랫폼의 대시보드 상에서 100% 달성은 청색, 미달성은 적색으로 표시하는 등 눈으로 즉시 확인할 수 있도록 한다. 이때, 부진사항의 분석이 대부분이나 탁월한 달성 수준인 경우는 정밀분석하여 성공사례(Best Practice)로써 활용할 수 있도록 한다.

## (6) 대책구상과 즉실행

표 5-8 **대책구상과 즉실행(플랫폼 탑재 예시)**

| 구분 | | | <6> 대책 구상과 즉실행 | | | | | | | | | | | | | |
|---|---|---|---|---|---|---|---|---|---|---|---|---|---|---|---|---|
| | | | 성과영역 및 BSC 전략체계 | | | | | | | | | 대책 구상 및 실행 | | | | |
| 그룹<br>비전 | 사별<br>비전 | BCS<br>4대영역<br>구분 | 성과트리(PT)<br>Performance<br>Tree | | 핵심성과요인<br>(CSF)<br>Critical Success<br>Factor | | 핵심성과지표 (목표지표)<br>(KPI)<br>Key Performance Indicator | | | | 대책구상 | 계획 | 내용 | 일자 | 담당자 |
| | | | I | II | I | II | I | II | III | IV | | | | | |
| 전사 | | 재무 | | | | | | | | | | | | | |
| | | 고객 | | | | | | | | | | | | | |
| | | 프로세스 | | | | | | | | | | | | | |
| | | 학습성장 | | | | | | | | | | | | | |
| 사업부 | | 재무 | | | | | | | | | | | | | |
| | | 고객 | | | | | | | | | | | | | |
| | | 프로세스 | | | | | | | | | | | | | |
| | | 학습성장 | | | | | | | | | | | | | |
| 팀 | | 재무 | | | | | | | | | | | | | |
| | | 고객 | | | | | | | | | | | | | |
| | | 프로세스 | | | | | | | | | | | | | |
| | | 학습성장 | | | | | | | | | | | | | |
| 개인 | 공통 | | | | | | | | | | | | | | |

성과분석을 통해 여러 가지 실행할 대책이 구상되면 즉실행으로 처리할 일과 실행의 난이도에 따라 오랜 시일이 요구되는 일로 나눌 수 있다. 이때는 과제화를 통해 깊이 있는 과정관리가 이루어져야 한다. 한편, 즉실행 할 수 있는 일은 대부분 단순반복적인 일인데도 그때그때 대처가 이루어지지 않아 누적됨으로써 업무실적에 악영향을 끼치는 것이 대부분이다. 따라서 작은 대책이라 하여 방치하지 말고 리스트에 남도록 지속적으로 드러나게 하면서 제거해 나가는 관리가 필요하다. 대부분 즉실행 사항은 기록할 일이 없으나 그중에서 성공사례로 활용할 가치가 있는 것들은 다음과 같이 메모로 남긴다.

표 5-9 **즉실행 Memo(플랫폼 탑재 예시)**

| 즉실행명 | | 담당자 | | 추진일정 | |
|---|---|---|---|---|---|

<실행내용>

| 차수 | 일자 | 추진내용 |
|---|---|---|
| | | |
| | | |
| | | |

<효과파악>

| 유형효과 | |
|---|---|
| 무형효과 | |

## (7) 전략과제 및 실행과제 수립

표 5-10 **전략과제 및 실행과제 수립(플랫폼 탑재 예시)**

| 구분 | | <7> 전략과제 및 실행과제 수립 | | | | | | | | | | | | | | | | | | | | | | |
|---|---|---|---|---|---|---|---|---|---|---|---|---|---|---|---|---|---|---|---|---|---|---|---|---|
| | | 성과영역 및 BSC 전략체계 | | | | | | | | 당해년도 전략 및 과제 도출 | | 실행후보과제 도출 | | 실행과제 채택 | | 추진부서 | 담당자·관리자 | 과제완료목표일 | 예상효과 | |
| 그룹비전 | 사별비전 | BCS 4대영역 구분 | 성과트리(PT) Performance Tree | | 핵심성과요인(CSF) Critical Success Factor | | 핵심성과지표 (목표지표)(KPI) Key Performance Indicator | | | | 전략 도출을 위한 체크 포인트 | | 전략과제 | 후보과제명 | 목표달성 및 기여도 평가 | 실행과제명 | 우선순위 (S급) 전사 (A급) 사업부 (B급) 팀 | | | | | 실기간효과 | 연간예상효과 |
| | | | I | II | I | II | I | II | III | IV | 브레인스토밍에 의한 계층별 아이디어 도출 | | | | | | | | | | | | |
| | 전사 | 재무 | | | | | | | | | | | | | | | | | | | | | |
| | | 고객 | | | | | | | | | | | | | | | | | | | | | |
| | | 프로세스 | | | | | | | | | | | | | | | | | | | | | |
| | | 학습성장 | | | | | | | | | | | | | | | | | | | | | |
| | 사업부 | 재무 | | | | | | | | | | | | | | | | | | | | | |
| | | 고객 | | | | | | | | | | | | | | | | | | | | | |
| | | 프로세스 | | | | | | | | | | | | | | | | | | | | | |
| | | 학습성장 | | | | | | | | | | | | | | | | | | | | | |
| | 팀 | 재무 | | | | | | | | | | | | | | | | | | | | | |
| | | 고객 | | | | | | | | | | | | | | | | | | | | | |
| | | 프로세스 | | | | | | | | | | | | | | | | | | | | | |
| | | 학습성장 | | | | | | | | | | | | | | | | | | | | | |
| | 개인 | 공통 | | | | | | | | | | | | | | | | | | | | | |

전항 (4)에서 수립된 목표(KPI) 달성을 위해서는, 성과를 낼 수 있는 전

략과 대책을 도출하고 실행하는 것이 중요하다. 목표가 결과치라고 한다면 그 성과를 내줄 수 있기 위한 실행이 뒤따라야만 하는 데 이것이야말로 조직의 핵심역량이라 할 수 있다. 따라서 목표 KPI와 과제실행력은 탁월한 경영성과를 지속적으로 담보해준다고 할 수 있다. 본 플랫폼에서는 다음과 같은 구조로 대책(과제)를 목표 KPI와 연계시켜 그냥 성과가 나는 것이 아니라 어떤 과제로 인해 결과가 나왔는지를 본인과 조직의 관리자들이 스스로 알 수 있도록 했다.

① 전략 및 과제도출 구상(체크 포인트)

- 전략목표(CSF) 달성을 가능케 하는 전략과제(대과제)를 도출하는 것으로 계층별 충분한 발상과 토론으로 정한다. 제조 부문은 4M, 영업/마케팅 부문은 4P 관점으로 발상하면 효과적이다.

② 후보과제의 도출

- 목표달성을 위한 대책으로는 큰 전략과제 또는 대과제를 먼저 도출하고 이를 조직별, 개인별로 나누어 실행할 수 있는 실행과제 후보를 선정한다.
- 과제 이름은 수단과 목적을 명확히 하여 행동의 방향을 가늠케 한다 (~을 통해 ~% 개선 or 향상).

③ 과제 평가 및 선정

- 후보과제 중 전략과제(대과제) 달성에 직결되고 상당 수준으로 영향을 줄 수 있는 과제를 실행과제로 선정한다.
- 선정된 과제의 우선순위 평가 : S급, A급, B급, C급 등으로 나누고 과

제의 난이도나 중요성에 따라 CEO나 관련 부문의 TOP이 직접 과제
수행의 Owner 역할을 주도한다는 뜻이다.

### ④ 과제해결 및 책임자 명시

- 담당자 : 과제를 실질적으로 풀어가는 실무자
- 관리자 : 과제수행을 코칭하고 완수할 수 있도록 지원하고 독려하는
  책임자

### ⑤ 예상효과

- 실기간 효과 : 과제종료 후 현장 적용일로부터 당해 연도 12월 31일
  까지 발생할 것으로 추정되는 효과
- 연간 효과 : 현장적용일로부터 1년간의 예상되는 효과

## (8) 과제실행 및 진척을 위한 '과제개선 5단계 프로세스' 운영

**표 5-11 과제 실행 및 진척을 위한 '과제개선 5단계 프로세스' 운영(플랫폼 탑재 예시)**

| 구분 | | | <8> 과제실행 및 진척관리 | | | | | | | | | | | | | | | |
|---|---|---|---|---|---|---|---|---|---|---|---|---|---|---|---|---|---|---|
| | | | 성과영역 및 BSC 전략체계 | | | | | | | 5단계 과제 추친 관리 | | | | | 진척률(%) | 과제완료일 | 효과파악 | |
| 그룹비전 | 사별비전 | BCS 4대 영역 구분 | 성과트리(PT) Performance Tree | | 핵심성과요인(CSF) Critical Success Factor | | 핵심성과지표 (목표지표)(KPI) Key Performance Indicator | | | | 1단계 현상파악 | 2단계 원인분석 | 3단계 대책수립 | 4단계 현장적용 | 5단계 효과파악 | | | 현업부서 산출 | 재무 및 평가부서 검증 |
| | | | I | II | I | II | I | II | III | IV | | | | | | | | | |
| 전사 | | 재무 | | | | | | | | | | | | | | | | | |
| | | 고객 | | | | | | | | | | | | | | | | | |
| | | 프로세스 | | | | | | | | | | | | | | | | | |
| | | 학습성장 | | | | | | | | | | | | | | | | | |
| 사업부 | | 재무 | | | | | | | | | | | | | | | | | |
| | | 고객 | | | | | | | | | | | | | | | | | |
| | | 프로세스 | | | | | | | | | | | | | | | | | |
| | | 학습성장 | | | | | | | | | | | | | | | | | |
| 팀 | | 재무 | | | | | | | | | | | | | | | | | |
| | | 고객 | | | | | | | | | | | | | | | | | |
| | | 프로세스 | | | | | | | | | | | | | | | | | |
| | | 학습성장 | | | | | | | | | | | | | | | | | |
| 개인 | 공통 | | | | | | | | | | | | | | | | | | |

일반적으로 말로만 "예" "아니오" 식으로 대책을 실행하고 나면 그 실행 내용은 곧 사라지고 만다. 그러나 과제화하여 실행하면 머릿속에 들어있는 암묵지를 글로 나타내고 형식지화함으로써 구성원들이 논리적, 객관적 사고로 일할 수 있는 능력을 갖출 수 있게 된다. 본 플랫폼에서는 도요타나 GE, 심지어 아마존과 같은 글로벌 우량기업들이 현업의 문제를 개선하는 데 쓰고 있는 5단계 과제추진 프로세스를 탑재했다. 그렇게 함으로써 전 구성원들이 힘들여 실행시켜 얻은 노하우와 성공사례를 공유하고 같은 문제해결 시 이미 적용된 바 있는 사례를 벤치마킹하여 지식경영의 발판을 만들 수 있게 한다.

### • 5단계 과정관리의 진척관리

| | ① 현상파악 | ② 원인분석 | ③ 대책수립 | ④ 개선 및 적용 | ⑤ 효과파악 |
|---|---|---|---|---|---|
| 진행표시 | V | V | V | V | V |
| 진척도표시 | | | | | (종료) |

### • 과제의 성과평가(효과산출)

- 현업부서 평가(1차) : 과제개선을 통해 현장 적용을 끝낸 실행부서의 효과산출
- 확인검증(2차) : 과제수행내용을 검증할 수 있는 부서를 통하거나 재무관리 검증을 통해 효과를 확정한다.

# (9) 당해 연도 업적평가(MBO) 목표와 실적관리

표 5-12 **당해연도 업적평가(MBO) 목표와 실적관리(플랫폼 탑재 예시)**

일상적인 목표관리를 위해서는 연도 경영목표 수립을 위해 전략체계도에 의해 전략목표 KPI를 선정하여 성과 집중을 할 수 있도록 한다. 그러나 직무상 직접적, 일차적, 선택사항이 아닌 KPI라 하더라도 본인을 중심으로 상위자와 하위자가 운영하는 KPI도 일상 점검과 모니터링을 위하여 병행 관리 할 수 있다. 따라서 본 플랫폼에서는 전략적 KPI와 직무상 모니터링 KPI를 동시에 사용할 수 있게 했으므로 MBO에서 업적을 평가 받고자 하는 KPI는 〈표 5-13〉의 ①~④항의 절차로 그 KPI 항목과 KPI 목표 수준을 확정해나간다. 또한 일상 관리 시에도 MBO 평가용 KPI 항목을 별도 색상으로 돋보이게 하여 항상 눈에 띄게 하고 특별 관리가 될 수 있도록 한다.

## 표 5-13 상하위자 간/조직별 사전조율을 통한 MBO 책정 Flow

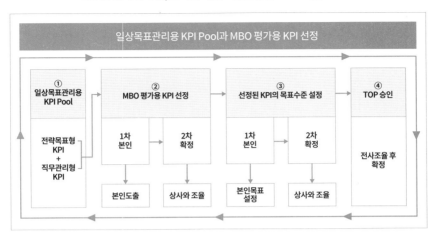

## Part 06

# 경영플랫폼 콘텐츠의
# 상세 운영 방법

●●

**CHAPTER 1**

## 비전 만들기와
## 비전 경영체계의 수립

### (1) 비전 만들기의 의의와 목적

기업이 업(業)을 일으키고 지속적인 성장을 하기 위해서는 창업의 의미, 일하는 철학과 방식을 통해 최종적으로 어떤 모습의 회사가 되고자 하는지 정확한 목적지와 방향을 제시하는 것이 중요하다. 일반적으로 비전을 정하는 일은 목적지를 알고, 구성원 전체의 힘을 모아 전속력 전진을 가능케 하는 역할을 한다.

확인된 바에 의하면 기업들 중 약 10퍼센트 이내의 기업만이 비전을 갖추고 있다고 한다. 이는 90퍼세트 이상의 기업들은 뚜렷한 목적지나 경영 철학, 또는 미래에 대한 전망을 제시하지 못하고 있으며 이러한 기업에 속하는 경영 리더들은 성공적인 경영 성과를 이끌어내지 못한 것으로 알려진다.

## (2) 비전과 전략경영의 실행연계

앞서 밝힌 바와 같이 기업이 성과를 얻기 위해서는 수많은 시장 환경과 고객 니즈에 맞출 수 있어야 한다. 그러나 한 기업이 보유하고 있는 대응 능력과 재원에는 한계가 있다. 따라서 기업의 목적과 추구하는 성과에 최적화할 수 있도록 선택과 집중이라는 전략경영을 수행할 수 있어야 하며, 이는 경영의 필수적인 사항이 된 지 오래다. 이렇게 기업이 도달할 목적지에 해당하는 비전을 달성하기 위해서 지속적이고도 효율적인 경영을 하는데는 〈표 6-1〉과 같이 비전과 전략체계와의 정렬과 연계관리가 중요한 역할을 해줄 수 있다.

**표 6-1 비전과 전략경영의 연계성**

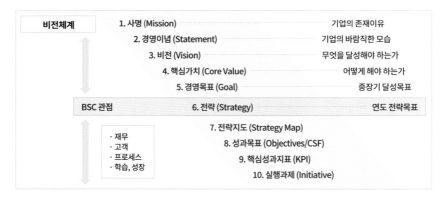

## (3) 기업의 비전체계화와 사례 탐색

비전의 의미를 넓게 아우르면 기업의 경영철학, 경영이념, 미션, 협의의 비전, 가치 또는 행동원칙 등을 모두 포함하여 체계화한 것을 말한다. 그러나 이것은 어떤 정해진 틀이 있다기보다는 한 기업이 창업하여 고객, 주주, 사회에 대한 약속과 내부적으로는 구성원이 합심하여 나아갈 방향과 실천 행동을 명확히 하는 데 의미를 부여하고 있다. 〈표 6-2〉, 〈표 6-3〉에서는 국내외 기업들의 비전 체계를 조사하여 운영사례를 제시했다. 플랫폼 경영시스템에서는 이 같은 기업들이 정립한 비전 체계와 이를 지속적으로, 효과적으로 실천할 수 있도록 BSC 전략경영체계와 연계하여 운영할 수 있도록 했다.

표 6-2 **일반적인 비전 개념 및 비전체계 운영 사례**

| 비전체계 (광의) | 일반적 정의 | 기업의 비전체계 운영 (예) | | | | | | | | | | |
| | | 해외기업 | | | | | 국내기업 | | | | | |
| | | GE | 도요타 | 아마존 | P&G | 네슬레 | 삼성 | 현대 | LG | 롯데 | CJ | 쿠팡 |
| **경영철학** (경영이념) (Statement) | 경영체계의 최상위 개념으로 기업경영의 기준이자 기업이 궁극적으로 지향하는 바람직한 모습 | ○ | ○ | | ○ | ○ | ○ | ○ | ○ | | | |
| **미션** (Mission) | 주주를 포함한 이해 관계자와 사회로부터 부여받은 사명, 즉 '기업의 존재 이유' | | | ○ | | ○ | | | | ○ | ○ | ○ |
| **비전**(협의) (Vision) | 기업이념을 실현하기 위한 지표로서 기업의 미래상이자 바라는 원대한 꿈과 희망을 표현 | | | | | | ○ | ○ | ○ | ○ | ○ | ○ |
| **가치** (행동원칙) (Value) | 기업(조직)의 문화를 구성하는 신조. 기업의 전략이나 의사결정에 영향을 미치는 행동원칙 | ○ | ○ | ○ | ○ | ○ | ○ | ○ | ○ | ○ | ○ | |

**표 6-3 국외, 국내 기업들의 비전체계 운영 사례(국외 5개사, 국내 5개사)**

■ 외국 기업 사례 1 <GE>

| 비전체계 | 핵심정의 |
| --- | --- |
| Mission & Purpose | "We rise to the challenge of building a world that works." |
| 가치<br>(Values) | 겸손, 투명성, 변화<br>Act with humility, lead with transparency, and deliver with focus transformation, reflecting, how we each aim to drive progress |

■ 외국 기업 사례 2 <도요타>

| 비전체계 | 핵심정의 |
| --- | --- |
| 미션 | • 진정한 즐거움을 위한 안전, 드라이빙 기술의 개발 |
| 비전 | • 사랑받는 브랜드 Toyota<br>- 제품, 서비스, 사회공헌활동을 통해 지역사회에서 고객에게 가장 사랑받는 브랜드 |

| 가치<br>(Values) | • 도요타 Way<br>- 지혜와 개선 → 도전, 개선, 현지현물<br>- 인간존중 → 존중, 팀워크 |
|---|---|
| 원칙 | • '왜?'를 5번 생각하자 |

## ■ 외국 기업 사례 3 <아마존>

| 비전체계 | 핵심정의 |
|---|---|
| Mission | '세상에서 가장 고객 중심적인 회사가 되는 것, 이를 위해 IT를 사용하여 고객들의 구매 경험을 증가시키고 사업 성공을 위해 사업과 콘텐츠 창조를 제공한다.'<br><br>We aim to be earth's most customer centric company, our mission is to continually raise the bar of the customer experience by using the internet and technology to help consumers find, discover and buy anything and empower businesses and content creators to maximise their success |
| 가치<br>(Values) | Amazone Way 14가지 리더십 원칙 |

## ■ 외국 기업 사례 4 <P&G>

| 비전체계 | 핵심정의 |
| --- | --- |
| 경영이념 | 우리는 세계 소비자의 삶의 질을 향상시키는 최상의 품질과 가치를 지닌 제품을 공급한다. 그 결과, 소비자들은 우리에게 선두 자리의 매출 달성과 이익 증대를 가져오고 우리 사원들, P&G 주주 그리고 우리가 일하고 생활하는 지역 사회도 더불어 번영하게 된다. |
| 가치<br>(Values) | 1) P&G 사원<br>- 우리는 세계에서 가장 우수한 인재를 채용한다. 우리는 어떠한 차별도 없이 승진 및 보상하며 P&G 사원이 우리의 가장 소중한 자산이라는 확신을 가지고 행동한다.<br><br>2) 리더십<br>- 우리는 각자의 철저한 업무 수행으로 최고의 결과를 달성한다.<br><br>3) 주인의식<br>- 우리는 사업상의 욕구를 충족시키고, 우리의 시스템을 개선하고 다른 사람들이 효율성을 증대시키도록 도와야 할 개인의 책무가 있음을 인식한다. |

186    플랫폼 경영

4) 정직
 - 우리는 언제나 올바른 일을 하도록 노력한다.

5) 승리에 대한 열정
 - 우리는 일을 할 때 최고의 결과를 달성할 것을 다짐한다.

6) 상호신뢰
 - 우리는 P&G 동료와 우리의 고객 및 소비자를 존중하며 우리가 대우받기를 바라는 바처럼 그들을 대우한다.

실천이념

1. 모든 개인을 존중한다.
2. 회사와 개인은 공동의 이익을 추구한다.
3. 전략적으로 중요한 일에 집중한다.
4. 혁신은 성공을 위한 초석이다.
5. 외부 상황 이해에 역점을 둔다.
6. 개인의 전문적인 능력을 소중히 여긴다.
7. 최고를 추구한다.
8. 서로 협력하고 의존하는 것을 생활화한다.

| 비전체계 | 핵심정의 |
|---|---|
| | 네슬레는 소비자와 종업원 모두의 안녕(well-being)에 특별한 관심을 기울이면서 세계 인류 개개인의 요구에 부응하는 사람 중시의 회사이기도 합니다. 이것은 네슬레가 사람들에 대해 가지는 태도와 책임의식 속에 담겨 있습니다. <br><br> 네슬레는 매출과 이익 증진을 목표로 하고 있음과 동시에 네슬레가 활동하는 곳은 어디든지 그곳의 생활수준과 사람들의 삶의 질을 높이는 것을 목표로 하고 있기도 합니다. |
| 경영이념 | 네슬레는 또한 회사의 경쟁력은 사람이 만들며 이러한 사람들의 헌신과 에너지 없이는 아무것도 이룩할 수 없다는 것을 확신하고 그것이 바로 사람이 가장 소중한 자산인 이유입니다. <br><br> 모든 종업원이 참여는 회사의 경영 활동과 그룹 업무의 특정 부분에 관한 적절한 정보의 교류로부터 시작됩니다. 열린 의사소통과 활발한 상호 협조를 통해 모든 사람들이 회사의 성과를 높이고 개인의 발전을 강화할 수 있는 개선 활동에 기여할 수 있도록 권장(invited)합니다. |
| 가치 (Values) | · 품질 좋은 제품과 인지도 높은 브랜드에 대한 강한 약속 <br> · 타 문화와 전통의 존중 <br> · 네슬레의 문화 – 강한 작업윤리, 청렴성, 정직성 그리고 품질에 대한 약속 – <br> · 상호 인격적이고 직접적인 업무처리방법 – 사업에 대한 독단적인 접근보다는 |

기회 파악하는 눈 - 열린 마음과 호기심 - 회사의 성과와 명성에 기여한다는 자부심
- 회사에 대한 충성과 일체감

네슬레 관리자의 책임이 넓어질수록, 전문적인 능력, 실무 경험 그리고 성과를 중시함에 추가하여 아래의 기준이 더욱 고려되어야 합니다.

- 개인적인 참여와 용기. 이것은 주도적으로 행동하고 위험을 감수하려는 능력과 의지 그리고 어려움 속에서 평정을 잃지 않는 것을 의미한다.

- 사람들이 업무를 수행하면서 발전하고 능력을 개발시킬 수 있도록 주의를 집중시키면서, 동기 부여하고 사람을 개발시킬 수 있는 능력

- 호기심과 열린 마음 그리고 다른 문화와 생활 습관에 대한 관심. 이것은 지속적인 학습과 개발, 자유롭게 다른 사람들과 지식과 아이디어를 나누는 것을 포함한다.

- 혁신적인 분위기를 창조하고 정해진 틀 밖을 생각할 수 있는 능력. 함께 주도적으로 행동함을 선호함. 이것은 실수를 범할 수 있는 권리와 또한 실수를 수정하고 그것으로부터 가까이 교훈을 얻고자 하는 자발성을 의미한다.

- 변화를 수용코자 하는 의지와 변화를 관리하는 능력

- 환경의 특성과 복잡성을 고려한 사고와 행동의 융통성

- 일관성 있는 행동, 리더십과 결과를 통해 보여주는 신뢰성

- 국제적인 경험과 다른 문화에 대한 이해

추가로 폭넓은 관심분야와 적절한 교육 정도, 책임감 있는 태도와 균형된 생활스타일의 육성은 고위 관리자의 위치를 유지하는 데 필요한 사항들입니다.

가치창조

## ■ 국내 기업 사례 1 <삼성 (전자중심)>

| 비전체계 | | 핵심정의 |
|---|---|---|
| 경영철학 (이념) | | 인재와 기술을 바탕으로 최고의 제품과 서비스를 창출하여 인류사회에 공헌한다. |
| 비전 | | 21세기 글로벌 초일류기업 |
| 핵심가치 | | · 인재제일<br>· 최고지향<br>· 변화선도<br>· 정도경영<br>· 상생추구 |
| 경영원칙 | | 1. 법과 윤리를 준수한다.<br>2. 깨끗한 조직문화를 유지한다.<br>3. 고객, 주주, 종업원을 존중한다.<br>4. 환경, 안전, 건강을 중시한다.<br>5. 글로벌 기업 시민으로서 사회적 책임을 다한다. |

## 국내 기업 사례 2 <현대자동차>

| 비전체계 | 핵심정의 |
| --- | --- |
| 경영철학 | 창의적 사고와 끝없는 도전을 통해 새로운 미래를 창조함으로써 인류사회의 꿈을 실현한다. |
| 비전 | 자동차에서 삶의 동반자로. |
| 핵심가치 | · 고객최우선<br>· 도전적 실행<br>· 소통과 협력<br>· 정도경영<br>· 상생추구 |

## ■ 국내 기업 사례 3 <LG>

| 비전체계 | | 핵심정의 |
|---|---|---|
| 경영이념 | | · 고객을 위한 가치창조<br>· 인간 존중의 경영 |
| 비전 | | · 1등 LG |
| 행동방식 | | · 정도경영<br>· 정직, 공정한 대우 |

## ■ 국내 기업 사례 4 <롯데>

| 비전체계 | 핵심정의 |
|---|---|
| 미션 | 사랑과 신뢰를 받는 제품과 서비스를 제공하여 인류의 풍요로운 삶에 기여한다. |
| 비전 | Lifetime Value Creator |

핵심가치
- Challenge
- Originality
- Respect

## ■ 국내 기업 사례 5 <CJ>

| 비전체계 | 핵심정의 |
| --- | --- |
| 미션 | Only-One 제품과 서비스로 최고의 가치를 창출 |
| 비전 | 건강 즐거움 편리를 창조하는 미래 라이프 스타일 기업 |
| 핵심가치 | - 인재<br>- Only One<br>- 상생 |
| 행동원칙 | - 정직<br>- 열정<br>- 창의<br>- 존중 |

## (4) 비전체계 만들기의 3대 핵심 요소

비전의 내용은 기업(조직)의 추구하는 지향점을 분명히 하고 구성원들과 함께 의욕을 가지고 자기가 하는 일의 중요성을 인식하며 능력을 발휘케 함으로써 어떤 난관에 부딪히더라도 헤쳐나가겠다는 의지와 결단력을 나타낸다. 《비전으로 가슴을 뛰게 하라》를 지은 켄 블랜차드, 제시 스토너는 비전의 3대 핵심 구성요소와 그 사례를 다음과 같이 정리한다.

**• 비전의 3대 핵심 구성요소**

① 의미 있는 목적

② 뚜렷한 가치

③ 미래의 청사진[1]

즉, "최고의 물건을 만들자" "최고의 회사가 되자."와 같은 비전은 목적지나 방향성을 명료하게 부여하지 못하여 공허한 개념이 될 수 있다.

표 6-4 **비전체계 구성의 의미와 사례**

| 비전의 구성요소 | 의미 | 사례 |
|---|---|---|
| **의미있는 목적**<br>(Mission) | · 조직체의 '존재 이유'이다.<br>· 회사는 '왜 존재하는가?', '왜 그 일을 하는가?'라는 물음에 답할 수 있어야 한다. | ① CNN의 사업목적<br>- 24시간 뉴스와 속보제공<br>② Merck 제약회사의 목적<br>- 삶의 질을 향상시켜주는 우수한 제품과 서비스를 제공하는 일 |
| **미래의 청사진**<br>(Vision) | · 미래에 이렇게 될 것이라는 최종 결과에 대한 선명한 그림이자, 미래에 벌어질 일에 대한 청사진이며 눈을 감고서도 보거나 느낄 수 있는 이미지 | ① CNN의 비전<br>- 지구상의 모든 국가에서 영어와 그 나라의 언어로 시청할 수 있게 하는 것<br>② 애플(스티브잡스)의 비전<br>- "모든 책상마다 컴퓨터를" |
| **뚜렷한 가치**<br>(Value) | · 우리 각자에게 무엇이 옳고 중요한지를 규정해준다.<br>· 우리의 선택과 행동의 지침이 된다.<br>(모든 구성원들이 업무 추진하는 데 행동과 의사결정의 우선순위의 토대를 만듦) | ① CNN의 가치<br>- 빠르고 정확하고, 혁신적이고, 열심히 뛰고 최고 수준의 언론윤리를 지키는 것<br>② 디즈니 월드의 가치<br>- 안전, 친절 (친절보다는 고객의 안전이 매사에 우선) |

## (5) 비전체계의 수립 과정과 사례

회사를 창업하는 시점부터 일으킨 업(業)의 본질과 그 종착점을 정확히 인식하여 함께 도전해 나갈 비전을 수립한다면 아주 이상적이라 할 수 있을 것이다. 그러나 대부분의 기업은 창업 후 상당한 기간이 흘러서 어느 정도 사업의 기반이 만들어진 후 미래의 그림을 그리는 과정에서 그 필요성이 인식되며 새로운 도약을 위한 창업자 및 최고경영자의 강한 의욕과 구성원의 원대한 바람을 모아 비전 수립에 임하는 것이 일반적이다. 그것은 창업 후 사업을 성공적으로 운영해 오는 과정에 터득된 사업 철학, 다가오는 기업환경 속에서 생존해야 할 수준과 방향, 그리고 사회에 대한 소명의식이 뚜렷해짐으로써 기업이 준비해 가는 자연스러운 과정이라고 할수 있다. 따라서 비전을 처음 수립할 때는

- 유명회사들(특히 자기 업과 동일 업종)의 비전 체계를 벤치마킹하고,
- 창업자, 최고경영자의 여러 경로를 통해 밝힌 바 있는 업에 대한 소신과 철학을 수집하고(신문기사, 강연, 강의 등) 인터뷰하며,
- 함께 회사를 키워왔던 구성원들의 의견과 성장 욕구를 확인하고,
- 사업의 중장기 발전 방향을 공유하고 토론하는 등

전사적인 공유와 공통의 장을 만들어나가는 과정을 통해 새로운 도약과 전환을 위한 기회로 삼는 것이 중요하다.

표 6-5 **비전 수립을 위한 일반적인 절차와 사례**

| 비전체계 | (1) 벤치마킹 | | | | | | (2) 최고경영자 철학/꿈 확인 (신념, 철학, 의지, 전망) | | | | | 비전의 3대 구성요소와의 관련성 | 미래사업전망 | | 비전제안수렴 | | 비전선정 | | |
|---|---|---|---|---|---|---|---|---|---|---|---|---|---|---|---|---|---|---|---|
| | 국내사 | | | 국외사 | | | 신년사 | 글,기사 | 강연 | 일상강조 | 기타 | | 현재 | 미래 | 경영층 | 간부/사원 | 압축안 | 기획안 | 확정안 |
| | Ⓐ | Ⓑ | Ⓒ | ㉮ | ㉯ | ㉰ | | | | | | | | | | | | | |
| 경영철학 (이념) | ✓ | | ✓ | ✓ | ✓ | | ... | ... | ... | ... | ... | ①기업의존재 목적 | ○ | ☆ | | | | | |
| 미션 | | ✓ | ✓ | ✓ | ✓ | ✓ | ... | ... | ... | ... | ... | ②기업의가치 | ○ | ☆ | | | | | |
| 비전 | ✓ | | | | | | ... | ... | ... | ... | ... | ③미래청사진 | ○ | ☆ | | | | | |
| 가치 | | ✓ | ✓ | ✓ | | ✓ | ... | ... | ... | ... | ... | | ○ | ☆ | | | | | |

**CHAPTER 2**

## 플랫폼 내 경영계획 수립을 위한
## 전략과 목표 수립 방법

### (1) 일상목표관리를 위한 '목표실행 체계도'의 구성

경영이란 기설정한 회사의 비전, 미션, 전략에 근거하여 달성하고자 하는 구체적인 목표와 실행대책(또는 과제)을 명확히 수립한 후 전 구성원이 전력투구하여 실행함으로써 기대한 성과를 창출하는 과정이라고 할 수 있다. 이를 두 가지로 단순화시켜보면 '무엇을 할 것인가?(What to do?)' 영역과 '어떻게 할 것인가?(How to do?)' 영역을 통해 달성해 나가는 것이라 할 수 있다.

회사의 업무는 이 '무엇을 할 것인가?'가 곧 업무수행 목표로 표현되고 '어떻게 할 것인가?'가 대책이나 과제로 표현되고 있는 것뿐이다. 따라서 이 두 가지 핵심 프로세스인 목표관리와 실행관리를 얼마나 세밀하게 매트릭스화하여 인과관계를 일상관리할 수 있느냐에 따라 조직의 업무수행 및 성과창출 역량이 현저하게 달라진다고 할 수 있다. 따라서 본 '플랫폼 경영시스템'에서는 '목표와 실행 체계도(이하 '목표실행 체계도'라 함)'를 만드는 일이 중요하다. 이 목표실행 체계도는 다음과 같이 구성할 수 있다.

첫째, 왼편에는 목표를 나타내는 전략목표항목(CSF)과 핵심성과지표(KPI)를 도출시켜 조직과 개인이 '무엇을 할 것인가?'를 정하도록 하고,

둘째, 오른편에는 목표달성을 위한 대책을 과제화하여 '어떻게 할 것인가?'를 실행 영역에 배치했다.

이것은 각 개인과 조직들이 성과와 과정관리를 한 눈으로 보면서 쉽게 자기관리를 할 수 있게 함으로써 관리의 사각지대를 없애고, 최고경영자를 정점으로 하여 전 구성원이 한 방향으로 전력 질주할 수 있도록 했다.

**표 6-6 목표와 실행 체계도**

<table>
<tr><td>구분</td><td colspan="3">목표(계획/실적관리)</td><td colspan="3">실행(즉실행/과제)</td></tr>
<tr><td>일의 의미</td><td colspan="3">무엇을 할 것인가?<br>(What to do)</td><td colspan="3">어떻게 할 것인가?<br>(How to do)</td></tr>
<tr><td rowspan="2">구분<br>관점</td><td colspan="2">BSC전략체계도(목표수립)</td><td rowspan="2">핵심지표<br>(KPI Tree)</td><td colspan="2">대책실행체계</td><td rowspan="2">과제의<br>Tree화</td></tr>
<tr><td>CSF</td><td>핵심성과지표KPI</td><td>즉실행</td><td>과제</td></tr>
<tr><td>재무</td><td></td><td></td><td></td><td></td><td></td><td></td></tr>
<tr><td>고객</td><td></td><td></td><td></td><td></td><td></td><td></td></tr>
<tr><td>프로세스</td><td></td><td></td><td></td><td></td><td></td><td></td></tr>
<tr><td>학습과<br>성장</td><td></td><td></td><td></td><td></td><td></td><td></td></tr>
</table>

## (2) 직무분석과 중점 관리항목의 선정

목표실행 체계도를 잘 만들기 위해서는 자기가 속해있는 부서의 역할과 개인의 직무가 잘 정리되어 있어야 한다. 하기로 된 일의 영역이 분명해야 자신이 달성해야 할 '목표'를 정하고 또 한편으로는 대책이 될 수 있는 '과

제'를 구상할 수 있기 때문이다. 직무는 한번 정해진다고 하여 항상 고정된 것이 아니다. 크게는 회사의 미션, 비전 전략 또는 목표에 따라 부여되는 업무가 달라질 수 있다. 또한 업무수행 중 갑자기 직무가 추가 또는 제외될 수 있으며 신입사원이나 경력사원은 자기가 맡을 업무가 무엇인지를 상사나 동료가 가르쳐주지 않는 한 알지 못한 채 상당 기간 업무에 임함으로써 조직의 역량 손실을 가져오기 마련이다. 흔히 직무분석은 인사나 총무부서에 새로운 부서가 만들어질 때 한번 직무분석을 하는 것으로만 알고 있는데 사실은 각 부서장이나 개인이 자기 직무의 변경 여부에 따라 일상 직무분석이 수시로 변경할 수 있도록 함이 중요하다. 직무에 따라 해야 할 목표도 변하기 때문에 중요한 직무가 새로 생겼는데도 간과한다면 결국 중요한 자기 목표를 잃어버릴 것이기 때문이다.

따라서 본 플랫폼에서는 '목표실행 체계도'를 만드는 과정에 선행절차로 연결시킴으로써 수시로 직무를 수정 보완토록 했다.

표 6-7 **일과 직무분석과의 연관성 확인절차**

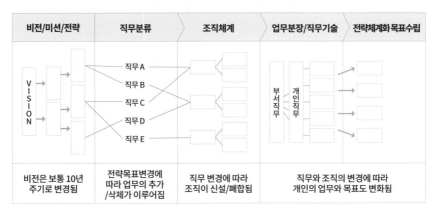

**표 6-8 직무 분석과 관리항목으로의 전환절차**

| ① 업무분장 및 직무분류 | ② 직무를 기술한다 | ③ 직무기술 그룹핑 | ④ 관리항목전환 |
|---|---|---|---|
| - 팀 또는 구성원별로 자기 업무 내용을 업무 프로세스에 따라 기록 | - 직무기술은 '~을 ~한다'는 표현으로 기술 | - 같은 성격이나 연관성이 있는 일들을 같이 묶어 요약 | - 총별화된 직무별로 관리항목으로 전환<br><br>'~관리' 식으로 관리항목 도출 |

<인사부서 직무 분석사례>

| ① 직무분류 | ② 직무기술 | ③ 직무기술총별화 | ④ 관리항목전환 |
|---|---|---|---|
| **업무분장**<br><br>01<br>채용업무<br>· 충원요청서 접수<br>· 충원계획수립<br>· 모집공고/추천의뢰<br>· 채용<br> - 서류심사/면접/건강검진<br>채용관리 | 1. 충원요청서를 접수한다.<br>2. 채용사이트에 채용공고 한다.<br>3. 후원자서류 접수한다.<br>4. 서류심사를 한다. | 충원요구에 따라 채용한다 | 충원요청관리<br><br>채용사이트관리 |

| 업무 | 세부구분 | 절차 | 관리내용 | 비고 |
|---|---|---|---|---|
| **02** 승진/승격업무<br>· 후보자 선발<br>· 평가/심의 | | 5. 건강검진을 의뢰한다.<br>6. 1, 2차 면접을 한다.<br>7. 인사카드에 기록한다.<br>8. 신입 OJT를 실시한다. | | 서류심사 및 면접절차 관리<br><br>인사기록 및 OJT관리 |
| **03** 인사명령업무<br>· 채용, 전환배치,<br>승진, 퇴직 | 인사관리 | 채용, 전환배치, 승진, 퇴직 등을 공고한다. | | |
| | 교육 | 1. 교육계획을 공지한다.<br>2. 부서별 교육계획을 받는다.<br>3. 수강대상자를 확인한다.<br>4. 교육을 진행한다.<br>5. 개인별 교육실적 집계한다. | 교육실행 및 사후관리한다. | 개인별 교육 이수 관리 |
| **04** 교육훈련업무<br>· 신입 및 경력사원<br>업무교육 | 승진/승격 | 1. 후보자를 선정한다.<br>2. 평가, 심의를 한다.<br>3. 승진, 승격자를 공지한다. | 승격, 승진 관리를 한다. | 개인별 승진, 승격관리 |

## (3) BSC 전략지도를 통한 전략목표 CSF의 도출방법

직무분석을 통해 자기 업무의 관리항목을 도출하게 되면 개인의 업무영역과 할 일이 명확하게 된다. 그러나 수많은 관리항목을 갖고 있지만, 한결같이 모든 일을 다 해낼 수 있는 것은 아니다. 따라서 개인이나 부서도 한정된 투하 노동력이나 재원, 제한된 시간으로 인해 성과를 내는 데 큰 영향을 주거나 기여할 수 있는 관리항목에 선택적으로 집중해야 더 효과적일 수 있다.

그러므로 관리해야 할 많은 항목 중 일정 기간 내 설정한 목표달성을 위해서 전략적으로 특별히 역량을 투입해야 할 '전략목표(CSF; 핵심성과요인)'를 선정하여 대처하는데, 본 플랫폼에서는 대부분의 글로벌 우량기업들이 운영하고 있는 'BSC 전략지도'를 통해 CSF와 KPI체계를 정립한다.

표 6-9 **직무분석을 통한 전략목표항목(CSF) 도출 사례**

| 직무분석 | | | BSC 전략체계도에 의한 중정관리 항목 도출 | | |
|---|---|---|---|---|---|
| 직무기술 | 층별화 | 관리항목도출 | 전략목표(CSF) | 전략지도 | BSC관점 |
| ---<br>---<br>--- | ---<br>---<br>--- | ·매출액<br>·생산량<br>·수익구조 | ·매출액 증대<br>×<br>·수익구조개선 | 매출액증대<br>→ 수익성향상 | 재무 |
| ---<br>---<br>--- | ---<br>---<br>--- | ·제품품질관리<br>·서비스품질관리<br>·내부고객만족 | ·제품품질만족도향상<br>·서비스품질만족도향상<br>× | 품질만족도향상<br>고객신뢰도향상 | 고객 |
| ---<br>---<br>--- | ---<br>---<br>--- | ·원가관리<br>·생산성관리<br>·리드차임관리 | ·원가절감확대<br>×<br>·리드타임 단축 | 원가절감확대<br>리드타임감소 | 프로세스 |
| ---<br>---<br>--- | ---<br>---<br>--- | ·교육훈련관리<br>·정보인프라구축<br>·구성원몰입도관리 | ×<br>·정보인프라 확대<br>·구성원몰입도 향상 | 정보인프라확대<br>구성원몰입도개선 | 학습성장 |

• 도출절차: ① 관리항목 List에서 기간 내 중점추진할 전략목표 CSF를 선정
　　　　　　② 선정된 CSF를 BSC 4대 관점별로 체계도를 그리고 조직별/단계별로 연결고리를 유지시킴
　　　　　　③ 관리항목을 전략목표(CSF)로 전환 시 표현방식은 일반적으로 그 직무를 추구하는 목적 또는
　　　　　　　지향성으로 표현함(관리항목 + ~향상, 예시 ; '생산성 관리' → '생산성 향상')

## (4) 핵심성과지표 KPI 선정 방법

전략목표(CSF)와 4대 관점별로 전략적 추진 체계가 만들어지면 이를 달성한 성과를 측정할 수 있는 핵심성과지표 KPI(Key Performance Indicater)를 연결하여 설정된다. 이 핵심성과지표 KPI는 일의 성과를 가장 핵심적으로 나타낼 수 있는 지표를 말하는데, 가능한 한 측정 가능한 계량적 지표를 선정해야 한다. KPI는 성과의 인과관계를 명확히 하고 계층별로 상사와 하위자가 관리할 수 있도록 두 가지로 트리화하여 선정하면 운영에 효율적이다.

**· KPI 지표의 두 가지 선정 방법**

① (후행지표) 결과 KPI – 일의 결과적 성과를 나타내는 지표(예: 매출액)

② (선행지표) 과정 KPI – 결과 KPI에 영향을 미치는 지표, 즉 결과에 영향을 미치는 행동 지표(예: 매출액의 선행지표는 '거래처 개설수' 등)

### 표 6-10 **전략목표(CSF)과 KPI의 도출 사례**

| 전략목표(CSF) | 핵심성과 지표 (KPI) | | 비고 |
|---|---|---|---|
| | 결과 KPI(후행지표) | 과정KPI(선행지표) | |
| · 매출액 증대 | · 매출액<br>· 신제품 매출비율 | · 거래처 개설수<br>· 신제품 입점률 | |
| · 수익 극대화 | · 영업 이익액 | · 미수금률<br>· 채권 회전율 | |
| · 제품품질 만족도 향상 | · 결품률<br>· 고객클레임률 | · 수주기한 준수율<br>· 잠재 클레임 발생률 | |
| · 브랜드 이미지 향상 | · 브랜드 인지도<br>· 고객이탈률 | · 광고 노출도 | |
| · 원가절감 증대 | · 수율<br>· 노동생산성 | · 불량률<br>· 설비고장 건수 | |
| · 정보인프라 확대 | · 인프라기반 구축률 | | |

도출된 핵심성과지표(KPI)를 재무, 고객, 프로세스, 학습과 성장이라는 4대 관점의 어디에 속하는지를 판단하는 과정이다. BSC 관점별로 KPI를 구분하는 일은 그 KPI 지표가 나타내는 속성 및 특성에 따라 판단할 수 있는데 현업 직접 부서는 그 구분이 비교적 명확하다. 하지만 지원 및 스탭 부서의 KPI는 구분이 애매할 수 있다.

표 6-11 **핵심 성과 지표 KPI 도출 후 BSC 관점 구분 사례**

| 핵심성과 지표 (KPI) | | BSC 4대 관점별 구분 | | | |
|---|---|---|---|---|---|
| 결과 KPI | 과정 KPI | 재무 | 고객 | 프로세스 | 학습과성장 |
| 매출액 | | ✓ | | | |
| | 거래처 개설수 | | | ✓ | |
| 신제품 매출액 | | ✓ | | | |
| | 신제품 입점률 | | | ✓ | |
| 영업 이익액 | | ✓ | | | |
| 채권회전율 | | ✓ | | | |
| | 미수금률 | | | ✓ | |
| 결품률 | | | ✓ | | |
| | 수주기한 준수율 | | | ✓ | |
| 고객클레임 | | | ✓ | | |
| | 잠재클레임 발생률 | | | ✓ | |
| 정보인프라 | | | | | ✓ |
| 인당교육시간 | | | | | ✓ |

일의 4대 관점 구분이 명확할 때

① 재무지표 : 일의 결과를 양과 금액 등으로 나타내는 '과거형 지표'

② 고객지표 : 제품과 서비스 품질에 대해 고객이 평가하는 현재 '진행형 지표'

③ 프로세스지표 : 업무의 과정 관리상에서 효율성, 생산성 등을 통해 고객만족과 재무성과에 영향을 주는 '현재진행형 지표'

④ 학습과 성장 : 기업 미래 성장을 위해 미리 준비하는 투자, 인프라용

시스템, 교육훈련, 기업문화 등 '미래지향형 지표'

## 직접 부서와 지원 부서의 재무지표 선정 방법

기업의 업무수행은 각 단위 부서별 가능별로 나누어 고유 업무가 진행되나 상품과 서비스를 고객에게 제공하는 접점에서 전사적 프로세스가 통합되어 완성된다. 따라서 현업 직접 부서는 고객과 가장 가까운 접점에서 마지막 성과로 얻어지는 지표를 재무적 결과물로 지표화할 수 있다. 그러나 고객과 먼 거리에 위치하는 간접 지원 부문이나 스탭 부서는 재무지표가 없는 것으로 착각할 수 있다. 그러나 모든 조직에는 고객의 가치를 창출하여 재무적 결과를 얻어내는 자기 부서 고유의 업무가 존재한다. 따라서 지원 부서나 스탭은 고유 업무의 마지막 성과로 나타내는 결과물의 지표를 재무지표로 보고 관리할 수 있다.

표 6-12 **전사적 업무 흐름과 직접부문과 간접지원부문의 재무지표의 선정 방법**

| 프로세스 | \s 전사적전체업무프로세스 부문별 > 부문별 > 부문별 > 부문별 > 부문별 > | | | | | 재무지표의 판단기준 |
|---|---|---|---|---|---|---|
| **[1]직접서** | **구매** | **생산** | **물류** | **영업** | **고객가치** | |
| 재무 (고유업무결과) | 구매량 구매금액 비용 | 생산량 생산금액 비용 | 물동 공급량 물동 공급금액 비용 | 판매량 판매금액 비용 | 상품 + 서비스 | ① 고객접점의 마지막 단계지표를 재무지표화 |
| 고객 | 000 | 000 | 000 | 000 | | |
| 프로세스 | 000 | 000 | 000 | 000 | | |
| 학습과 성장 | 000 | 000 | 000 | 000 | | <직접부서> ⇩ <지원부서> |
| **[2]간접지원부서** | **마케팅** | **R&D** | **인사** | **총무** | **재경** | |
| 재무 (고유업무결과) | 상품화금액 상품화 수 비용 | 개발건수 개발기여액 비용 | 채용인력수 인건비 | 자산금액 대관건수 비용 | 결산지표 비용 | ② 지원부서는 고유 업무의 마지막 단계 지표를 재무지표로 대응가능 |
| 고객 | 000 | 000 | 000 | 000 | 000 | |
| 프로세스 | 000 | 000 | 000 | 000 | 000 | |
| 학습과 성장 | 000 | 000 | 000 | 000 | 000 | |

## 핵심 KPI 지표의 확정 및 상사 승인 시 고려할 점

### ① 핵심성과지표 적정성을 체크한다

- 전략목표항목(CSF)을 평가할 수 있는 신뢰성 있는 지표인가?
- 지속적으로 가치향상을 추구할 수 있는 지표인가?
- 지표 정의가 명확한가?
- 지표의 산출근거가 정확한가?
- 상위자, 하위자의 지표와 연관성이 잘 되는 지표인가?

### ② 선택된 KPI를 BSC 4대 관점별로 구분한다

- 일을 어느 영역 관점에서 관리하는 것이 좋은가?
- 재무지표는 이 같은 현재의 고객과 프로세스 관련 지표를 개선과 변화를 통해 지금보다 향상시켰을 때 가져다주는 결과로 얻어지는 것이다. 따라서 특히 고객 관점, 프로세스 관점의 지표는 재무성과와 직결되므로 현재를 훨씬 뛰어넘는 도전적 목표(Stretch Goal)를 세우도록 노력해야 한다.

지금까지의 직무분석에서부터 관리항목 도출, 전략목표 항목(CSF), 핵심성과지표(KPI) 선정까지의 전 과정을 통합해보면 다음과 같다.

표 6-13 **직무분석에서부터 KPI 도출까지의 전체 과정 요약도**

| 직무분석 | | | BSC 전략 체계도/KPI선정 | | | | | | |
|---|---|---|---|---|---|---|---|---|---|
| 직무구분 | 직무기술 | 직무기술 층별화 | 관리항목 전환 | 전략지도분석 | 전략목표(CSF)로 전환 | KPI 도출 | | 4대관점 | 상사확정 |
| | | | | | | 결과KPI | 과정KPI | | |
| 채용업무 | 1. 충원요청서를 접수한다. | → | 충원요청서관리 | | 우수인력충원확대 | 충원율 | | 프로세스 | 확정 |
| | 2. 채용사이트에 채용공고를 한다. | → | 채용사이트관리 | | 우수채용사이트확보 | | 사이트 관리건수 | 고객 | × |
| | 3. 후보자 서류를 접수한다.<br>4. 서류심사를 한다.<br>5. 건강검진을 의뢰한다.<br>6. 1, 2차 면접을 한다 | → | 서류심사 및 면접 프로세스관리 | | 채용면적 리드타임 단축 | | 채용면접 리드타임 | 프로세스 | 확정 |
| | 7. 인사카드에 기록한다.<br>8. 신입OJT를 실시한다. | → | 인사기록 및 OJT관리 | | 채용자업무적응 효율화 | | 3개월 이내 퇴사율 | 프로세스 | 확정 |
| 인사업무 | 채용, 전환배치, 승진, 퇴직 등을 공고한다. | → | 인사이동관리 | | 인사이동 프로세스개선 | | 인사이동 리드타임 | 프로세스 | × |
| 교육훈련업무 | 1. 교육계획을 공지한다.<br>2. 부서별 교육계획을 받는다.<br>3. 수강 대상자를 확인한다.<br>4. 교육을 진행한다.<br>5. 개인별 교육실적을 집계한다. | → | 개인별 교육관리 | | 교육수강준수 | | 교육수강 준수율 | 학습성장 | 확정 |
| 승진승격업무 | 1. 후보자를 선정한다.<br>2. 평가, 심의를 한다.<br>3. 승진, 승격자를 공지한다. | → | 개인별 승진, 승격관리 | | 승진, 승격관리 최적화 | | | 학습성장 | 확정 |

## (6) 일상목표관리를 위한 계층별 KPI Tree 만들기

앞서 〈표 6-6〉에서 설명한 바와 같이 일상의 목표관리를 한다는 것은 크게 보아 목표(계획)를 나타내는 KPI와 그 목표를 실행하게 해주는 대책 실행(과제) 두 부문으로 나누어 관리한다. 이 목표관리는 개인인 나의 관리와, 나와 연결된 조직의 목표관리로 연결되어 있다.

이 목표가 되는 핵심 지표 KPI 수는 보통 한 사람이 15~20여 개에 이르게 되는데 이를 다음과 같이 두 가지 기능을 발휘하도록 연결망을 만들 필요가 있다.

① 개인별 자기 관리용 KPI의 그물망 짜기. BSC 4대 관점인 재무, 고객, 프로세스, 학습과 성장으로 분류하여 같은 특성의 KPI를 모으는 일.

② 나를 중심으로 상위자와 하위자 또는 연관부문과 연결시켜 전체 조

직과 정렬시키는 일.

이 같은 목표관리 지표를 나와 조직과 전사 목표와 정렬시키기 위해 한 묶음으로 묶는 일을 KPI Tree, 또는 KPI 그물망 짜기라고 부른다. 한편 이 렇게 목표가 되는 KPI Tree가 만들어지면 여기에 대책으로 만든 실행과 제와 연결시키는데 이를 과제 Tree라고 부른다. 이것은 플랫폼 경영시스 템에서 가장 핵심적인 기능 중의 하나이다. 왜냐하면 목표 KPI Tree와 과 제 Tree가 하나로 연결되어 있어서 결과 관리와 과정 관리를 한눈에 볼 수 있게 해줄 수 있기 때문이다. 결국 이 KPI Tree를 통해 전사조직이 하 나와 같이 정렬될 뿐 아니라 중장기 경영, 비전 수준과도 연결되어 진정한 의미의 비전경영을 실행할 수 있게 해주는 유용한 핵심 도구가 된다.

## 관리의 그물망 짜기의 3가지 원칙

일을 관리한다는 것은 자기가 해야 할 일을 빠트리지 않고, 중요한 것과 그렇지 않은 것을 분리하여 철저히 수행하는 것을 전제로 한다. 따라서 관 리망 짜기에서는 다음과 같이 3가지로 구상하면 효과적이다.

① 자신이 맡은 일의 전체 범위를 대상으로 하고
② 가능한 한 미세한 부분까지 철저히 관리하며
③ 결과와 요인 관계를 매트릭스화 할 수 있도록 한다.

흔히 업무수행 및 관리를 어느 수준으로 하는 것이 좋을 것인가를 나타 내는 것으로 거미의 그물망이나 어부들의 그물망을 생각해보면 알 수 있 는데, 획득하고자 하는 곤충이나 물고기의 크기나 양에 따라 그물망을 넓 게 또는 좁게 짜는 일과 같은 의미라 할 수 있다.

**• 넓은 범위 미세한 그물망 짜기**

- 업무의 모니터링 범위가 넓고 미세한 관리가 가능하다.
- 작고 미세한 불합리 및 리스크까지 관리가 가능하다.
- 조기에 기본이 갖추어지고 그 바탕에서 큰 개선으로 확대가 가능하다.

**• 좁은 범위 성근 그물망 짜기**

- 일의 모니터링 범위가 좁아 관리가 단순하고 쉽다.
- 작지만 가치 있는 미세한 성과를 놓칠 수 있으므로 기본이 갖추어지기 어렵다.

**• 결과와 원인의 연결망 짜기**

- 고구마나 감자의 줄기를 끌어올리면 작은 뿌리의 알까지 뽑혀 올라오듯 일의 결과계와 원인계를 같이 연결하면 관리가 치밀하고 쉬워진다.

## 목표관리의 KPI Tree 만들기

- KPI 체계화를 어느 정도 미세화하느냐에 따라 넓고 거친 관리망으로 일할 것인가, 아니면 조밀한 미세 관리망으로 할 것인가를 가늠할 수 있다.
- KPI Tree(KPI 그물망) 체계는 상위지표(대지표)와 하위지표(소지표), 결과지표와 과정지표를 연계시킴으로써 상하 간 업무 배분과 일 관리 정렬을 할 수 있게 한다.
- KPI Tree 체계를 만들 때는 개별적이고 독립부문의 지표만을 생각하는 것보다 일의 전체 프로세스를 구성하고 있는 흐름별로 존재하는 지표를 발굴하여 포함시키는 것이 효과적이다. 그렇게 함으로써 부서

와 부서, 일과 일 사이에 존재하는 사각지대를 없애 관리부실을 예방할 수 있다.

## 조직 및 계층별 전사 KPI Tree 체계화와 운영구조

조직의 목표 및 전략에 따라 개인 KPI를 만들게 되며 이 개인별 KPI Tree를 다시 상하의 계층별로 연계시켜 전사적 KPI Tree로 관리의 그물망을 촘촘히 하여 최종적으로는 전사 비전과 목표와의 한 방향 정렬이 가능하도록 한다.

각 계층별 KPI는 결과지향 KPI(대항목)와 요인계 지향 KPI(소항목)로 두개 Level 범위로 구성되는 것이 보통인데 이렇게 하면 자기 직접 관리용 KPI를 중심으로 위로는 차상위자 KPI와 밑으로는 차하위자 KPI가 간접적으로 연결된다. 따라서 일상관리 시에는 상위자 하위자의 KPI가 서로 고리를 물고 있어서 자기 개인의 KPI 관리만 하는 것이 아니라 상사와 하위자의 성과와 과정 관리를 함께 모니터링하는 견고한 목표관리체계가 가동될 수 있는 것이다.

- '일상목표관리용 KPI'의 운영개수는 조직 및 개인의 업무수행 역량에 따라 늘리거나 줄여나가지만 보통 BSC 4대 관점별로 균형 있게 선정하면 15~20개 정도로 운영하게 된다(차 상위자 한 개 Level KPI + 본인 두 개 Level KPI + 하위자 1개 Level KPI).
- 'MBO성과평가 KPI'는 이 중에 중요도 감안 KPI로 좁혀서 주로 10~15개 내외로 압축하여 평가하는 것이 일반적이다.

**표 6-14 KPI Tree화를 통한 계층별 KPI 관리그물망 짜기**

| 조직/계층별 전사적 KPI Tree | BSC 관점 | CEO | | 본부장 | | 사업부장 | | 팀장 | | 개인 | | 계층별 |
|---|---|---|---|---|---|---|---|---|---|---|---|---|
| | | L-1 (대) | L-2 (소) | L-3 (대) | L-4 (소) | L-5 (대) | L-6 (소) | L-7 (대) | L-8 (소) | L-9 (대) | L-10 (소) | |
|  | 재무 | 직접관리(MBO) KPI @ | | | | | | | | | | G5 |
| | 고객 | | | 직접관리(MBO) KPI @ | | | | | | | | G4 |
| | 프로세스 | | | | | 직접관리(MBO) KPI @ | | | | | | G3 |
| | | | | | | | | 직접관리(MBO) KPI @ | | | | G2 |
| | 학습성장 | | | | | | | | | 직접관리(MBO) KPI @ | | G1 |
| | 일상관리용 KPI 트리 | ① CEO ② 본부장 | | ① CEO ② 본부장 ③ 사업부장 | | ① 본부장 ② 사업부장 ③ 팀장 | | ① 사업부장 ② 팀장 ③ 개인 | | ① 팀장 ② 개인 | | G0 |

회사전체업무영역

Grade 5 (CEO)
Grade 4 (본부장)
Grade 3 (사업부장)
Grade 2 (팀장)
Grade 1 (개인)
Grade 0

· 전 업무범위 관리 가능토록
- 충분히 넓은 범위까지
- 가급적 미세관리망으로

## ① 숫자의 조합과 요인(Factor)의 조합 방법

KPI Tree는 하부 조직계층에 따라 1~4등급까지 분류하면 대부분의 목표관리 활동을 소화할 수 있다.

표 6-15 **업무수행 로직트리 및 계층별 KPI Tree 사례 ①**

| 목표 관리 활동을 소화할 수 있는 로직트리 | 계층별 KPI Tree |
|---|---|

**(예 1) 숫자 지표의 조합 (매출액 사례)**
**<CEO – 본부 – 사업부 - 팀 간의 연결>**

| KPI <I> | KPI <II> | KPI <III> | KPI <IV> |
|---|---|---|---|
| 대항목 | 중항목 | 소항목 | 세부항목 |

로직트리:
- 2000
  - 1400
    - 11000
      - 600
      - 250
      - 250
    - 400
      - 250
      - 150
  - 600
    - 300
      - 200
      - 100
    - 300
      - 180
      - 120

CEO
| 대항목 | 중항목 | 소항목 | 세부항목 |
|---|---|---|---|
| 전사매출액 | | | |
| | A본부 매출액 | | |
| | | A사업부 매출액 | |
| | | | 00팀매출액 |

본부
| 대항목 | 중항목 | 소항목 | 세부항목 |
|---|---|---|---|
| A본부 매출액 | | | |
| | A사업부 매출액 | | |
| | | 00팀 매출액 | |
| | | | 00님 매출액 |

사업부
| 대항목 | 중항목 | 소항목 | 세부항목 |
|---|---|---|---|
| A사업부매출액 | | | |
| | 00팀 매출액 | | |
| | | 00님 매출액 | |
| | | | 대리점매출액 |

팀
| 대항목 | 중항목 | 소항목 | 세부항목 |
|---|---|---|---|
| 00팀 매출액 | | | |
| | 00님 매출액 | | |
| | | 특수대리점 매출액 | |
| | | | A대리점매출액 |

## ② 요인(Factor)의 조합(고객만족도 사례)

표 6-16 **업무수행 로직트리 및 계층별 KPI Tree 사례 ②**

| 목표 관리 활동을 소화할 수 있는 로직트리 | 계층별 KPI Tree |
|---|---|

**(예 2) Factor의 조합 (고객만족도 사례)**
**<CEO–본부–사업부–팀 간의 지표 연결성 확보>**

| < I > | < II > | < III > | <IV> |
|---|---|---|---|
| 대항목 KPI | 중항목 KPI | 소항목 KPI | 세부항목 |

로직트리 (좌측):

- 고객신뢰도
  - 품질만족도
    - 총미생물수
      - A제품 미생물수
      - B제품 미생물수
    - 이물클레임수
      - A 이물클레임
      - B 이물클레임
  - 친절만족도
    - 상시접촉도
      - 방문율
      - 반품률
    - 제품정보만족도
      - 제품정보교육
      - 진열도
  - 브랜드만족도

**CEO**

| 대항목 | 중항목 | 소항목 | 세부항목1 | 세부항목2 |
|---|---|---|---|---|
| 고객신뢰도 | | | | |
| | 친절도 | | | |
| | | 상시접촉률 | | |
| | | | 방문율 | |
| | | | | A본부 방문율 |

**본부**

| 대항목 | 중항목 | 소항목 | 세부항목1 | 세부항목2 |
|---|---|---|---|---|
| 고객신뢰도 | | | | |
| | 친절도 | | | |
| | | 상시접촉률 | | |
| | | | A본부 방문율 | |
| | | | | A사업부방문율 |

**사업부**

| 대항목 | 중항목 | 소항목 | 세부항목1 | 세부항목2 |
|---|---|---|---|---|
| 고객신뢰도 | | | | |
| | 친절도 | | | |
| | | 상시접촉률 | | |
| | | | A사업부 방문율 | |
| | | | | 00팀 방문율 |

**팀**

| 대항목 | 중항목 | 소항목 | 세부항목 |
|---|---|---|---|
| 00팀 방문율 | | | |
| | 00님 방문율 | | |
| | | 수주 적중률 | |

### ③ 프로세스 관점과 재무 관점의 효과적인 KPI 체계도 작성 방법

조직별 KPI 체계도를 만드는 과정에서 프로세스 관점 KPI와 재무적 관점의 KPI 체계도를 만드는 일이 중요하다. 현업에서는 이 두 지표를 도출할 때 원인과 결과(성과)의 상관관계로서 도식화하는 방법을 쓰면 비교적 구분하기 쉽다. 즉 사업활동에서 재무성과를 얻기 위해서는 현재의 업무 프로세스에서 무엇인가를 개선하고 변화시켜야 하는 인과관계에 놓여 있는 것이다. 따라서 재무성과는 프로세스상의 선행지표를 향상시켜 얻은 결과에 불과하다고 볼 수 있다.

또한 일반적으로 경영상의 프로세스 영역 구성은 경영자원의 In-put 감소와 Out-put 증대의 영역으로 구성되어 있다. In-put 감소는 자원의 투입 비용을 최소화시키는 일로서 비용절감(원가절감)과 같은 생산성 또는 효율성 지표로 이루어져 있다. Out-put 증대는 같은 비용을 투입하고도 부가가치를 높이는 일로서 주로 매출 증대, 수익성 증대에 관련된 지표가 대표적이다.


따라서 프로세스 개선영역과 재무성과 영역을 왼쪽과 그 반대편에 위치시킨 후, 프로세스 관점지표는 "현재의 업무수행 중 무엇을 변화(개선)시켜야 재무결과를 얻을 수 있는가?"라고 질문하고, 재무 관점지표는 "현재의 업무수행결과 최종 얻어지는 성과는 무엇인가(주로 결산지표로 얻어지는 수치)?"라고 질문하면서 관련 지표를 도출하면 보통 현업에서 일상관리로 활용하기 유용한 지표를 얻을 수 있다.

## 표 6-17 재무성과 변화를 이끌어내는 프로세스의 역할 KPI

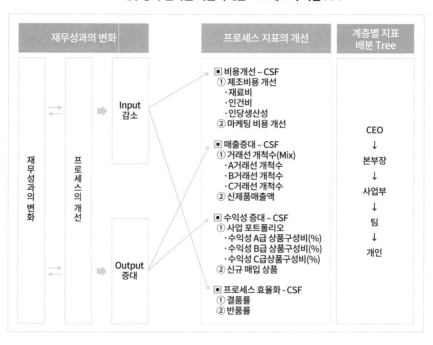

**재무성과의 변화**

재무성과의 변화

프로세스의 개선

Input 감소

Output 증대

**프로세스 지표의 개선**

■ 비용개선 – CSF
① 제조비용 개선
· 재료비
· 인건비
· 인당생산성
② 마케팅 비용 개선

■ 매출증대 – CSF
① 거래선 개척수(Mix)
· A거래선 개척수
· B거래선 개척수
· C거래선 개척수
② 신제품매출액

■ 수익성 증대 – CSF
① 사업 포트폴리오
· 수익성 A급 상품구성비(%)
· 수익성 B급 상품구성비(%)
· 수익성 C급상품구성비(%)
② 신규 매입 상품

■ 프로세스 효율화 - CSF
① 결품률
② 반품률

**계층별 지표 배분 Tree**

CEO
↓
본부장
↓
사업부
↓
팀
↓
개인

**표 6-18 영업부문 프로세스와 재무적 KPI Tree 체계화 사례**
**(CEO - 본부장 - 사업부장 - 팀장 - 개인으로 이어지는 지표선정 연결)**

## 프로세스

현재의 영업 활동중 무엇을 변화(개선)시켜야 재무결과를 얻을 수 있는가?

| 프로세스 | 직무관리명 | CSF | KPI 대항목 | KPI 중항목 | KPI 소항목 |
|---|---|---|---|---|---|
| 고유업무량 | 매출/수익성 증대 | 판매량증대 | 판매량(수) | (사업부/팀별)판매량(수) | (품목별)판매량(수) ○○매출수수(량) △△매출수수(량) |
| | 신제품관리 | 신제품출시확대 | 신제품상품화진척률 | 신제품임점진척률 (부문/제품별신제품상품화진척률) | (할인점)임점진척률 (대리점)임점진척률 (SSM)임점진척률 (CVS)임점진척률 (기타)임점진척률 |
| | 거래처관리 | 거래처개척확대 | 거래처개척수 | 신규거래처확보수 이탈거래처수 기존거래처유지지수 | |
| | 주문관리 | 거래처주문개선 | 거래처방문횟수 2차점맹판건수 웹주문율 전용주문율 | | |
| 효율화/생산성 | 판매장비관리 | 판매장비효율화 | 쇼케이스보급대수 쇼케이스당매출수수 | | |

## 재무

영업활동을 한 결과 최종 얻어지는 성과는 무엇인가?
(결산자료로 얻어지는 수치)

| CSF | KPI 대항목 | KPI 중항목 | KPI 소항목 |
|---|---|---|---|
| 매출확보 | 매출액 | (사업부/BU별)매출액 | (품목별)매출액 |
| 비용관리달성 | 비용 | 인건비 판매관리비 기타 | 영업제비용 마케팅비용 |
| 매출이익확보 | 매출이익 | (조직별)매출이익 | |

| 효율화/생산성 | 관리스피드 | 스피드/영업확보 | (프로세스리드타임) | | |
|---|---|---|---|---|---|
| | MIX최적화 | 제품MIX최적화 | (제품별)구성비 | (A품목)구성비 | |
| | | | | (B품목)구성비 | |
| | | | 신제품 구성비 | 기존제품구성비 | |
| | | | | 신제품구성비 | |
| | | 채널MIX최적화 | 채널별판매량/금액(구성비) | | |
| | | | | 할인점판매량/금액(구성비) | |
| | | | | 대리점판매량/금액(구성비) | |
| | | | | SSM판매량/금액(구성비) | |
| | | | | CVS판매량/금액(구성비) | |
| | | | | 온라인(홈쇼핑/인터넷)판매량(금액) | |
| | | | | 급식/기타판매량(금액) | |
| | | 조직MIX최적화 | 조직별판매량/금액(구성비) | | |
| | | | | (A사업부/팀)판매량/금액(구성비) | |
| | | | | (B사업부/팀)판매량/금액(구성비) | |
| | | | | (C사업부/팀)판매량/금액(구성비) | |
| | | 가격MIX최적화 | 가격별판매량/금액(구성비) | | |
| | | | | 정가판매량/금액(구성비) | |
| | | | | 할인가판매량/금액(구성비) | |
| | 채권관리 | 채권안정성향상 (확보) | 매출채권금액 | (본부/사업부별)매출채권금액 | |
| | | | | (〃)선급금 | |
| | | | | (〃)대여금 | |
| | | | | (〃)지급보증 | |
| | | | 총매출채권회전일 | | |
| | | | 여신한도초과금액 | | |
| | | | 여신한도초과건수 | | |
| | | | 고객여신금액 | | |
| | | | 고객여신거래처수 | | |

## 표 6-19 제조(생산)부문 프로세스와 재무적 KPI Tree 체계화 사례
### (CEO - 본부장 - 사업부장 - 팀장 - 개인으로 이어지는 지표선정 연결)

**프로세스**

현재의 생산 활동중 무엇을 변화(개선)시켜야 재무결과를 얻을 수 있는가?

| 프로세스 | 직무관리명 | CSF | 대항목 | 중항목 | 소항목 |
|---|---|---|---|---|---|
| 고유업무량 | 업무량관리 | 효율적생산및수급대응 | 주문량 / 생산계획량 / 수급계획량(수) / 공급량(구매량) / 수급대응률 / 결품률 | | |
| 효율화/생산성 | 제료생산성 | 제료생산성향상 | 수율 | 공정별수율 / (n)불량률/폐기율 / 규격이탈률 | |
| | 설비생산성 | 설비생산성향상 | 설비가동률 / 설비종합효율 | 공정별효율 / 시간가동률 / 성능가동률 / 양품률 | |
| | | | 고장률 | (설비별)고장률 | |
| | 노동생산성 | 노동생산성향상 | (인/시간)생산성 | 투입인력 / 투입시간 / 생산량 | |

**재무**

생산활동을 한 결과 최종 얻어지는 성과는 무엇인가? (결산자료로 얻어지는 수치)

| CSF | 대항목 | 중항목 | 소항목 |
|---|---|---|---|
| 생산량확보 | 생산량 | (사업부/BU별)생산량 | (제품별)생산량 |
| | 생산금액 | (사업부/BU별)생산금액 | (제품별)생산금액 |
| 원가확보 | 제조원가 | 재료비 | (사업부/BU별)재료비 |
| | | 노무비 | (사업부/BU별)노무비 |
| | | 기타경비 | (사업부/BU별)경비 |

| 비용관리 / 환경관리 / 투자관리 | 관리스피드 | 리드타임개선 | 리드타임 | (사업부/공장/팀)리드타임 |
|---|---|---|---|---|
| 비용관리 | SCM관리 | 납기향상 | 납기준수율 | (사업부)납기준수율 |
| | 원가관리 | 원가(비용)개선 | 원가(비용)상승금액 | (사업부/공장/비목별)원가상승금액 |
| | | | 원가(비용)개선금액 | (사업부/공장/비목별)재료비개선금액 |
| | | | | (〃)원재료비개선금액 |
| | | | | (사업부/공장/비목별)제조경비개선금액 |
| | | | | (〃)급여성개선금액 |
| | | | | (〃)생산활동비개선금액 |
| 환경관리 | 수질관리 | 효율적수질관리 | 원수량 | |
| | | | 수차리방출량 | |
| | | | 수질합격률 | |
| | | | BOD합격률 | |
| | | | T-P합격률 | |
| | | | T-N합격률 | |
| | | | SS합격률 | |
| 투자관리 | 투자효율 | 투자효율화 | 투자금액 | (공사별)투자금액 |
| | | | 공사진척률 | (프로젝트별)공사진척률 |

## CHAPTER 3

# 경영목표 KPI의
# 목표 수준 설정

## (1) KPI 목표 수립과 기간별 관점

전략지도에 의해 전략목표인 핵심성공요인(CSF)과 이 성과를 측정할 수 있는 핵심성공지표 KPI가 설정되면 본격적인 경영목표의 수립단계로 들어간다. 보통 내년도 목표를 설정하는 과정을 보면 금년도 달성 추정치에서 단위 부서나 사업본부가 갖추고 있는 현재의 역량과 과거 실적을 감안한 자체 의지만으로 적정 목표치를 설정하는 경우가 많다. 그러나 이런 경우에는 사업목표 설정에 대한 타당성이 결여되기 쉬울 뿐 아니라 시장에서의 경쟁 우위를 지속적으로 확보하는 것은 기대할 수 없을 것이다.

기업을 둘러싸고 있는 경영환경은 변화무쌍하다. 더욱이 전 세계가 하나의 상권으로 글로벌화되어 동일 업종도 국내뿐만 아니라 세계의 경쟁자와 겨룰 수 있어야 살아남는 것이다. 또한 기업 구성원 전체가 심혈을 기울여 수립한 장기적인 비전과 미션을 달성하려는 원대한 목표도 결코 안이한 발걸음으로는 도달할 수 없을 것이다.

따라서 내년도 한 해의 목표는 곧 3~5년 내 이루어야 할 중기 목표와 연결되어 있어야 하며 길게는 10년 정도 안에 도달하려는 회사의 비전 달성과도 맞물려 있기에 상당한 수준으로 도전할 각오가 반영되어야 할 것이다. 따라서 본 '플랫폼 경영시스템' 내에서는 목표 수립을 할 때 기업환경 검토는 물론 중장기적 비전 달성의 진척상태를 파악하면서 도전 수준을 수정, 보강하도록 했다. 이것은 곧 '비전은 한낱 꿈에 불과하다는 통념'을 버리고 첫해 첫걸음부터 경쟁자는 물론 현재의 자기 수준을 훨씬 뛰어넘는 혁신적인 방법으로 경영목표를 수립해야 한다는 뜻을 반영한 것이다.

표 6-20 **비전과 중장기목표 수준과 연계된 목표의 수립**

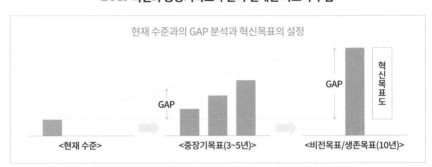

## (2) KPI 목표설정과 도전적 목표(Stretch Goal)의 운영

최고 경쟁력을 확보하기 위해서는 제품, 서비스 및 프로세스의 질적 수준을 경쟁업체의 최고 수준과 비교 분석하여 그들과의 격차가 어느 수준인지, 왜 그런 차이가 발생하고 있는가를 정기적으로 조사할 필요가 있다. 이때는 국내 최고 수준의 경쟁업체는 물론 해외 동종업체의 선두 그룹 수준도 함께 파악하도록 한다. 당장은 국내 경쟁사를 넘기 위한 단기 목표를 확인하겠지만 결국은 글로벌 경쟁력을 확보하기 위한 생존목표 수준을 깨닫게 된다.

이런 벤치마킹 단계를 통해 스스로 세운 비전도 어느 수준으로 언제까지 도달할 것인가를 재조정하게 되며 전사 역량을 어디에 어떻게 배분할 것인가도 종합적 관점에서 수립할 수 있게 된다.

표 6-21 **경쟁사 추월 및 글로벌 생존을 위한 목표 수립**

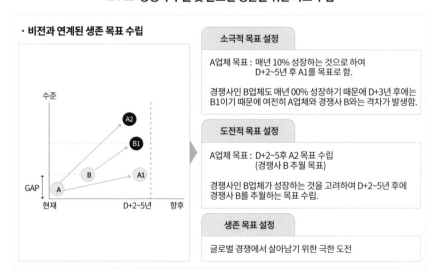

표 6-22 **일반적인 벤치마킹 절차**

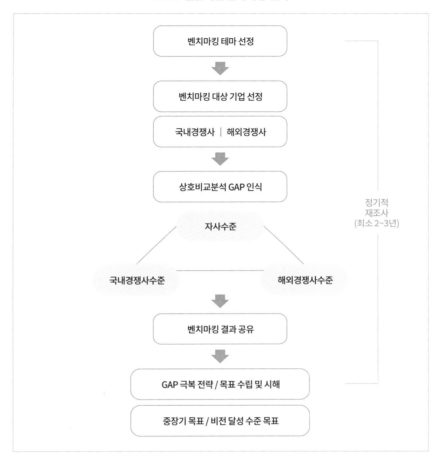

벤치마킹 테마 선정

벤치마킹 대상 기업 선정

국내경쟁사 ｜ 해외경쟁사

상호비교분석 GAP 인식

자사수준

국내경쟁사수준　　　해외경쟁사수준

정기적
재조사
(최소 2~3년)

벤치마킹 결과 공유

GAP 극복 전략 / 목표 수립 및 시해

중장기 목표 / 비전 달성 수준 목표

## (3) 전사적 경영목표의 수립과 계층별 정렬(Cascading)

벤치마킹을 통한 비전 및 중장기적 목표 수준을 확인하고 공유하게 되면 제1차 연도가 되는 당해 연도 목표를 어느 수준으로 출발해야 하느냐가 명확해진다. 여기에 경영층의 의지와 구성원 모두의 현 수준 능력으로 실현할 수 있는 최상의 기대치를 반영하여 종합적 목표 수립을 도출하는 것이다. 이 과정을 거치면 전사 구성원 모두는 회사가 처한 수준과 상황인식을 통해 현재 수준에 안주해서는 안 된다는 위기의식을 공유함으로써 스스로 도전적 목표(Stretch Goal)를 세우게 된다. 이러한 조직 전체의 도전 의식이야말로 궁극적으로 현재를 뛰어넘어 혁신기업으로 가게 하는 원동력이 될 수 있는 것이다.

전사적, 계층별로 총력적인 목표가 수립되면 플랫폼 내에 CEO에서부터 본부 → 사업부 → 팀 → 개인 구성원에까지 '목표실행 체계도'를 세팅하고 전체를 연결 고리화함으로써 전사가 하나가 되는 일치된 목표로 정렬할 수 있게 한다. 이 목표실행 체계도는 '목표설정 영역'과 '과제실행 영역'으로 구성되어 일상적인 업무수행을 할 수 있게 함으로써 전사가 하나의 목표와 일에 집중하듯 일사불란한 목표관리를 할 수 있도록 해준다.

표 6-23 **전사경영목표 수립과 절차**

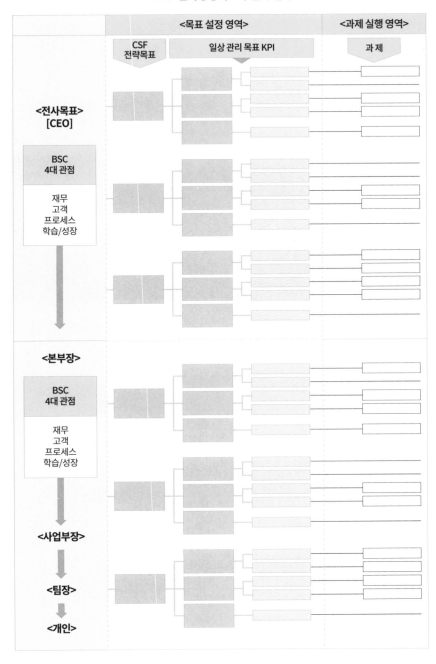

'플랫폼 경영시스템' 내에서는 목표 수립을 할 때 기업환경 검토는 물론
중장기적 비전 달성의 진척상태를 파악하면서 도전 수준을 수정, 보강하도록 했다.
이것은 곧 '비전은 한낱 꿈에 불과하다는 통념'을 버리고
첫해 첫걸음부터 경쟁자는 물론 현재의 자기 수준을 훨씬 뛰어넘는
혁신적인 방법으로 경영목표를 수립해야 한다는 뜻을 반영한 것이다.

●  ●

**CHAPTER 4**

# 경영성과 분석과
# 대책구상 및 즉실행

## (1) 성공/부진 사유 분석 및 대책구상

기업의 일상은 수립한 목표를 달성하기 위해 최고경영자부터 전 구성원
이 실행에 몰두하고 그 결과로서 얻은 성과를 측정하고 관리하는 일이 핵
심이라고 할 수 있다. 이것을 일반적으로 경영의 '목표관리'라고 부른다.
기업 내의 이 목표관리는 일일관리에서, 주간, 월간, 분기, 반기. 연도 기
간 등으로 일상 또는 정기적으로 설정한 목표의 달성 여부를 확인하고 점
검하는 과정을 거친다. 이 과정에서 수립된 목표가 실행 이후 월등히 높게
달성되었거나 반대로 예상보다 부진한 결과가 발생했을 때는 어떤 문제와
원인으로 목표와의 차이가 발생했는지를 분석함으로써 다음 활동에서 적
절한 대책을 구상할 수 있도록 한다.

목표관리에서는 주로 부진 사유 분석이 대부분이나 오히려 획기적인 성
과가 발생할 경우 성공 사유도 분석하여 업무에 반영하면 향후 실패나 학
습 비용을 최소화하는 데 도움이 된다. 무엇보다 부진 사유 기술의 목적은

무엇이 잘못되었는가를 밝히는 데 있으며 조사를 통하여 알아낸 사실 등을 기술한다. 부진 사유 분석을 할 때 3C 차원(고객, 경쟁사, 기업 내)으로 구분해보면 그 사유와 대책을 구체화하는 데 도움이 된다.

표 6-24 **부진 사유 분석과 대책구상**

| Issue Tree | | | 대책구상 |
|---|---|---|---|
| 성과<br>(KPI)<br>부진사유 | 나의 고객 측면에서<br>문제가 되는 것은 없는가? | ・고객불만은 아닌가?<br>・시장의 니즈가 변했는가? | ----<br>---- |
| | 경쟁사 측면에서<br>문제가 되는 것은 없는가? | ・경쟁사 대비 서비스가<br>떨어지는 것은 없는가?<br>・상품 경쟁력이 떨어지지<br>않는가? | ----<br>---- |
| | 우리 회사 조직역량 측면에서<br>문제가 되는 것은 없는가? | ・고객불만은 아닌가?<br>・시장의 니즈가 변했는가? | ----<br>---- |

## (2) 대책구상과 즉실행 관리

목표(계획)와 실적의 차이 분석을 통해 그 사유가 도출된다는 것은 문제의 발굴과 개선의 시작을 알리는 경고등과 같은 역할을 해준다. 따라서 대책은 구상에 머무르지 말고 즉시 실행으로 전환할 수 있도록 함이 중요하다. 일반적으로 부진 사유 분석과 대책을 수립하는 것은 숙달되어 있는데 일정기간이 지나서도 그 대책들을 실행으로 연결시키지 못함으로써 한 발짝도 상황을 호전시키지 못하게 되어 업무 성과를 내지 못하는 안타까운 사례를 흔히 보게 된다. 따라서 대책구상을 즉시 실행 모드로 전환하는 도구로써 다음의 두 가지 절차를 운영하여 실행력을 극대화할 수 있도록 했다.

일반적으로 실행을 위한 과정관리는 '즉실행'과 '과제개선' 활동으로 구분할 수 있다. 즉실행은 단기간 안에 행동으로 바로 옮길 수 있는데 구성원의 개선의지나 역량이 부족하면 그것이 누적되어 큰 문제로 쌓이게 된다. 그러면 점점 해결이 어려워져서 인력과 투자와 시간이 많이 투입되는 과제성 난제로 전락하기 쉽다.

표 6-25 **성과분석과 대책의 구상(즉실행) 도출**

① 목표(계획)와 실적 분석

차이분석
사유도출 → 문제 발굴 → 개선의 시작

② 대책 구상

즉실행 ┐
과제실행 ┘

- 일상의 대부분 업무는 주로 단순 반복적 문제들이므로
  단기일 안에 말과 행동으로 바로 개선할 수 있음
  (1, 3, 5, 7, 9, 10일 이내 실행원칙)
- 문제의 난이도가 크고 장애요인 극복에 장기간이 소요
  되는 해결은 과제화하여 전문역량 투입을 통해 개선을
  추진하는 것이 효율적임

③ 대책의 실행

실행절차 | 대책의 실행절차

| 구분 | 일상<br>목표관리<br>(KPI) | 성공/부진<br>사유분석 | | 실행<br>① | 실행<br>② |
|---|---|---|---|---|---|

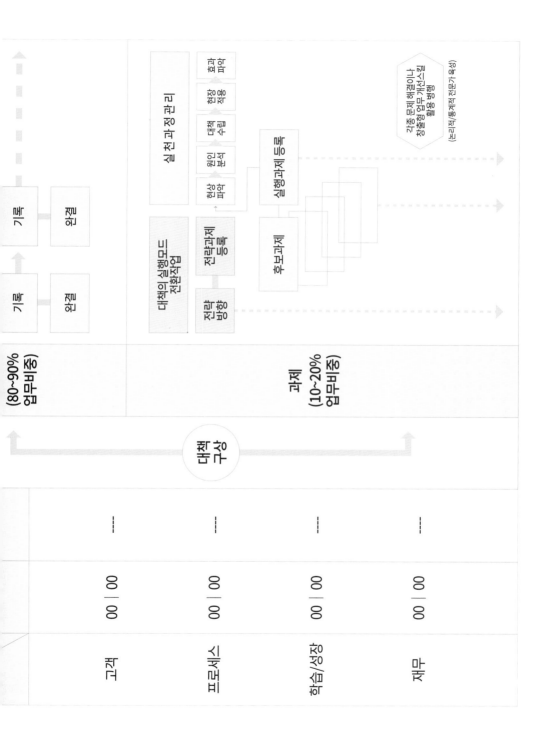

즉실행은 주로 어떤 문제에 대해 특별히 남의 협력이나 조직의 지원이 없이도 자기 스스로의 능력이나 재량권만으로도 해결할 수 있는 일이 대부분이다. 조직 내에서의 업무수행이란 이같이 말과 행동으로 바로 해결할 수 있는 일이 아마도 90퍼센트 이상은 되리라 생각한다. 따라서 '즉실행' 할 수 있는 일만 잘해도 업무수행력이 우수하다고 할 수 있을 것이다. 즉실행은 의지에 따라 바로 즉시 또는 3일 이내 가능한 일로 구성되어 있으며 조금 여유를 주더라도 7일 또는 10일을 넘기지 않는 업무수행 방식이다. 그러나 이것도 개인별 의지와 숙련도에 따라 천차만별이기 때문에 평소에 일을 통해 길러지고 갖추어나갈 필요가 있다. 또한 즉실행하는 일이라 해서 문제해결이 쉽거나 간단한 것은 아니며 오히려 그런 일이 성과에 미치는 영향이 상당히 크고 대책 수행의 좋은 성공사례로 기여할 수 있다. 그러므로 실제로 일을 잘할 수 있으려면 이 즉실행을 잘해 내는 능력을 갖추는 일이 무엇보다 중요하다. 이 '플랫폼 경영시스템'에서는 '즉실행'의 내용을 기록으로 남게 하고 향후 전사적 지식경영으로 확대 시 누구나 열람, 활용할 수 있도록 체계화했다.

표 6-26 **'즉실행' 활동의 일상 운영 Memo (사례)**

| 즉 실 행 현 황 (바로실행 – 기록 – 업무완결) | | | | |
|---|---|---|---|---|
| 즉실행명: | | 담당자: | 추진일정 | ~ |
| **<실행내용>** | | | | |
| 차수 | 일자 | 추진내용 | | |
|  |  |  | | |
| **<효과파악>** | | | | |
| 유형효과 | | | | |
| 무형효과 | | | | |

●●

**CHAPTER 5**

## 대책의 과제화 수립

어떤 목표를 달성하기 위해서는 개인은 물론 조직 단위로 많은 대책이 구상된다. 구상된 대책들은 업무수행자의 의지와 수행 능력만 있다면 재량권 내에서 단기 대응으로 즉시 실행이 가능한 것이 대부분이다. 즉실행은 의지만 있다면 바로 즉시 또는 3일 이내부터 7일, 9일, 심지어 사안에 따라 30일을 기한으로 해결하는 실천 방식이라 할 수 있다. 이 기한을 넘기면 이것은 어느 한 개인, 어느 한 조직 단위만으로는 해결하기 어려운 점이 있다고 보고 과제화를 통해 그 종합적인 대책을 세워 개선에 집중한다. 즉, 과제화로 전환되는 대책은 문제의 핵심 원인 파악이 오래 걸리거나 설사 해결방안이 나오더라도 개인이나 어느 조직만으로는 역량이 부족한 경우다. 더욱이 개선을 위해 투자 재원을 확보해야 하는데 내부 승인 및 지원 절차를 확보하는 과정 등에 있어 장시간 소요되는 일이 대부분이다. 따라서 이런 채택은 과제로 선정하여 시간이 걸리더라도 반드시 해결해내겠다는 의지와 조직력을 동원해 문제점과 원인을 확인하여 실타래같이 얽

힌 장애 요인을 극복할 때 개선이 가능하다.

따라서 〈표 6-27〉에서와 같이 과제화로 추진하기로 결정하면 실행을 효율적으로 하기 위해서 과제를 성격에 따라 분류할 필요가 있다.

일상적 경영목표관리를 하면서 목표와 실적 차이 분석을 통해 대책구상이 이루어지면 '즉실행'으로 할 것인지 '과제화'로 할 것인지를 구분하고 신속한 실천으로 옮기는 일이 중요하다.

① KPI 목표/실적 차이 분석 → 대책구상 – 즉실행 또는 과제화 전환

② 전략과제, 실행과제로 Tree화 하고 실행에 집중토록 함.

**표 6-27 과제전환 절차 및 세분화**

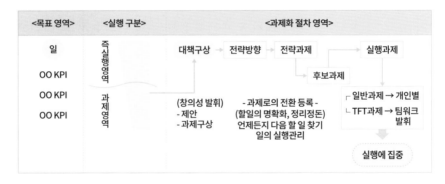

## (1) 과제도출 및 실행효율화를 위한 과제 분류

과제도출은 대부분 사업 목표 수립 과정에서 전략적 경영목표를 달성하기 위해 전사적 → 사업본부 → 사업부 → 팀조직 등으로 전략과제를 수립하고, 각 조직 단위나 개인이 업무수행을 위한 실행과제를 선정하는 절차를 밟는다. 실행과제를 선정하기 전에 목표달성에 도움이 되는 후보성 과

제를 브레인스토밍 토론을 통해 도출하는 것이 중요하다. 과제는 다음과 같이 구분하여 체계화한다.

### 과제의 배분 및 실행을 중심으로 한 분류

#### ① 전략과제(대과제)

목표 수립 과정에서 선정된 전략목표를 달성하기 위해서는 그것을 실현시켜줄 수 있다고 보는 큰 대책 및 전략적 해결 방향을 나타내는 과제이다.

#### ② 후보과제(소과제화)

선정된 전략과제는 일반적으로 그대로 실행하기에는 너무나 크고 인력과 자원 또는 비용 투입이 방대할 수 있다. 따라서 계층별, 구성원별로 실행 가능한 업무 단위로 나누어 도출한 예비과제이다.

#### ③ 실행과제

세분화하여 발굴된 후보과제 중에서 전략적 목표달성에 직결되는 기여도가 있는 과제를 선정하고 팀이나 구성원이 실행으로 바로 들어갈 수 있게 한 과제이다.

#### ④ TFT 과제

복잡하고 특정한 전략과제 중에는 서로 다른 조직이나 분야의 구성원들과 협력하거나 업무를 나누어 추진할 수밖에 없는 일이 존재한다. 이런 경우 일반과제로 할 것인지, TFT 과제로 할 것인지를 먼저 판단해야 하는데 다음과 같은 경우에는 TFT 과제로 수행하는 것이 효율적일 수 있다.

- 실행과제들이 너무 많은 부서로 흩어져 있어 과제수행에 대한 역량

결집이 필요한 경우

- 실행과제(소과제)들에 대한 책임이 여러 사람에게 나뉘어 있어 과제실
  행력이 현저히 떨어질 것이라 예상되는 경우
- 실행과제들이 서로 다른 직무나 전문성을 바탕으로 진행하여야 하는
  경우 등


## (2) 과제의 발굴과 선정작업

과제의 도출은 일반적으로 연도 경영계획 수립 시 핵심 경영지표인 KPI
를 확정하는 단계에서 이를 실행하기 위한 전략과 대책을 구상하면서 이
루어진다. 그러나 경영환경의 변화에 따라 수시로 추가과제가 발생할 수
있으므로 과제의 발굴은 일상 업무수행 중 수시로 발굴하고 등록하여 유
연하게 과제관리가 이루어지도록 하는 것이 중요하다.

과제도출은 전사적인 전략과 목표 달성의 방법을 찾기 위하여 조직 단
계별(사업본부 → 사업부 → 팀별 → 개인별)로 Top Down과 Bottom-Up 방
식으로 제시되고 조율을 거쳐 합의, 수용된다. 이 과정에서 대책의 구상 범
위가 넓고, 여러 변수를 고려해야 하므로 전략과 과제들이 생각만큼 쉽게
나오지 않는다. 따라서 여기에서는 대책들을 구상할 때 영업·마케팅 부
문은 4P, 제조·기술 부문은 4M 요소를 자문해 보면서 과제를 발굴하도록
권장한다. 과제 발굴 역시 단순히 구상하는 데 그치지 않고 '○○○을 통
해 ○○○을 달성'이라는 식으로 수단과 목적의 인과관계를 분명히 나타
냄으로써 과제 선정 때부터 실행 방향을 염두에 두어 실행력을 높이도록
하는 것이 중요하다.

## 표 6-28 과제의 발굴과 선정작업

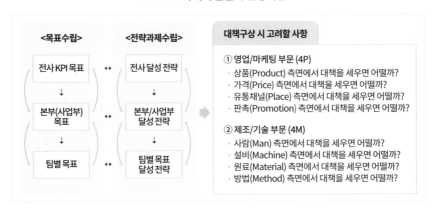

## 표 6-29 대책의 구상과 과제 발굴 사례 ① (영업부문 작성 사례)

| 과제구상 Point | 전략과제(전략목표 달성용) | 후보과제 | 실행과제 |
|---|---|---|---|
| Price (가격) | 대리점 경로 가격 인상을 통한 매출이익 증대 | ○… …<br>○… …<br>○… …<br>○… …<br>○… …<br>○… … | A지역 대리점 가격 인상을 통한 매출이익 증대<br><br>B지역 대리점 가격 인상을 통한 매출이익 증대 |
| Place (유통) | 백화점 경로 개설을 통한 매출 확대 | ○… …<br>○… …<br>○… … | 00백화점 입점 확대를 통한 매출 확대 |
| | 프랜차이즈 경로 개척을 통한 매출 신장 | ○… …<br>○… … | 외식 채널 개척을 통한 매출 확대 |
| | 대리점 경로 개척을 통한 00상품 매출 증대 | ○… …<br>○… …<br>○… …<br>○… … | A지역 대리점 개척을 통해 매출 확대 |
| Promotion (판촉) | 브랜드 홍보를 통한 이미지 향상 | ○… …<br>○… …<br>○… …<br>○… … | 홈쇼핑 입점을 통한 이미지 확산 |
| Product (제품) | 00관련 신상품 조기 진입을 통한 신규매출 확대 | ○… …<br>○… …<br>○… …<br>○… …<br>○… …<br>○… … | 00대리점 △△납품을 통한 매출 확대<br>△△유통점 00상품 납품을 통한 매출 확대 |

표 6-30 **대책의 구상과 과제 발굴 사례 ② (공장부문 작성 사례)**

| 과제구상<br>Point | 전략과제 – 일의 큰 방향 | 후보과제 | 실행과제 |
|---|---|---|---|
| Man<br>(사람) | 기술 인력 숙련도 향상을 통한<br>고장율 감소 | ○… …<br>○… …<br>○… … | 00공정 인력 숙련도 향상을<br>통한 고장률 감소 |
| Material<br>(재료) | 구매선 다양화를 통한 자재 단가 개선 | ○… …<br>○… …<br>○… … | 00원료 구매 이원화를<br>통한 자재단가 개선 |
| Method<br>(방법) | 열처리 공정 개선을 통한 수율향상 | ○… …<br>○… …<br>○… … | A라인 살균 공정 개선을<br>통한 수율 향상 |
| | 투입 방법 간소화를 통한 가동률 향상 | ○… …<br>○… …<br>○… … | B원료 투입 방법 간소화를<br>통한 가동률 향상 |
| | 00컨베어 단축을 통한 생산 리드타임<br>개선 | ○… …<br>○… …<br>○… … | 00공정 컨베어 단축 운영을<br>통한 리드타임 개선 |
| Machine<br>(설비) | 자동화를 통한 생산 성능 향상 | ○… …<br>○… …<br>○… … | 프레스기 신규 도입을 통한<br>생산성능 향상 |
| | 정기 보전시간 연장을 통한 에러 공정<br>해소 | ○… …<br>○… …<br>○… … | A, B급 설비 정기 보전 확대<br>를 통한 에러 공정 해소 |

### 후보과제 도출과 실행과제 선정 방식

도출된 후보과제를 무분별하게 선정하면 달성해야 할 목표에 기여하지 못하거나 성과에 영향력을 끼치지 못하므로 개인이나 단위 조직의 노력이나 재원을 낭비하는 경우가 많다. 따라서 과제수행의 난이도나 파급효과, 경영성과 기여도 등의 상관관계를 고려하여 후보과제를 S, A, B, C 등급으로 평가하여 최종 선정한다. 또한 과제를 등급화함으로써 담당자나 조직의 역량에 따라 적정한 업무 배분을 할 수 있을 뿐 아니라 효과적인 성과획득으로 이어질 수 있도록 함이 중요하다.

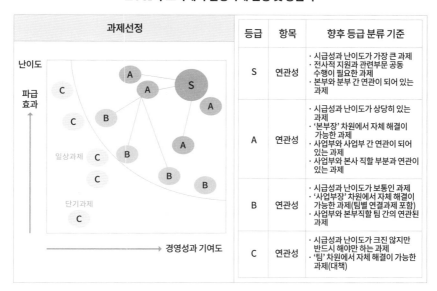

표 6-31 **후보과제의 실행과제 선정 및 등급화**

| 과제선정 | | 등급 | 항목 | 향후 등급 분류 기준 |
|---|---|---|---|---|
| | | S | 연관성 | · 시급성과 난이도가 가장 큰 과제<br>· 전사적 지원과 관련부문 공동 수행이 필요한 과제<br>· 본부와 분부 간 연관이 되어 있는 과제 |
| | | A | 연관성 | · 시급성과 난이도가 상당히 있는 과제<br>· '본부장' 차원에서 자체 해결이 가능한 과제<br>· 사업부와 사업부 간 연관이 되어 있는 과제<br>· 사업부와 본사 직할 부분과 연관이 있는 과제 |
| | | B | 연관성 | · 시급성과 난이도가 보통인 과제<br>· '사업부장' 차원에서 자체 해결이 가능한 과제(팀별 연결과제 포함)<br>· 사업부와 본부직할 팀 간의 연관된 과제 |
| | | C | 연관성 | · 시급성과 난이도가 크진 않지만 반드시 해야만 하는 과제<br>· '팀' 차원에서 자체 해결이 가능한 과제(대책) |

## (3) 구성원별 과제 배분과 실행을 위한 과제 Tree 만들기

전략과제는 대부분 목표달성을 위해 전사적이나 본부 또는 팀 단위의 조직들이 대책이 될 수 있다고 생각하는 큰 방향의 큰 덩어리의 대과제들이 일반적이다. 그러나 이러한 대과제들은 현업에서 개별 구성원이나 단위 조직별로 바로 과제실행으로 들어가면 진척시키기가 매우 어려워진다. 큰 덩어리의 과제를 실행하려고 들어가 보면 문제와 원인 발굴에서부터 대책의 실행까지 상당한 요인들이 얽혀있거나 연결되어 있어, 결국 한 가지씩 해결하지 않으면 과제는 한 발짝도 실행되지 못하고 제자리에 맴돌게 되기 때문이다. 그렇게 되면 변화를 시도하겠다는 의욕은 자기보다 남의 영향권 안에 있는 요인으로 인해 벽에 부딪히고 이내 추진 동력을 잃는 경우를 흔히 볼 수 있다.

따라서 과제 역시 실행 전에 과제답게 다듬고 표준화한 후 과제 Tree를 사전에 만들어놓아야 군더더기 없이 실행에 집중할 수 있다.

즉, 과제는

① 앞서 만든 목표 KPI Tree와 정렬시켜서 어떤 목표를 달성하는 데 기여하는지를 분명히 하고

② 누가 과제의 주인이 되어 과제해결을 할 것인가 등을 분명히 하기 위해서 과제의 틀을 만든다.

좋은 과제 Tree가 만들어져서 실행에 집중하고 성과를 내려면 다음과 같은 절차를 밟는 것이 아주 중요하다.

### 첫째, 과제의 성격을 명확히 한다

후보과제 도출 시부터 과제의 명칭을 '~을 통한 ~개선(향상)'과 같은 형식으로 기술하여 과제 추진의 수단과 예상되는 목적을 분명히 한다.

(예) △△ 마트 매출 확대 방안

ㄴ, △△ 마트 진열도 개선을 통한 1,000만 원 일매출 달성

### 둘째, 과제의 인과관계를 분석하여 세분화한다(과제 Tree화)

전략과제(대과제)의 내용과 인과관계가 이루어질 수 있는 연관성을 갖추도록 한다.

(예) 〈영업부문〉 대리점 활성화를 통한 매출 향상

ㄴ, A 대리점 활성화를 통한 매출 향상 (○)

└→ B 대리점 활성화를 통한 매출 향상 (○)

└→ 신규 대리점 개설을 통한 매출 향상 (×)

(예) 〈공장부문〉 ○○ 라인 비가동 시간 개선을 통한 가동률 향상

└→ A 설비 수리를 통한 비가동 시간 -% 단축 (○)

└→ B 설비 청소시간 단축을 통한 비가동 시간 -% 단축 (○)

└→ 신규 설비 도입을 통한 가동률 향상 (×)


실행과제를 세분화해야 하는 이유는 가능한 한 할 일을 작게 세분화하여 조직별, 개인별로 할 일을 분명히 하고 배분함으로써 전 구성원이 일상적인 변화와 업무개선에 참여할 수 있기 때문이다. 과제 세분화의 이유를 좀 더 구체화하면 다음과 같다.


① 과제가 크면 실행력이 떨어진다. 그 이유는,

- 자신이 할 일과 남이 해야 할 일이 복합되어 있어서 결국 주인 없는 배가 될 가능성이 커진다.

- 과제 추진기간이 오래 걸리고 시급한 일반 잡무에 밀려 결국 중도에 추진을 포기하게 된다.


② 반면, 과제를 작게 세분화하면 실행력이 커진다. 그 이유는,

- 작은 과제를 내가 할 수 있는 것부터 빠르게 완수함으로써 성공 확률이 높아진다.

- 개인 단위로 세분화하면 과제실행의 진척 상황을 그때그때 기록하여 일상 변화와 개선 조직으로 변할 수 있다.

- 작은 과제를 많이 완수해 봄으로 자신감과 성취 만족도를 높인다.

이렇게 됨으로써,

- 개인의 업무수행능력을 극대화시키고 조직 내 비효율이 발을 붙이지 못하게 되어 기업은 항상 기본 수익의 원천을 확보한다.
- 지속개선과 일상변화 역량을 갖춘 조직은 결국 지속성장을 담보할 수 있게 된다.

이것은 결국 글로벌 일류기업들이 필수적으로 갖추고 있는 '디테일 경영' 체질을 우리도 확보할 수 있다는 것을 의미한다. 일개 개인은 물론 어떤 조직도, 크고 성과만 나는 일을 해내는 것만으로는 성공하기 어렵기 때문이다.

### 셋째, 과제를 균등하게 배분한다

구성원 개인마다 일상 할 일이 명확해지고 과제 실천이 CEO, 본부장 사업부 및 팀장, 조직의 최소 단위인 개인 구성원까지 과제 배분이 이루어지므로 결국 위임에 의한 자율경영이 가능해지는 기업문화를 만들어갈 수 있다.


## (4) 계층별 과제 발굴과 실행지도(코칭)

과제수행은 어쩌다 일정을 정해서 생각나면 하는 형태의 특별한 업무가 되어서는 안 된다. 일과의 한 부분으로써 일상적으로 추진할 수 있도록 시스템 내에 체계화하는 게 중요하다. 그러기 위해서는 모든 대책을 '즉실행'과 '과제수행'이라는 두 가지 영역으로 구분하여 실행에 집중하는 체질을 만드는 것이다.

CEO, 본부장이라고 하여 하위자들의 보고만 받아서는 안 된다. 모든 구성원은 자기의 위상에 맞는 일을 짜임새 있게 계획하고 실행하는 것으로부터 우량회사의 핵심역량을 갖추는 지름길을 걷게 된다. 따라서 CEO를 비롯한 각 계층의 모든 리더에게는 자기의 위치에 맞는 전략 체계도에 의한 명확한 목표를 수립하고, 이를 달성할 수 있는 대책 수립과 제대로 된 과제 선정을 위한 지도와 코칭이 중요하다. 흔히 과제 추진을 지도하다 보면 말과 행동을 통해 '즉실행'으로 해결할 수 있는 일도 과제화로 진행시키는 일을 자주 보게 된다. 따라서 과제를 과제다운 것으로 선정해내는 능력도 결국 꾸준한 학습과 상위자의 열정적인 리더십으로부터 나온다.

**표 6-32 계층별 업무 영역 안의 과제발굴, 선정, 실행지도를 위한 과제 Tree화**

## (5) 과제 전환과 실행관리를 위한 과제 등록

일반적으로 대책을 구상하는 일은 목표와 실행의 격차에서 발생하는 장애 요인, 즉 문제를 발견하는 데서부터 시작된다. 이 문제점은 개인과 조직의 업무수행능력 정도에 따라, 쉽게 해결될 수 있는 것은 바로 행동으로 연결하여 해결되는데 필자는 이것을 '즉실행'이라고 부른다. 이 '즉실행'은 문제의 원인과 해결점을 개인적인 전문지식이나 경험의 범주 안에서 직관적으로 해결할 수 있어서 바로바로 행동으로 옮길 수 있다. 사실 웬만한 일상의 일은 이 말과 행동으로 즉시 실행되고 해결할 수 있어서 웬만큼 게으른 것이 아니라면 그때그때 문제는 해소되고 있는 것이다.

그러나 이 '즉실행'할 일도 너무 많아지거나 자기 능력 범위를 벗어날 때는 작은 문제가 쌓여서 실타래처럼 풀어내기 어렵게 되어 만성적인 장애 요인으로 남게 된다. 또 처음부터 문제의 크기가 크고 해결점이 광범위한 영역으로 인과관계가 연결되어 있을 때는 단순한 '즉실행' 활동만으로는 문제해결이 어려울 뿐 아니라 오랜 시간이 소요되어 목표달성에 큰 장애 요인이 될 수 있는데 이런 경우에는 '과제화'로 문제를 돌파하는 것이 효율적이다.

따라서 어떤 대책이 구상되는 대로 그것이 '즉실행'으로든, 과제성 업무로든 행동으로 빠르게 전환시켜 실행에 집중하도록 함이 일을 잘하느냐 못하느냐의 갈림길이 된다고 볼 수 있다. 때문에 개인은 물론 상위자는 일상에서 발생하는 수많은 대책을 '대책구상'에 머무르지 말고 '즉실행', 아니면 과제로 전환시켜 등록하는 일부터 실행의 첫걸음이 되도록 해야 한다. 과제는 해결 과정에 장시간이 소요될 뿐만 아니라 문제해결에 예산과 인력의 집중 투하가 필요하므로 사전에 과제를 등록하고 수행주체, 소요기간, 수행방법, 과제승인 등의 절차를 준비하도록 한다.

표 6-33 **과제등록 Sheet (예)**

| 지표(KPI)<br>정보 | · 지표명 | | |
|---|---|---|---|
| | · 목표 | | |
| | · BSC관점 | 재무(    ) 고객(    ) 프로세스(    ) 학습과 성장(    ) | |
| 전략과제<br>(대전략) | 전략과제명 | 과제번호: | |
| | 구상<br>포인트 | 4P | Product(    ), Price(    ), Place(    ), Promotion(    ) |
| | | 4M | Man(    ), Machine(    ), Material(    ), Method(    ) |
| | | 기타 | |
| 과제<br>추진<br>계획 | 실행과제명 | 과제번호: | |
| | 중요도 등급구분 | S(    ), A(    ), B(    ), C(    ) | |
| | 과제 분류 | 일반과제:(    ) TFT과제:(    )<br>실행과제:(    ) 수명과제:(    ) | |
| | 추진부서명 | 본부        사업부        팀 | |
| | 진행자 | 담당자<br>상위자 | Projecter Owner:<br>Process Owner: |
| | 예상<br>효과 | 유형효과 | ·실기간 효과:        연간효과: |
| | | 무형효과 | |
| | 추진일정 | | 계획일정 | 실행일정 | 진척률 |

| | 추진일정 | 현상파악<br>원인분석<br>대책수립<br>현장적용<br>효과파악<br>(사후관리) | 년 월 일~ 년 월<br>〃<br>〃<br>〃<br>〃 | 년 월 일~ 년 월 일 | % |
|---|---|---|---|---|---|
| 승인 및<br>등록 | 승인/등록<br>승인자: | 요청부서 | 년 월 일 | 승인/등록<br>승인자: | 년 월 일 |

● ● ●

**CHAPTER 6**

# 과제개선 5단계 프로세스의
# 운영 역량 갖추기

## (1) 문제해결 및 과제개선 역량 확보의 필요성

문제해결을 위해 과제로 등록한다는 것은 한 마디로 '즉실행'과 같은 방법으로 쉽게 해결할 수 없음을 의미한다. 과제는 지금까지 터득한 바 있는 전문적 경험이나 직관적 방법만으로는 해결할 수 없는 어려운 요소를 포함하고 있기 때문이다. 따라서 이 경우에는 논리적이며 객관적인 방법으로 그 장애 원인을 발굴하고 최적의 해결책을 찾아내어 시간이 걸려서라도 순서와 절차를 밟아 개선하는 또 다른 길을 선택해야 한다. 그렇게 함으로써 불확실한 방법으로 '즉실행'에만 의존하여 발생하는 시행착오와 자원의 낭비를 피할 수 있으며 사업의 진로를 가로막고 있는 구조적인 장애 요인을 들어내 버림으로써 변화와 혁신을 이끌어낼 수 있는 것이다.

대부분의 조직에서는 '즉실행'만으로 해결이 되는 듯싶다가도 똑같은 문제가 재발하거나 완전히 장애 요소를 제거하지 못하여 예전의 상태로 되돌아감으로써 한 발짝도 새롭게 개선하거나 변화의 단계로 진입하지 못하는 조직이 많다. 그래서 앞서가는 우량기업들은 과제 발굴과 개선 역량을 확보하기 위해 남다른 열정과 투자를 아끼지 않는다. 즉 앞장에서 거론한 바 있는 일본의 도요타 자동차는 근 80여 년을 거쳐 '도요타 생산방식(TPS; Toyota Production System)'을 체질화하여 끊임없는 문제 개선과 변화 역량을 발휘하고 있다.

또 미국의 GE는 1995년 잭 웰치 전임회장의 주도로 '6시그마 품질경영' 체계를 도입하여 GE의 고유한 혁신 운동으로 결합하여 시너지효과를 이끌어낸 것으로 유명하다. '6시그마 경영'의 가장 큰 특징은 앞에서도 한 차례 이야기한 바와 같이 회사 내 전 부문에서 불량(낭비) 요인을 근본적으로 제거하는 데 있다. 비교적 회사 연륜이 30여 년에 불과한 e-commerce 기업인 미국의 아마존(Amazon)도 '피자 두 판'이라는 애자일 조직(소집단 활동)들의 업무개선 활동에 이 6시그마 개선기법이라든가 도요타의 5 Why(다섯 번 왜를 반문하여 근본 원인을 찾아냄) 기법을 활용하고 있다.

또 국내의 삼성을 비롯한 유수의 많은 기업들도 이 도요타 생산방식이나 6시그마 경영기법을 배우고 체질화하여 글로벌 기업으로의 역량을 확보하는 데 많은 노력을 기울이고 있다. 즉, 글로벌 일류기업이 된다는 것은 업무수행에 있어 잠재된 모든 불량과 오류를 문제로 보고 전 조직구성원이 이 문제를 개선하여 결국 경영성과(효과)로 전환하는 일에 총력을 기울이는 조직이 됨을 의미한다. 이러한 기업들은 모든 구성원이 대책을 대책으로 남겨두지 않고 '즉실행'과 '과제개선'이라는 방법으로 실행에 집중하게 한다. 특히나 어려운 문제를 풀어가는 과제개선 역량을 갖추게 하기 위해서는 객관화, 과학화, 논리적인 문제해결 기법을 습득하게 하고 끊임없는 반복 숙달이 되도록 하여 전문가 집단을 만들어가고 있는 것이다.

따라서 본 플랫폼 경영시스템에서도 글로벌 일류기업들이 과제개선에 활용하고 있는 보편적인 방법인 5단계 과제개선기법을 탑재했다. 이렇게 함으로써 평소 업무수행 중에서도 문제를 발굴하고 근본 원인을 도출하여 핵심 본질에 접근하여 제대로 된 해결점을 찾아내는 과제개선 능력을 평소에 갖출 수 있도록 했다. 아직 역량이 부족한 기업에서는 과제개선 활동을 어느 전문가나 특정 부서에 맡겨 별도조직으로 운영하기도 한다. 그러나 이 상태로는 기업 내 전 조직에 걸쳐 만연된 불합리와 낭비의 거품을 상시 제거하기에는 역부족이다. 따라서 모든 구성원들이 평소 일하는 과정에서 수시로 즉실행할 것은 바로바로 실행에 옮기고, 그렇지 못한 것은 스스로 과제화하여 시간이 걸리더라도 깊이 있게 해결하고야 마는 변화의 조직체로 전환하게 하는 일이 무엇보다 시급하다. 여기에 과제개선 전문가의 역량을 갖추기 위한 노력이 필요한 것이다.

## (2) 개선의 일상화를 통한 기업 경영혁신

문제해결이 결코 쉽지 않은 선택된 과제들을 개선하기 위해서는 전문개선 방법들을 습득하고 업무에 활용하는 일이 지름길이다.

일반적으로 국내에서는 1970년대 이후 산업화가 본격화됨에 따라 산업현장의 품질관리 수준을 올리기 위해 QC(quality control, 품질관리) 개선 활동과 통계적 품질관리 기법 등이 광범위하게 전파되어 데이터에 의한 객관적인 품질관리 활동이 확대되는 계기가 된 바 있다. 또 일본의 자동차 기업 '도요타'가 글로벌 일류기업으로 변신하는 데는 현장의 QC 소집단 활동을 통한 즉실행 개선과 과제개선 5단계 활동을 주축으로 일상변화 역량을 갖추게 됨에 따라 국내 기업들의 벤치마킹 대상이 되어왔다. 2000년대 전, 후반부터 대기업을 중심으로 GE의 6시그마 경영품질 개선기법이 소개되어 통계적 방법을 활용한 객관적인 전문적 개선을 통해 부가가치 있는 경영의 품질을 확보케 함으로써 궁극적으로는 고객 만족경영을 뒷받침하는 경영혁신 기법으로 영향을 주었다. 지금도 여전히 이 두 부류의 개선기법은 기업의 현장개선은 물론 전체 경영의 질적 수준을 올리는 체질 개선 방법으로 널리 자리 잡고 있다.

'도요타'는 모든 일에는 수익을 좀먹는 '7대 낭비 요인'이 있다고 보았다.


① 과잉 생산의 낭비
② 대기의 낭비
③ 운반의 낭비
④ 가공 그 자체의 낭비
⑤ 재고의 낭비
⑥ 동작의 낭비
⑦ 불량을 만드는 낭비


도요타는 기업 내에 존재하는 위와 같은 요인을 발붙이지 못하도록 다음과 같은 실행과 시스템적 대응을 지속하고 있다.


첫째, 현장은 소집단 개선 활동과 과제개선 5단계 활동을 통해 개선의 일상화 조직으로 변모시킨다.

둘째, 'JIT'와 '자동화'라는 두 가지의 일하는 방식으로 체질화하여 도요타 생산방식 TPS로 시스템화시킨다. 여기서 JIT와 자동화의 의미는 다음과 같다.

- JIT(Just In Time) : 필요한 제품을 필요한 시점에 필요한 양만큼 생산하는 간판방식 자동화와 함께 도요타 생산방식의 축을 이룬다.
- 자동화(自働化) : 라인스톱 공정 중에 이상이 발생하면 바로 세우고 알 수 있게 하는 구축 방식을 의미한다.

결국 도요타는 이 TPS 방식이 극한 원가와 품질 구현을 통해 글로벌 1위 기업에 오를 수 있는 핵심역량이 되었다고 평가한다.

한편, GE가 추진한 6시그마 경영 품질개선 활동은 회사 내 전 부문에서 불량을 발생시키는 원인을 근본적으로 제거하기 위한 활동으로 전개했다. GE는 일하는 모든 프로세스에는 경영의 품질을 떨어뜨림으로써 발생하는 비용, 즉 경영품질비용 COPQ(Cost of Poor Quality)가 존재한다고 보았다. 이 경영품질비용은 측정 가능한 비용(매출액의 4~5%)과 측정이 어려운 비용(매출액의 25~35% 존재)으로 나눌 수 있는데 대부분의 기업들은 눈에 보이는(측정 가능한) 비용 개선에만 관심을 쏟는다. 그러나 이 부문은 모두 개선하더라도 개선 효과는 적은 부분일 뿐이므로 궁극적으로는 눈에 보이지 않는(측정이 어려운) 비용까지를 개선하여 수익으로 전환하는 것을 초점으로 삼는다. 따라서 GE의 6시그마 경영개선 활동은 다음과 같은 과정을 통해 초일류기업으로 도약했다고 그 본질을 평할 수 있다.

- 모든 프로세스를 정량적 객관적 평가를 통해 업무처리 수준을 $6\sigma$수준(불량률 3.4ppm, 무결점 수준)으로 수행
- 숨어있는 경영품질비용(COPQ)을 수익으로 전환하여 경영수익구조를 항상 우량화

－ 이 과정을 통해 궁극적으로는 구성원의 일하는 자세를 변화시키고 기업의 수익 원천인 고객품질을 만족시키는 기업문화 조성

## (3) 도요타와 GE의 경영품질 개선기법의 벤치마킹

도요타의 개선활동의 요체는 뭐니 뭐니 해도 현장의 일하는 사람들을 10명 내의 소집단으로 조직화하여, 각 일하는 현장의 표준을 유지하는 과정에 끊임없는 불합리와 불량을 발굴하여 즉시 개선하는 '즉개선' 활동. 그리고 큰 장애요인을 과제화하여 개선하는 과제개선 활동이 핵심이라고 할 수 있다. 그중에서 과제개선은 QC 개선기법에 기반을 둔 5단계 문제해결 개선 절차를 활용하고 있다. 그것은 다음과 같이 5단계로 논리화, 객관화하는 방법이다.

| 현상파악 | 원인분석 | 대책수업 | 현장개선 | 효과파악 및 사후관리 |

한편 GE의 6시그마 개선기법도 크게 5단계로 나누어 DMAIC과정으로 개선과정을 절차화하여 개선한다. DMAIC 기법은 개선 대상이 될 프로세스 또는 프로젝트를 정의하여 고객의 요구를 확실히 정의한 후 측정과 분석을 통해 문제점을 도출해낸 다음 해결방법을 찾아내고 개선한다. 그런 다음 그 개선점이 현업 업무에 잘 정착되어 개선상태를 유지할 수 있도록 하게 하는 것이 핵심이다.

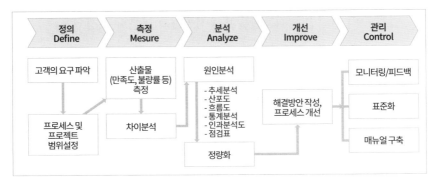

표 6-34 **6시그마 경영의 DMAIC 운영 절차**

## (4) 논리화, 객관화 능력 확보를 위한 5단계 개선스킬의 설계

어려운 문제를 과제화하여 해결해나가기 위해서는 논리적인 흐름과 통계와 같은 과학적인 접근을 통해 객관화 능력을 갖추도록 해야 한다. 똑같은 경쟁 상황에서 어떤 기업의 구성원들이 더 빨리, 더 정확하게 문제의 본질을 파악하고 많은 장애 요인을 해결해 낼 수 있는 능력을 갖추었는가에 따라 결국 성패가 좌우된다고도 할 수 있기 때문이다.

본 플랫폼 경영시스템에서는 기업의 전 구성원이 과제개선 역량을 높이기 위해 글로벌 일류기업인 도요타와 미국의 GE에서 활용하고 있는 과제개선기법을 벤치마킹하여 시스템에 탑재했다. 도요타의 과제개선방법과 GE의 6시그마의 개선방법을 비교해보면 5단계 논리화구조는 거의 비슷하다. 그러나 단계별로 상세화하는 과정과 통계를 이용하여 객관화하는 방법에서는 상당한 차이가 있다.

도요타의 개선 활동은 현장의 공정에서 보통 수준의 작업원들과 일선 관리자 수준에서 쉽게 사용할 수 있도록 기초적인 통계기법(QC 7가지 도구 등)의 사용을 권장하고 있다. 이에 반해 GE의 6시그마 개선 방법은 전문가 수준의 통계 기법(통계 소프트 'minitab')을 이용하는데, 이는 가급적 데이터에 의한 과학적 검증을 통해 시행착오를 줄이고 빠른 기간 내에 최적화 결론에 도달하고자 하는 의도가 크다고 볼 수 있다. 그런데 필자의 경험으로 볼 때 기업 내 구성원들이 보통 수준의 업무수행을 위해서는 통계적 객관화 방법의 숙달보다는 논리적인 구조화 능력을 먼저 갖추는 것이 필요하다는 것을 절감했다. 즉, 일하는데 앞뒤가 맞지 않으며 인과관계를 규명하여 가장 좋은 결론을 도출하는 논리적 방법이 서툴다는 것이다. 그러다 보니 일은 잘하면서도 논리적으로 정리하고 표현, 전달하지 못하여 업무 역량을 제대로 발휘하지 못하거나 성과를 인정받지 못하는 경우도 많이 보았다. 따라서 본 플랫폼 경영시스템 내에 탑재한 과제개선 프로세스는 다음과 같은 기준으로 재구성하여 어느 업무나 공통적으로 쉽게 활용할 수 있도록 했다.

### • 사용 1단계

논리화 정도를 요하는 일반적인 과제는 도요타식 5단계 과제개선 프로세스와 15가지 상세 절차를 통해 숙달한다.

### • 사용 2단계

과학적 객관화가 필요한 과제도 일차적으로는 기초 수준의 통계를 학습하는 수준으로도 가능하도록 한다.

### • 사용 3단계

보다 전문가적인 통계가 필요한 과제는 GE의 6시그마적 객관화 방법도 접목할 수 있도록 갖추어 놓았다.

## 표 6-35 **플랫폼 내 탑재한 과제개선 5단계 프로세스 설계안**

## (5) 플랫폼 내에 탑재된 과제개선 5단계 프로세스의 기능

본 플랫폼 경영시스템 내 탑재된 과제개선 5단계 프로세스를 좀 더 상세화시키면 다음의 〈표 6-36〉과 같다.

표 6-36 **과제개선 5단계 프로세스 및 객관화 절차와 도구**

| ① 5단계 논리화 프로세스 | | 1단계 현상파악 | 2단계 원인분석 | 3단계 대책수립 및 준비 | 4단계 개선 및 현장 적용 | 5단계 효과파악 및 사후관리 |
|---|---|---|---|---|---|---|
| 15가지 상세화 절차 | | ①현장 조사<br>과제의 현재 상태를 차수별로 조사한다 | ④원인 도출<br>문제점을 발생시키는 잠재원인을 모두 도출한다 | ⑦대책 수립<br>근본 원인에 대한 개선아이디어를 도출한다 | ⑩예비 실행<br>개선안의 전면 실행을 위한 사전 예비 실행을 실시한다 | ⑬개선성과비교<br>개선 전과 후의 변화상태 비교 |
| | | ②잠재문제점도출<br>조사된 현황을 근거로 문제점을 도출한다 | ⑤중요잠재원인선정<br>도출된 원인 중 중요원인을 선정한다 | ⑧대책 선정<br>개선 아이디어 중 최적안을 선정한다 | ⑪예비실행보완<br>예비 실행 기간에 발생되는 문제 보강 | ⑭효과 파악<br>개선안의 효과를 확인, 검증 |
| | | ③핵심문제선정<br>도출된 문제점 중 개선해야할 핵심 문제점을 선정한다 | ⑥근본원인선정<br>선정된 중요원인의 근본원인을 도출한다 | ⑨실행계획 수립<br>선정된 최적안의 실행을 위한 계획을 수립한다 | ⑫본격 실행<br>개선된 방안으로 실무에 본격 적용한다 | ⑮사후 관리<br>개선안의 지속적 수행을 위한 교육 및 표준화 |
| ②단계 객관화 도구 | | ↓ | ↓ | ↓ | ↓ | ↓ |
| 기초적 통계기법 | 층별 | ○ | ○ | ○ | ○ | ○ |
| | 체크시트 | ○ | ○ | | | ○ |
| | 특성요인도 | ○ | ○ | ○ | ○ | |
| | 파레토도 | ○ | ○ | | | ○ |
| | 산점도 | | ○ | | | |
| | 히스토그램 | ○ | ○ | | | ○ |
| | 관리도 | ○ | ○ | | | ○ |
| | 그래프 | ○ | ○ | ○ | ○ | ○ |
| | Process Map | | ○ | ○ | ○ | |
| | XY Matrix | | ○ | | | |
| | 5 why | | ○ | | | |
| ③단계 객관화 도구 | | 6시그마 관리에 필요한 통계 소프트(Mini tab) 연결 사용 | | | | |

## (6) 과제개선 5단계 프로세스를 통한 구성원 변화 역량과 기업 경쟁력

필자는 회사의 업무를 말과 행동으로만 하는 '즉실행' 위주의 기업과 즉실행과 동시에 극히 어려운 문제를 과제화하여 끝까지 해결해내고야 마는 조직은 결국 어떤 모습으로 차이가 날지 가늠해 보았다. 전 조직구성원이 '과제개선 역량'을 갖춘다는 것은 다른 기업과는 확실히 차별화된 핵심역량을 키워준다. 특히 기업의 생존 경쟁력을 확보하고 우량화 구조를 갖추는 데 크게 두 가지 차별화를 가져온다.

첫째, 조직구성원의 끊이지 않는 업무개선과 혁신역량을 갖출 수 있도록 해준다. 즉, 과제화 개선을 함으로써

① 구성원의 지식을 암묵지 상태에서 형식지화 함으로써 눈으로 보고 과정 관리를 할 수 있게 한다. 말과 행동으로만 할 때는 그 과정의 지식이 흔적 없이 사라진다. 그러나 과제화로 기록된 경험과 기술은 지식화되어 기업의 자산으로 쌓여서 오랫동안 계승될 수 있다.
② 논리화, 객관화로 투명화함으로써 쓸데없는 일은 배제되고 반드시 해야 할 일에만 초점을 맞추고 집중할 수 있게 한다. 논리화·객관화를 한다는 것은 일의 현장에서 쓸데없는 것을 정리, 정돈하는 일과도 비슷하다. 업무 현장에서 정리, 정돈만 잘하여도 수많은 인력과 낭비를 제거하고 생산성을 높여주는 효과를 주기 때문이다.
③ 과제화로 핵심업무의 과정 관리 및 진행이 투명해짐으로써 전 조직 간, 계층간 소통과 일의 시너지가 확대된다. 즉, 전 구성원의 생각, 행동, 자원의 정열이 가능해짐으로써 전 조직의 힘과 역량, 자원 배분의

균등화, 그리고 최적화가 이루어질 수 있기 때문이다.

둘째, 이같이 확보된 구성원 전체의 지속적인 변화 역량은 조직의 부문을 개선하고 결국 전사 최적화를 가능케 함으로써 지속적인 우량기업 구조를 만들 수 있게 한다. 즉, 논리화·객관화 능력은 일상 업무수행 시 핵심 본질에 집중시킬 수 있으므로 일을 하되 성과(효과)를 내는 집단으로 변모시키기 때문이다. 이는 GE가 6시그마 경영을 체질화시킴으로써 모든 업무수행 결과를 무결점수준(6σ)으로 지향하고 낭비를 수익으로 전환하겠다는 목적과 도요타가 기업 활동에 만연된 '7대 낭비'를 일상으로 제거하여 부가가치 있는 조직을 만들어감으로써 초일류 경쟁력을 확보하겠다는 의지와 사실상 동일한 의미라 할 수 있다.

**표 6-37 과제개선 5단계 프로세스를 통한 GE와 도요타의 지향점**

**업무개선 능력 올리기의 역할 수행** ➡ **1만 시간의 법칙** **끊임없는 반복 숙달만이 천재를 만든다**

업무 수행에 거품이 제거된 핵심 본질에 접근하여 성과를 극대화시킴(5단계 프로세스 체질화)
일을 하되 얼마나 성과(효과)를 내느냐에 집중할 수 있도록 능력을 육성시킴 ➡ **과제개선 스킬교육 병행**

| 6 시 그 마 경 영 | **문제(낭비)를 발굴하는 능력**<br>논리화 → 객관화 → 성과도출<br>└ 성취도(만족도)↑ | **시그마 수준** | **명중률** | **백만개당 실패갯수** | **생산성 차이** | **경영품질 비율** | **경영수준 평가** |
|---|---|---|---|---|---|---|---|
| | | 6σ | 99.99966(%) | 3.4(개) | 68.5(배) | 매출액의 1% 이하 | 초우량기업 |
| | | 5σ | 99.98(%) | 233(개) | 26.7(배) | 매출액의 5~15% | 우량기업 |
| | | 4σ | 99.38(%) | 6,210(개) | 10.8(배) | 매출액의 15~25% | 산업평균수준 |
| | | 3σ | 93.32(%) | 66,811(개) | 4.8(배) | 매출액의 25~40% | 저성과기업 |
| | | 2σ | 69.12(%) | 308,537(개) | | | 경쟁력이 없는 회사 |

*1시그마 수준씩 향상될 때마다 순수익이 10% 증가한다.

**GE 6시그마 경영** **'Hidden Factory' 찾고 개선하기**

- 업무의 불량과 오류를 발생시키는 관행 잠재
  └ 결함을 발견, 감시, 분석, 시정하는 데 엄청난 경영품질 비용이 든다.

**도요타** **7대 낭비 찾고 개선하기**

움직일 動(동) ➡ '사람인변' 動(働)
단순한 움직임    부가가치가 있는 움직임

**CHAPTER 7**

## 과제개선 5단계 프로세스의
## 실행방법

### (1) 제1단계 : 현상파악

현상파악 과정은 선정된 과제의 현재 상태나 수준을 확인하기 위하여 조사활동을 실시하는 일부터 시작한다. 이를 통해 사실에 입각한 문제점을 도출하며 그중에서도 가장 큰 장애 요인이 될 것으로 보이는 핵심 문제점을 선정하는 데 초점을 맞춘다. 이렇게 함으로써 과제의 개선 범위가 분명해진다.

> **논리화 절차**

#### ① 현상조사실시

현상조사는 현재와 목표와의 차이를 확인하고 그 차이점을 분석하는 데서부터 출발한다. 이렇게 함으로써 과제추진 목적과 연관성 있는 조사에 집중할 수 있다.

 - 조사 대상을 정한 후 누가 어떤 방법으로 하는 것이 효율적인가를 사

전 검토하는 것이 중요하다.

- 문제점은 중요도에 대한 선입관을 갖지 않고 가능한 한 많이 도출할
수록 효과적이다.


## ② 조사내용의 요약 및 잠재문제 도출

- 조사된 내용은 차수별로 요약 정리한다.

- 각 현상마다 잠재적 문제점을 도출한다.


## ③ 핵심 문제의 규명과 중요도 산정

- 도출된 잠재문제 중에서 가장 큰 영향을 미친다고 예상되는 핵심문제
점을 선정한다.


| 객관화에 도움을 주는 기초도구들(Skill) |
| --- |

과거의 상태가 어떠한가를 확인하는 데 자주 활용하는 도구들

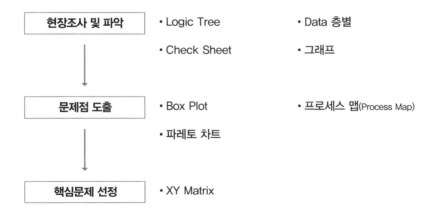

| 현장조사 및 파악 | • Logic Tree | • Data 층별 |
| | • Check Sheet | • 그래프 |
| ↓ | | |
| 문제점 도출 | • Box Plot | • 프로세스 맵(Process Map) |
| | • 파레토 차트 | |
| ↓ | | |
| 핵심문제 선정 | • XY Matrix | |

표 6-38 **현상파악과 핵심문제의 도출 Sheet (예)**

| 5단계 프로세스 | 현상파악 | | 원인분석 | 대책수립 | 개선 및 적용 | 효과파악(사후관리) |
|---|---|---|---|---|---|---|
| 현상조사<br>문제발굴 | 차수 | 조사일자 | 조사자 | 조사항목 | 현상내용 | 잠재문제점 발굴 |
| | | | | | | |
| 핵심문제 및<br>중요도 선정 | 도출된 잠재 문제 요약 | | 중요도<br>(영향도%) | 누적도<br>(%) | 핵심문제 선정<br>(우선순위화) | 비고 |
| | 순서 | | | | | |
| | 1<br>2<br>3 | | | | | <첨부파일> |
| 상사코칭 | 코칭자: | | | 코칭일자: | | 코칭내용: |

## (2) 제2단계 : 원인분석

원인분석 과정은 현상파악 단계에서 확인된 핵심문제를 일으키는 잠재적 원인을 파악하고 그중에서 가장 큰 영향을 주는 근본적인 원인이 무엇인가를 확인하는 과정이다.

### 논리화 절차

#### ① 원인도출

- 전 단계 현상파악에서 확인된 핵심문제점을 놓고 브레인스토밍을 통해 잠재원인들을 도출한다. 원인이라고 생각하는 것은 가감 없이 풍부한 토론을 통해 드러내는 일에 초점을 맞춘다.

#### ② 중요 잠재원인 선정

- 도출된 잠재원인들을 내림차순으로 정리한 후 '즉실행'으로 옮길 것을 제외하고 남은 원인은 영향도 평가를 통해 중요 잠재원인으로 선정한다. 간단한 개선스킬 XY Matrix 등으로 객관화 절차를 밟는다.

### ③ 근본원인의 선정

- 선정된 잠재원인에 대해 다시 한번 더 깊은 근본원인을 찾는다. 보통 5why기법(다섯 번 "왜?"를 반복하면서 근본 원인을 추적함)으로 절차를 밟으면 효과적이다.

**객관화에 도움을 주는 기초도구들(Skill)**

과제의 상태가 그렇게 된 원인이 무엇인가를 규명하는 데 자주 활용하는 도구들

| 잠재원인 도출 | • 브레인스토밍(Brainstorming) | • 친화도(Affinity Diagram) |

| 주요원인선정 | • 연관도 |
| | • 특성요인도 |
| | • XY Matrix |

| 근본원인화 | • 5why | • 기타 |

표 6-39 **잠재원인 도출과 근본 원인의 분석 sheet (예)**

| 5단계 프로세스 | | 현상파악 | 원인분석 | 대책수립 | 개선 및 적용 | 효과파악(사후관리) |
|---|---|---|---|---|---|---|
| 잠재원인도출 | No.<br>·<br>·<br>· | 핵심문제 | 원인도출(브레인스토밍)<br>·<br>·<br>· | | 즉실행 ✓ | |
| 근본원인선정 | No.<br>·<br>·<br>· | 중요잠재원인(XY Matrix) | 근본원인선정(5why)<br>·why1 ----<br> └.why2 ----<br>   └.why3 ----<br>     └.why4 ----<br>       └.why5 ---- | 비고<br>마지막 why 내용이 근본 원인<br><첨부파일> | | |
| 상사코칭 | 코칭자: | | 코칭일자: | | 코칭내용: | |

## (3) 제3단계 : 대책수립 및 준비

대책수립은 근본원인의 개선을 위하여 적용 가능한 모든 대안을 도출하는 단계이다. 이 대책을 수립하는 관점으로는 현재의 프로세스가 타당하다는 것을 전제로 점진적인 개선안을 찾는 방법과 현재의 프로세스가 타당하지 않을 수 있다는 것을 전제로 Zero-Base에서 시작하는 획기적인 개선대책을 도출하는 방법이 있다.

| 논리화 절차 |

### ① 대책방안 구상

- 핵심 문제점과 그 문제의 근본원인을 해소하고 장애요인을 극복할 수 있는 개선안과 혁신적인 아이디어를 도출한다. 이 같은 아이디어는 담당자 개인은 물론 경륜 있는 상사의 조언, 관련 부서의 의견을 폭넓게 수용하는 열린 자세가 필요하다.

### ② 대책의 선정과 우선순위 결정

- 채택한 대책안 중에서 과제해결에 큰 역할이 기대되는 구상안을 선정하는 것이 무엇보다 중요하다. 그러나 개선안이 아무리 좋아도 현실적으로 당장 실행이 어려운 경우가 있기 마련이다. 따라서 1차적으로는 팀(개인)이 할 수 있는 것부터 진행하되 연관부서나 전사적 지원을 받아야 할 것은 사전 협의를 거쳐 우선순위에 반영한다.

### ③ 실행계획 수립과 준비

- 우선순위가 결정된 대책은 언제까지, 누가, 어떻게 실행할 것인지를 일정계획을 구체화하여 주인 있는 과제추진이 되도록 한다. 또 대책

실행에는 새로운 예산편성이나 인적지원 등이 요구될 수 있으므로 사전 준비 및 지원 요청 등이 필요하다.

---

**객관화에 도움을 주는 기초도구들(Skill)**

어떻게 개선해야 할 것인가를 구상하는 단계에 자주 활용하는 도구들

**개선안 도출**

- 벤치마킹(Benchmarking)
- 브레인스토밍(Brainstorming)
- ECRS적 사고하기(배제, 결합, 재배치, 간소화로 대책구상)
- Multi-Voting
- Idea Box(아이디어 찾기, 아이디어 조합 방식)
- 친화도(Affinity Diagram)

**개선안 선정**

- XY Matrix
- 기타

표 6-40 **대책수립 및 준비 sheet (예)**

| 5단계프로세스 | 현상파악 | 원인분석 | 대책수립 및 준비 | 개선 및 적용 | 효과파악(사후관리) |
|---|---|---|---|---|---|
| 잠재원인도출 | No. | 근본원인 | 대책방안 | 채택 (✓) | 우선순위 |
| | : | | : | | |
| 실행계획 | No. | 대책방안 | 담당자 | 실행일정 | 준비할 사항 | 비고 |
| | : | | | | | <첨부파일> |
| 상사코칭 | 코칭자: | | 코칭일자: | | 코칭내용: |

## (4) 제4단계 : 개선 및 현업 적용

　중요도와 우선순위로 정해진 개선안을 현업 접점에 적용하고 최적의 개선안으로 효과 있게 실행하는 단계로서 담당자는 물론 조직의 역량을 십분 발휘하는 단계이다. 흔히 과제 관리에 미숙한 조직은 담당자에게만 진행을 시키고 상사는 뒷짐 지고 관망하는 자세를 취하는 모습을 보게 된다. 하지만 직접실행은 담당자가 하더라도 결국 과제의 실행은 조직의 성과로 이어지므로 상사의 일상적이고도 주도적인 참여와 선도적 역할이 과제개선의 성패를 좌우하게 됨을 명심해야 한다.

### 논리화 절차

**① 예비 실행**

- 대책수립 및 준비 단계에서 마련한 실행계획을 실제의 업무접점에 대폭 실행하기에 앞서 제한된 범위 내에 개선안의 일 부문을 시험적으로 실시해본다. 이는 잠재적인 실패요인을 미리 노출시킴으로써 본격 실행의 디딤돌이 된다.

**② 예비 실행안의 보완**

- 예비 실행 기간 내 발생하는 문제점과 미흡함을 확인하고 보완사항을 차수별로 기록 정리한다. 이 기간 동안의 적용 및 실패 사례가 결국 값진 노하우가 된다.

**③ 본격 실행**

- 보완사항을 통해 현업에 실행해도 좋을 것이라는 확증을 얻는 것이 중요하다. 공정이나 실무에 적용 시는 관련 매뉴얼이나 표준 지침서를

변경하고 교육 및 훈련을 통해 실무자의 안정적 적용을 유도한다.

| 객관화에 도움을 주는 기초도구들(Skill) |
|---|

현장에 어떻게 적용해야 하는가에 자주 활용하는 도구들

| 개선안 보완 | • 역장분석(Force Field Analysis) |
|---|---|
| ↓ | |
| 실행계획 수정 | • 간트차트(Gantt Chart) |

표 6-41 **개선 및 현장 적용 sheet (예)**

| 5단계프로세스 | 현상파악 | | 원인분석 | | 대책수립 및 준비 | 개선 및 적용 | 효과파악(사후관리) |
|---|---|---|---|---|---|---|---|
| 준비 및 예비 적용 | No. | 대책방안 | | 적용일자 | 적용내용 | 문제점 | 보완사항 |
| | · · · | | | · · · | | | |
| 본격실행 | No. | 본격실행대책 | | 실행일자 | 실행내용 | | 비고 |
| | · · · | | | | | | <첨부파일> |
| 상사코칭 | 코칭자: | | | 코칭일자: | | 코칭내용: | |

## (5) 제5단계 : 효과파악 및 사후관리

본격적으로 개선안이 현업에 적용되고 안정적인 업무실행 단계로 진입된다고 판단되는 시기에 이르면 그 개선 대책의 효과를 파악하고 과제개선을 종료한다. 또한 그 실행대책이 지속적으로 유지 운영될 수 있도록 사후관리가 철저히 뒤따를 수 있어야 한다.

### 논리화 절차

**① 개선 전/후의 성과 비교**

- 개선 전의 업무상 문제점과 그로 인한 실적 부진 상태를 요약하고 개선 후의 업무 변화 상황을 정리한다.

**② 효과 파악**

- 현업 적용 부서에서는 일정 기간 안정된 프로세스에서 나오는 성과를 수차례에 걸쳐 확인한 자료를 근거로 효과를 파악한다. 이때 필요한 경우 관련 부서나 전문가의 도움을 받아 검증할 수 있다. 성과는 일반적으로 금액이나 숫자로 객관화할 수 있는 유형효과와 그렇지 않은 정성적인 무형효과로 나누어 나타낸다.

**③ 사후관리**

- 개선된 일의 프로세스나 방식이 업무에 정상적으로 지속 유지될 수 있도록 표준서나 매뉴얼을 만들어 관련자의 디테일한 관리하에 놓여 있도록 한다. 또한 주기적으로 정상 운영 여부를 점검하는 활동도 필요하다.

개선 효과가 어떠한가? 어떻게 유지관리할 것인가에 자주 활용하는 도구들

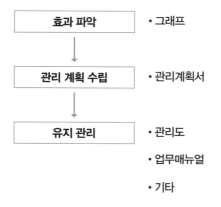

| 효과 파악 | • 그래프 |
| 관리 계획 수립 | • 관리계획서 |
| 유지 관리 | • 관리도<br>• 업무매뉴얼<br>• 기타 |

표 6-42 **효과파악 및 사후관리 sheet (예)**

| 5단계프로세스 | 현상파악 | | 원인분석 | 대책수립 및 준비 | 개선 및 적용 | 효과파악(사후관리) |
|---|---|---|---|---|---|---|
| 개선 전후<br>비교 | 개선전 (현상 및 문제점) | | | | 개선 후 변화 내용 | |
| | | | | | | |
| 효과파악 | · | | 실 기간 효과 | 연간 기준 효과 | | 비고 |
| | 유형효과 | 효과금액 | | | | <첨부파일> |
| | | 산출근거 | | | | |
| | 무형효과 | | | | | |
| 사후관리 | 추진계획: | | | | 일정: | |
| 상사코칭 | 코칭자: | | | 코칭일자: | | 코칭내용: |

# (6) 과제개선 사례로써 지식 자산 쌓기(집단지성 Bank화)

## 과제개선과 지식화된 집단지성의 위력

일을 통해 얻어지는 경험과 지식은 그 무엇보다도 가치 있는 기업의 자산이 된다. 일로써 얻은 결과는 재무적 성과, 즉 '돈'이라는 화폐로 전환되어 나타남으로써 유형적 효과를 누구나 금방 느낄 수 있게 한다. 그러나 그 일을 하는 과정에서 조직구성원들의 노고의 산물인 경험은 그보다 못지않은 '지식'이라는 자산으로 쌓이게 되는데 불행하게도 이는 눈으로도 확인할 수 없고 소유할 수도 없는 무형의 자산으로써 구성원들의 머릿속에만 간직될 뿐이다. 이를 흔히 '드러나지 않는 곳에 가두어진 지식'이라는 뜻으로 '암묵지'라고 부른다. 이 같은 암묵지는 가치를 공유 또는 계승할 수도, 더 좋은 것으로 가치를 상승 내지는 확대하는 데도 분명한 한계를 갖는다. 암묵지는 제한된 사람들에게 말로만 전해지다가 시간이 지나면 결국 소멸되기 때문이다. 그러나 문자, 즉 글로써 지식을 나타내게 됨으로써 눈으로 보고 지식을 전하는 '형식지'화 된 능력은 인류의 가장 큰 발명이라 할 수 있다.

기업 활동에서 얻어지는 수많은 경험과 지식도 결국 눈으로 볼 수 있도록 문자로 형식지화할 때 비로소 재무성과 이상의 가치 있는 무형자산으로 전환할 수 있다. 그 대표적인 활동이 과제화하여 형식지화한 지식의 축적이다. 물론 대부분의 일은 말과 행동으로 '즉실행'하는 것으로 해결한다. 그러나 풀기 어려운 장애요인이나 전혀 새로운 창의적 업무의 해결을 위해서는 과제화한 후 논리적이고 객관화된 역량으로 지속적으로 난관을 돌파하는 구성원의 역량이 필요하다. 따라서 플랫폼 경영에서는 이 같은 역량 갖추기를 위하여 쉬운 체험부터 아주 어려운 과제개선까지를 점진적으로 해결하는 과정을 일상 생활화한다. 그렇게 함으로써 하나, 둘 쌓이는 형식지화된 지식을 공유 내지는 참고함으로써 과거에 한 일을 다시 Zero-base에서 반복하는 조직력의 낭비를 해소할 수 있고 '거인의 어깨 위'에서 남보다 빠른 사업 기회 선점을 확보하는데 기여할 수 있다.

이처럼 개선이 종료된 과제는 모든 구성원이 검색, 공유, 활용할 수 있도록 운영하는 것이 매우 중요하다. 이것은 결국 전 구성원들의 집단지성을 기업 경영에 가치 있게 활용함으로써 경쟁 우위를 확보할 수 있는 핵심역량의 원천이 된다.

### 과제개선 리포트의 자동 축적과 지식 Bank 운영 프로세스

플랫폼 경영시스템에서는 한 과제가 완료되면 5단계로 논리화되고 객관화된 양질의 지식을 자동으로 리포팅될 수 있도록 한다. 또한 일의 과정, 과정에서 진척될 때마다 5매 안에서 개선 내용이 정리됨으로써 한꺼번에 몰아치기식 과제 정리 및 보고의 부담을 해소해준다.

**표 6-43 과제개선 리포트의 자동 축적**

과제개선 리포트는 과제 담당자 개인별로 상위자의 결재 및 승인을 받은 후 과제 지식 창고에 등록 → 활용 → 평가 → 보상 등의 프로세스로 운

영을 제도화하는 과정이 필요하다.

**표 6-44 과제개선 리포트의 지식 활용 프로세스 (예)**

| 고유<br>번호 | 운영프로세스<br><br>과제명 | 과제종료<br><br>승인 | 과제저장단계 | | | 과제활용단계 | | 평가 | 보상 |
|---|---|---|---|---|---|---|---|---|---|
| | | | 등록 | 분류 | 저장 | 검색 | 활용 | | |
| 001 | ○○를 통한△△개선 | | | | | | | | |
| 002 | ○○를 통한△△향상 | | | | | | | | |
| 003 | ○○를 통한△△확대 | | | | | | | | |
| 004 | ○○를 통한△△개선 | | | | | | | | |
| 005 | ○○를 통한△△증대 | | | | | | | | |

**CHAPTER 8**

# 플랫폼 내에서의 일상목표관리 활동과
# MBO 운영

## (1) 목표에 의한 관리와 경영의 이해

기업이 창업한 후 도달하고자 하는 모습을 사명이나 비전으로 설정하고 나면, 조직과 그 구성원들은 단기적으로는 금년도, 또는 중장기적으로 과정의 목표를 세우고 성장을 위한 도전에 나선다. 그러나 기간별로 이정표 역할을 하는 목표를 정했다고 해서 저절로 성장으로 연결되지는 않는다. 그것은 조직과 구성원이 현재 수준과 도달하고자 하는 목표 수준의 차이만큼 생산성을 높여야만 가능하기 때문이다. 그런데 이 생산성을 높이는 성과관리를 효율적으로 달성하는 방식으로써 '목표관리'를 경영의 큰 틀로 자리 잡게 한 데는 다음 두 사람의 영향이 크다고 본다.

### 프리데릭 테일러(Frederik W. Taylor)의 목표관리

테일러는 근로자의 일하는 동작을 과학적으로 측정, 분석하여 꼭 해야 할 방법으로 표준화한 다음 그 작업 시간으로 근로자의 표준 작업량을 부과함으로써 생산성을 목표 수준으로 향상시키는 방식을 경영에 적용했다. 또한 이 목표들을 지속적으로 올리기 위해서 '보상'이라는 동기 부여 방식을 연계시켰다. 결국 표준 작업량 달성을 위해 보상을 자극으로 사용함으로써 목표달성을 위해 수직적 통제 방식과 강제성이 두드러지는 단점이 발생되었다고 평한다.

### 피터 드러커(Peter F. Drucker)의 목표관리

드러커는 기업이 해야 할 기능이 고객 요구에 다양하게 적응하는 것이 중요하므로 근로자를 통제하는 테일러 방식으로는 지속적으로 생산성을 올릴 수 없다고 보았다. 반면 드러커는 생산성을 높이는 데 가장 중요한 자원은 사람, 즉 인적자원(Human Resource)과 그들이 보유한 지식이라고 보았다. 따라서 생산성을 목표 수준으로 지속적으로 올리기 위해 사람들이 자발적으로 자신의 업무를 수행케 하여 조직의 목표달성에 기여하는 것이 곧 경영이라고 말했다. 드러커는 이 수행방식을 '목표와 자기관리에 의한 경영(Management by Objectives and Self-control)[2]'이라고 했고, 사실 이 경영 사상을 받아들인 기업들로부터 MBO라는 용어가 일반화되기 시작한 것으로 볼 수 있다.

그러나 현재 전통적인 기업들이 대부분 운영하고 있는 MBO는 테일러가 적용한 '목표와 수직적 통제 방식'에 가까운 모델이라고 평가한다. 이같은 통제 시스템이 작동되게 하기 위해서는 당근과 채찍이라는 차등 보상이 필요하며 그 근거를 만들기 위해 성과평가를 할 수밖에 없게 되는 것이다. 따라서 기존 산업계에서 운영하는 MBO 방식으로는 조직이나 개인이 현재의 수준에서 달성할 정도의 목표만을 제시할 뿐 큰 성과를 내기 위한 도전적 목표를 스스로 설정하는 모습은 기대하기 어렵다고 본다.

이 두 가지 목표관리에 대한 견해를 비교해보면 다음과 같다.

표 6-45 **테일러와 드러커의 목표 관리(MBO) 운영 비교**

| | 테일러식 목표관리(MBO) | 드러커식 목표관리(MBO) |
|---|---|---|
| **성과(생산성)동인** | · 작업 환경과 행동의 표준화<br>- 수직적 통제(목표와 수직적 통제) | · 사람과 지식(지식 근로자)<br>- 자발적 기여(목표와 자기통제) |
| **사람과 동기관점** | · 보상을 위한 동기부여(외적동기) | · 일의 목적, 성과, 성취(내적동기) |
| **목표수립목적** | · 보상 결정 평가의 기준 | · 성과 창출과 자아실현을 위한 도전의 대상 |
| **목표수립방식** | · 할당과 지시(목표와 수직적) | · 조직 목표 이해, 스스로 기여할 목표 수립 |

최근에 이와 같이 기존 MBO 사상의 단점으로 나타나고 있는 평가 중심의 성과관리 방식의 한계를 벗어나 드러커가 주창한 목표와 자기관리에 의한 경영을 제대로 실현하고자 OKR(Objectives and key results)에 의한 목표관리를 경영시스템으로 전환하려는 기업도 출현하고 있다.

선진 기업들에서는 잘 알려진 마이크로소프트, 테슬라, 구글, 애플, 넷플릭스 등이 애자일(Agile) 문화 조성을 바탕으로 이 OKR 목표관리 경영을 도입하여 도전적 목표와 혁신성을 추구하고 있는 것으로 알려지고 있다. 한편, 국내에서도 몇몇 기업들의 실험적 적용이 이루어지고 본격적 운영을 검토하고 있는 기업도 나타나고 있는 실정이다.

위에서 언급했듯이 대부분의 기업들이 운영하고 있는 기존의 MBO 방식과 최근 나타나기 시작한 OKR 목표관리 방식을 〈표 6-46〉에서 간략히 비교하면 다음과 같다.

표 6-46 **목표 관리의 기존 MBO 방식과 OKR 방식의 특성 비교**

| | 기존 MBO 방식 | | OKR 방식 | |
|---|---|---|---|---|
| 운영체계 | **MBO**<br>· Management<br>· By<br>· Objective | **Top-down 중심방식**<br>전통적인 합리주의 경영을 추구하는 기존의 대부분 기업들이 운영 중임 | **OKR**<br>· Objective<br>· Key<br>· Results | **Bottom-up 중심방식**<br>민첩하고 유연한 Agile조직 운영을 바탕으로 한 도전적 혁신성과 추구 기업들이 운영시작 |
| 운영방식특징 | · 통제와 능력중심의 수직적 목표관리가 강함<br>· 경영진을 중심으로 목표 KPI를 설정하고 조직별, 개인별 순차적으로 세분화(Cascading)하여 강제적 할당 성향이 큼 | | · 협력과 배려 중심의 수평적 관리 추구<br>· 공개된 기업의 비전, 조직의 미션 달성에 초점을 두고 조직별, 개인별, 자율적 목표설정<br>· 3~5개의 핵심결과지표(Key Results)를 목표로 선정하되 달성하기 벅찬 Stretch Goal 제시하도록 함 | |
| | · 동료와의 치열한 경쟁을 초래하며 보상이라는 '외적 동기유발'로 자극함<br>· 체계적으로 한 방향 정렬이 용이함<br>· 경쟁과 보상으로 연계되어 있어 도전적 목표(Stretch Goal)로의 설정이 어려움<br>· 연 1회 단위로 목표 평가주기가 이루어져서 환경변화 대응이 제한적임 | | · 경쟁 대신 조직의 목적과 의미를 부여하는 '내적 동기유발'로 스스로 움직이도록 함<br>· 개별화, 자율화가 과도하게 되면 조직간 협력, 조율이 쉽지 않음<br>· 시장과 환경에 맞게 목표와 핵심 지표를 상시적 변경 | |

여기에서 알 수 있듯이 목표에 의한 경영방식에는 운영체계 상 장단점이 존재하므로 각 기업의 업의 특성을 고려할 뿐만 아니라 조직과 개인의 업무수행 역량이나 지향하는 기업문화에 따라 두 방법의 좋은 점을 잘 조화하여 목표관리를 운영해야 한다. 결국, 어느 방식이냐의 형식적인 것보다는 실제 벌어지고 있는 비즈니스 환경 속에서 단순화와 유연성, 우선순위라는 중점주의에 입각해 경영의 민첩함을 발휘할 수 있도록 하는 것이 핵심일 것이다.

## (2) 플랫폼 경영시스템에서의 목표관리 MBO의 운영체계

기업이 경영을 효율적으로 하고 지속적인 성장을 달성해내기 위해서 진정한 의미의 '목표에 의한 관리', 즉 MBO 운영이 얼마나 유용한가는 앞서 언급된 바와 같다. 따라서 본 '플랫폼 경영시스템'에서는 지금까지의 기존 MBO 운영체계가 지닌 강제적이고 부정적인 면을 보강하여 진정한 의미의 '자기관리에 의한 목표관리'가 가능한 방법을 모색했다.

사실 경영 일선에서 중요한 것은 기존 MBO 방식이냐 아니면 OKR과 같은 보강된 목표관리 방식이냐와 같은 경영 도구의 문제보다는 이를 운영하는 조직문화의 문제가 더 클 수 있음을 지적하는 이들이 적지 않다. 그것은 역시 경영의 계층별 리더십과 상하좌우의 커뮤니케이션을 어떻게 하느냐에 따라 운영 도구의 단점은 해소될 수 있다고 보기 때문일 것이다.

따라서 본 플랫폼 경영시스템에서는 패밀리 미팅(Family Meeting)이라는 상하좌우 협력적 업무 방식을 기반으로 일상의 경영목표관리(MBO)가 운영될 수 있도록 권장하고 있다. 여기서 패밀리 미팅이란 기업의 일상경영을 가정의 일을 하듯 편안한 분위기에서 상하좌우의 격의 없이 계층별 구성원들이 상호 협력과 조율을 통해 의논하고 일하는 방법을 의미한다. 이같은 과정을 통해 자율 창의적 기업문화도 만들어질 수 있다고 보는 것이다. 다행히 플랫폼 경영시스템이 제대로 정착되어 일상의 목표관리가 이루어진다면 자연스럽게 패밀리 미팅의 효과를 낼 수 있다고 본다. 이는 〈표 6-47〉을 중심으로 다음과 같은 일하는 절차와 방법이 작동되기 때문이다.

① 플랫폼 경영시스템에서는 당해연도 목표를 수립할 때는 반드시 비전 진척도를 측정하게 하여 현재의 경영목표 수립을 얼마만큼 상향시켜야 할 것인가를 경영계획의 출발점으로 삼는다. 이렇게 하면 상위자부터 도전적 목표(Stretch Goal)를 세우게 되고, 그 업무수행을 하는

과정에 상위자도 하위자와 깊은 참여가 이루어진다. 회사의 현재 수준이 어디에 있는지 그 한계를 느낄 때 위기의식을 함께 공유하게 되며 자발적인 도전을 시작하게 된다. 따라서 목표 달성에 실패하더라도 그 과정을 이해할 수 있게되고 또 용인할 수 있는 문화가 만들어질 수 있다.

② 목표의 수립 과정은 각 구성원들이 자기 목표를 제시하고 상위자와 하위자의 조율 과정을 거치면서 상위자 단독의 강제적 할당 방식을 배제해나간다.

③ 성과관리 못지않게 대책의 과정 관리를 균형스럽게 추진함으로써 과정 관리에도 역시 상하의 참여와 소통이 깊어지고 기여도에 대한 평가가 이루어져서 인정받는 계기가 된다.

④ 목표도 하위자에게 세우도록 하고 그것을 달성해내는 과제 추진도 하위자의 몫으로만 이루어진다면 사실 진정한 성과관리라고 할 수 없으며 결국 기업이 말하는 탁월한 성취와 성장도 기대할 수 없을 것이다.

⑤ 회사에서의 모든 일은 사실 각종 현안을 의논하는 회의체를 통해 공유하고 소통하고 조율을 통해 일을 성사시켜 나가는 중요한 도구가 된다. 그러나 기업 내의 현상은 목표를 세우고 실행하는 과정에서 수직적 통제방식이 우세하여 지시, 통제, 추종과 같은 경직된 문화가 사라지지 않고 있는 현실이다. 따라서 플랫폼 경영시스템에서 각자 자기 경영을 스스로 할 수 있는 도구가 작동된다면 패밀리 미팅과 같은 새로운 회의 문화가 좋은 역할을 할 수 있을 것이다.

표 6-47 **Family Meeting을 통한 목표 관리와 MBO 평가 운영 개요**

## (3) 목표관리용 KPI와 MBO 평가용 KPI의 선정과 평가절차

### 플랫폼 안에서의 목표관리 운영체계 이해

잘 알다시피 기업 내 경영을 한다는 것은 비전과 미션의 중장기적 도달 목표를 위해 단기적으로는 지금, 즉 당해 연도 달성할 목표를 정하여 각 개인과 조직이 자기 맡은 영역의 일을 반드시 달성하고자 추진하는 일이다. 이 과정의 모든 일을 넓게 보면 '경영의 목표관리'라 할 수 있다. 또한 조직과 개인이 목표관리할 영역을 BSC 전략 체계도에 의해 핵심성과요인 (CSF) 또는 전략목표로 나타내고 그 성과를 측정할 수 있도록 핵심성과지표(KPI)로 연계시켜 명확하고 간단하게 나타내고 있다. 그런데 이 목표관리의 대상이 되는 핵심성과요인(CSF)과 핵심성과지표(KPI)의 발굴과 선정에는 다음 두 가지 접근 방식이 존재한다.

첫째, 해당 조직 및 개인의 직무 관리상 반드시 일상적으로 관리해야 할 '직무관리형 핵심관리지표(KPI)'

둘째, 당해 연도 전략목표달성만을 위해 일정 기간 내 특별하게 채택하는 '전략목표형 핵심관리지표(KPI)'

흔히 전략체계도 내에서 CSF와 KPI를 정렬시킬 때 용어가 주는 혼란성으로 인해 둘째에서 언급한 '전략목표형 KPI'만을 선정하거나 그 지표만을 달성하면 모든 목표관리가 달성된다고 보는 시각이 많다. 그러나 그것은 논리일 뿐이지 현실적인 일 관리에서는 그것만으로는 경영의 모든 목표관리 영역을 수행할 수 없다는 게 중론이다. 선택된 몇 개의 전략형 KPI 이외에도 직무상 반드시 관리해야 할 목표와 그에 연결된 대책들이 훨씬 더 많은 데다 그에 드는 시간과 일의 비중도 클 수 있기 때문이다.

따라서 플랫폼 경영시스템에서는 직무관리용 KPI와 전략목표달성용 KPI 모두를 BSC 전략체계도 안에 정렬시킴으로써 일상적인 폭넓은 경영관리와 목표관리를 할 수 있도록 유연성을 부여했다. 결국 일상적 목표관리 활동 시에는 직무관리용 KPI와 전략달성용 KPI를 함께 운영하고, MBO 평가용 KPI는 그 두 가지 Pool 안에서 주로 전략 달성용 KPI를 선정하고 평가받는 방식이다. 이렇게 함으로써 플랫폼에서는 자기 전략목표관리에 집중하면서도 상하위자간 직무상 모니터링도 자연스럽게 이루어질 수 있도록 했다.

표 6-48 **플랫폼 경영시스템에서의 일상목표관리 활동과 MBO평가용 KPI 운영방법**

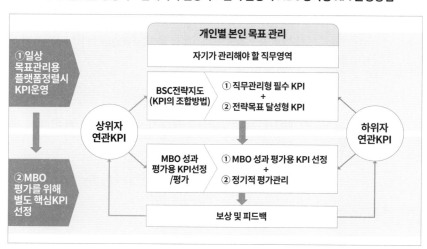

## MBO 성과평가용 목표 선정과 평가 절차

경영목표관리에 대한 MBO 운영 평가를 위해서는 각 조직별, 계층별로 개인 단위 구성원까지 목표 KPI의 선정과 그 KPI의 목표 수준을 정하고 승인받는 두 단계 절차로 진행된다.

### • MBO 성과평가용 KPI의 선정과 확정

앞에서 설명한 바와 같이 BSC 체계도 안에서는 직무관리형 필수적 KPI와 전략적 중요도 면에서 반드시 우선시해야 할 KPI가 같이 세팅되어 있다. 이 같은 두 가지 성격의 KPI들은 자기 직무로써 반드시 관리해야 할 영역이므로 이를 사전 등록한 후, KPI Pool을 만들고 이를 통해 종합목표 관리를 수행할 수 있다. 그러나 관리는 해야 하지만 당해 연도 전략목표달성을 위해서는 그중에 성과에 큰 기여를 한다고 보는 KPI 달성에 우선적인 선택과 집중을 해야 한다. 이를 위해 성과로써 평가받아야 할 핵심성과요인(CSF) 및 전략목표와 핵심성과지표 KPI를 선정하고 그 목표 수준을 정하는 절차가 필요하다.

먼저 상위자와 본인의 종합 목표관리용 KPI POOL에서 본인이 판단하는 핵심성과요인(CSF)과 KPI를 선정한다. 그다음 상위자와의 의견 조율을 통해 평가받을 CSF와 KPI를 확정한다. 이 과정이 소홀하면 상사의 목표 및 전략과 하위자의 목표가 달라지는 등 차이가 생겨 결국 조직의 지향목표가 달라지는 문제가 발생한다. 간혹 MBO에 의한 목표관리를 하는데 핵심성과지표(KPI)를 몇 개 정도로 선정하는 것이 가장 좋으냐는 질문을 받는다. 그러나 그것도 개인 또는 조직의 업무수행 역량, 맡은 직무 범위의 크기, 전략목표나 성과를 어느 정도 확장형으로 도전하느냐 등에 따라 달라진다고 할 수 있다.

### • 선정된 KPI의 목표 수준 정하기와 확정

2단계에 걸쳐 KPI가 선정되면 평가받아야 할 KPI 의 목표 수준을 정한다. 이것 역시 1차로는 본인의 의지와 도전적 목표를 제시하고 2차로 상위자의 전략 및 목표달성에 나의 제시안이 제대로 기여될 수 있는 수준인지를 상위자와 협의하여 가늠하는 단계를 거친다. 이 목표 수준의 조율과정을 거치는 과정에 하위자와 상위자의 커뮤니케이션이 활발히 이루어지는 것이 중요하다. 이 과정에서 하위자의 달성목표 수준이 너무 낮아 상위자의 목표 수준 달성에 기여도가 부족하다면 상사는 좀 더 높은 도전적 목표(Stretch Goal)를 요청한다. 반대로 하위자가 볼 때 상위자의 목표 수준이 기대보다 낮게 설정되어 있다면 전사적 차원에서 우리 조직이 도전할 목표를 함께 수정할 수 있어야 한다. 나와 상사 그리고 조직의 목표 수준을 어느 수준까지 도전해야 하는지 가늠케 해주는 것이 전사 또는 우리 조직의 비전과 미션의 수준이다. 작년까지의 비전 달성 수준을 평가했을 때 그 달성 진척도가 현저히 미달이라면 지금보다 더 높은 목표 수준으로 집중해야 할 것이며(도전적 목표 추구), 그와 반대로 앞서 도달되고 있다면 또 다른 전략적 목표에 조직의 역량을 배분하게 할 수 있을 것이다.

결국, 이 같은 기능이 경영 전반에 작동된다면 기업의 지속적인 성장을 유도하는 동인이 될 수 있을 것이다.

## 표 6-49 MBO 평가 KPI의 선정과 Family Meeting을 통한 조율

### BSC 전략목표체계도내 KPI POOL(일상목표관리용)

| 종합 목표(직무관리형KPI+전략목표KPI) | | |
|---|---|---|
| | 핵심성과요인(CSF) | 핵심관리지표(KPI) |
| 재무 | 1.○○○○○○<br>2.◇◇◇◇◇◇<br>3.□□□□□□<br>4.△△△△△△ | ○○○<br>◇◇◇<br>□□□<br>△△△ |
| 고객 | 1.☆☆☆☆☆☆<br>2.a a a a a a | ☆☆☆<br>a a a |
| 프로세스 | 1.◁◁◁◁◁◁<br>2.b b b b b b | ◁◁◁<br>b b b |
| 학습/성장 | 1.◇◇◇◇◇<br>2.c c c c c c<br>3.d d d d d d | ◇◇◇<br>c c c<br>d d d |

- 전 계층 자기 직무의 주요 관리점 명확화
  → 관리공백, 부실방지
- 목표/과제의 전체 POOL 관리
- 일일 목표 및 업무 과정관리의 One Stop 운영

### MBO성과 평가용 KPI 선정절차(정기업적 및 평가관리)

| BSC 전략목표 체계도 POOL | 핵심성과요인(CSF) 선정 | | 핵심성과지표(KPI) 선정 | | 확정 |
|---|---|---|---|---|---|
| | 1차(본인) | 2차(상사) | 1차(본인) | 2차(상사) | 승인 |
| 재무<br>1.○○<br>2.◇◇<br>3.□□<br>4.△△ | ○○<br>◇◇<br>( )<br>( ) | ○○<br>◇◇<br>□□ | 100<br>200 | 150<br>200 | OK |
| 고객<br>1.☆☆<br>2.a a | ☆☆<br>a a | ☆☆<br>( ) | 110%<br>100% | 120% | OK |
| 프로세스<br>1.◁◁<br>2.b b | ◁◁<br>( ) | ◁◁<br>d d | // | // | OK |
| 학습/성장<br>1.◇◇<br>2.c c<br>3.d d | ◇◇<br>c c | ◇◇<br>( ) | // | // | OK |

- 상위자와 본인의 목표 KPI POOL에서 당해연도 고객 및 시장니즈, 대내외 환경변화에 맞추어 탄력적 선택과 집중할 KPI 선정
  ① 핵심성과 달성에 주력 ② 업적평가 도구로 활용

이처럼 MBO의 목표관리와 성과평가 과정이 단순히 평가만을 위한 통제적 수단이 아니라 수평적 토론과 창의적 조율이 이루어내는 수단이 되게 하는 것이 본 '플랫폼' 내에서의 'Family Meeting' 기능이다. 사실 이같은 과정은 어떤 시스템 안에서 절차적 기능만을 제도화한다고 해서 이루어질 수 없다. 그것은 조직 내 커뮤니케이션 문화가 상명하복의 분위기에서 얼마나 상하좌우의 협력과 '자아성취 만족도'를 높이는 수평적 체질로 변신하느냐에 달린 것이라 할 수 있다. 최근에 이 목표에 의한 MBO 관리를 OKR(Objective Key Results)이라는 제도로 전환하려는 기업들이 나타나고 있다. 그 배경을 보면 결국 기업문화부터 애자일 문화로 바꾸어 수평적 유연성이 있는 근무 분위기를 조성하는 한편 실패를 용인하고 과감한 목표에 스스로 도전할 수 있게 함으로써 궁극적으로 기업의 지속적인 성장을 추구하는 데 있다고 할 수 있다. 이것이야말로 드러커가 말하는 진정한 MBO의 개념인 '목표와 자기관리에 의한 경영(Management by

Objectives and Self-control)'을 현실화하려는 기업들의 몸부림이라 할 수 있을 것이다.

**표 6-50 MBO 평가 목표 도출과 확정절차 (예)**

| | 00년 MBO 개인평가 Sheet(목표설정) | | | | | | | | | | |
|---|---|---|---|---|---|---|---|---|---|---|---|

| 부서명 | 본부 사업부 팀 | 피평가자 | 성명 | 직위 | 결재일 | 담당직무명 | 구분 | 피평가자 | 1차평가자 | 2차평가자 |
|---|---|---|---|---|---|---|---|---|---|---|
| | | | | | | | 결재 서명 | | | |
| | | | | | | | 재 서명 | | | |

| KPI 설정 | 전략체계도 POOL에서 평가 KPI선정 | | | | | | B 확정된 관리 KPI의 목표수준설정 | | | | | | | | | | | |
|---|---|---|---|---|---|---|---|---|---|---|---|---|---|---|---|---|---|---|---|
| B 관점 | BSC 전략체계도 KPI POOL | 1차 KPI선정 (피평가자) | | 2차 KPI선정 (1차평가자) | | 단위 | 측정방법 (기준) | KPI 목표설정 | | | | | | | | | | 전략목표 (Key Word) | 최종승인자 확인 |
| | | | | | | | | 과거실적 | | | | 00년 연간 목표 | 00년 목표 수준 | | | | | |
| | 항목 | 항목 | 비율(건수) | 항목 | 비율(건수) | | | 00년 | 00년 | 00년 | 3개년 평균 | | ① (본인) | | ② (1차평가자) | | | |
| | | | | | | | | 연간 | 연간 | 연간 | 연간 | | 목표치 | 가중치 | 전년대비 신장율 | 목표치 | 가중치 | 전년대비 신장율 | |
| 재무적 관점 | | | | | | | | | | | | | | | | | | |
| | 소계 | | | | | | | | | | | | | | | | | |
| 고객 관점 | | | | | | | | | | | | | | | | | | |
| | 소계 | | | | | | | | | | | | | | | | | |
| 프로세스 관점 | | | | | | | | | | | | | | | | | | |
| | 소계 | | | | | | | | | | | | | | | | | |
| 학습 성장 관점 | | | | | | | | | | | | | | | | | | |
| | 소계 | | | | | | | | | | | | | | | | | |
| 합계 | | | | | | | | | | | | | | | | | | |

MBO의 목표관리와 성과평가 과정이
단순히 평가만을 위한 통제적 수단이 아니라
수평적 토론과 창의적 조율이 이루어내는 수단이 되게 하는 것이
본 '플랫폼' 내에서의 'Family Meeting' 기능이다.

# Part 07

## 플랫폼 경영시스템을 통한
## 기업의 일류화와 '성공경영체계' 만들기의
## 도전과 실행

# CHAPTER 1

## 일류기업화를 위한 '성공경영체계' 만들기, 빠를수록 좋다!

　지금까지 필자는 기업들이 일반적으로 운영하는 9개의 업무 모듈을 플랫폼에 탑재하고 그곳에 비전과 전략목표, 그 대책을 실행으로 연결하여 성과에 이르는 전 과정을 긴 시간에 걸쳐 설명했다. 그러나 이제부터는 실제 일상의 경영관리 활동을 경영플랫폼에서 시스템적으로 수행하여 일류화 구조를 만들어가는 실행 단계에 집중하기로 한다. 즉, 일하는 시스템이 기반 플랫폼에서 작동되기 시작하면서 전사 비전과 전략목표에 전 구성원이 정렬됨으로써 일류화를 위한 장거리 경주가 시작되는 것이다. 이 과정은 다음의 5단계를 거치면서 업무수행력을 높이고 그 핵심역량으로 경영구조를 일류화한다. 이러한 성공 경영체계를 만드는 과정은 멀고도 험한 길일 수 있다. 그러나 어떤 우량기업도 이 과정을 건너뛸 수는 없다고 본다. 도전이 빠를수록 최종 목적지는 가까워지며 효율적인 시스템이 뒷받침된다면 훨씬 시행착오를 줄일 수 있다는 사실만은 분명하다.

**· 제1단계**

경영플랫폼의 기본 시스템을 만들기

ㄴ 9개 모듈 기반 시스템화 + 전략경영체계 탑재 + 5단계 과제개선 프로세스 탑재


**· 제2단계**

플랫폼 위의 기본 시스템의 학습과 운영 역량 갖추기

ㄴ 시스템의 입체적 기능 숙달 + 초기 목표관리 운영


**· 제3단계**

플랫폼 위에서 일상의 기본관리와 변화 · 혁신 업무의 수행역량 갖추기

ㄴ 경영층···비전설정, 전사적 전력목표의 방향 제시

ㄴ 중간관리자층···방침 및 목표관리를 통한 전체 최적화

ㄴ 개인 · 소집단···업무 접점의 자율 반사적인 불합리및 낭비 개선


**· 제4단계**

갖추어지는 핵심역량을 통한 목표 수준의 지속적인 상향조정


**· 제5단계**

기업의 일류화 모델 가시화

## 표 7-1 플랫폼 경영시스템에 의한 개선과 변화체질 갖추기와 일류기업 도전 Frame

**CHAPTER 2**

## 일류화 '성공경영체계' 만들기의 시작, 플랫폼 경영시스템 운영 능력 갖추기의 로드맵

플랫폼에 기본 시스템 9개 모듈이 탑재된다는 것은 경영계획에 의한 일상의 업무수행을 실행할 수 있음을 의미한다. 따라서 우량 '성공경영구조' 만들기도 그 플랫폼 안에서 시작되고 그 안에서 업무수행력과 핵심역량을 전 구성원과 함께 체득해가는 과정과 시간이 필요한 것이다. 필자가 수행한 바 있는 과정의 로드맵을 참고해 본다면 〈표 7-2〉와 같다.

이는 경영플랫폼에 경영계획 일체를 세팅하여 시스템 구축 단계에서부터 일상경영과 변화 혁신 과제를 할 수 있는 수준까지를 다음 6단계 과정으로 심화시킬 수 있음을 나타낸다.

① 경영시스템의 플랫폼 기반화와 운영콘텐츠 탑재
② 초기 시스템 일상 운영
③ 초기 시스템 생활화
④ 시스템 본격 생활화

⑤ 시스템적 운영 전문화

⑥ 시스템적 운영 심화

　　필자의 경험에 의하면 단계별 플랫폼 경영시스템의 운영 수준 향상과 더불어 각 구성원의 업무수행(경영 능력) 역량도 현저히 향상되었다.

표 7-2 **플랫폼 경영시스템의 운영 능력과 업무 수행력의 변화**

| 시스템운영 능력 갖추기 | | | 1차년도 | 2차년도 | 3차년도 | 4차년도 | 등급 | 업무수행 (경영능력) | 성과구현 정도 |
|---|---|---|---|---|---|---|---|---|---|
| 단계 | | 등급 | | | | | | | |
| 6 | 시스템운영 심화 | 95 | | | | | 95 | 변화 및 혁신관리 | 탁월한 성과 |
| 5 | 시스템운영 전문화 (즉실행, 과제확대) | 85 | | <시스템운영 및 업무수행력 변화추이> | | | 85 | 초기개선 변환관리 | 우수한 성과 |
| 4 | 시스템본격 생활화(8대모듈) | 75 | | | | | 75 | 야무진 일상관리 | 보통 성과 |
| 3 | 초기시스템 생활화(8대모듈) | 65 | | | | | 65 | 업무활용 확대 (기본관리) | 기본성과 관리 |
| 2 | 초기시스템 운영(5대모듈) | 55 | | | | | 55 | 기본적용 훈련 | 부족 |
| 1 | 시스템 탑재 (9대모듈 기본 이해) | 45 | | | | | 45 | 플랫폼 구축능력 | 시스템이해 |

| 업무실행 사이클 | | PLAN(계획/실적:결과관리) | | | | | | Do(실시:과정관리) | | SEE(평가) |
|---|---|---|---|---|---|---|---|---|---|---|
| 경영 플랫폼 | ①비전 관리 | ②중장기 경영계획 수립/실적 | ③당해연도 전략목표 방향 | ④당해연도 KPI목표 수준 | ⑤경영목표 성과분석 | ⑥대책 구상 즉실행 | ⑦과제 수립 | ⑧과제 실행 | ⑨MBO 업적평가 | |
| | 비전 수립 | 비전 달성 진척 | 환경 분석 | 중 장기 목표 | 전략 목표 | KPI 도출 | 계층별 목표배분 | 성공부진 사유분석 | 대책 구상 | 즉 실행 | 전략과제 실행과제 | 5단계 과정관리 | 설정 | 평가 |

**CHAPTER 3**

# 일상의 목표관리 활동을 통한
# 플랫폼 경영시스템의 수행역량 동시 갖추기

앞서 〈표 7-1〉에서와 같이 플랫폼 경영시스템에서 제대로 일을 하기 위해서는 CEO에서부터 전 구성원들이 시스템의 구축과 운영 능력을 갖추는 일이 필수적이다. 그런데 시스템을 이해하고 숙달하는 일을 별도로 시행할 필요는 없다. 이미 플랫폼에 탑재된 내용대로 하면 그것이 곧 회사 내 업무수행으로 대체되기 때문이다. 경영은 이미 설정한 비전, 전략목표에 따라 구체적인 목표와 실행대책을 정하고 전 구성원이 전력투구하여 실행하고 성과를 창출하는 과정이라고 할 수 있다. 이를 두 가지로 단순화시켜보면 '무엇을 할 것인가?(What to do?)'는 업무 목표로 표현되고 '어떻게 할 것인가?(How to do?)'는 대책이나 과제로 불리어진다.

흔히 회사 내에서는 이 두 부문을 중심으로 목표와 실적을 확인하고 결과 분석을 하며 성과가 부진하면 대책을 세워 실행하게 된다. 이 과정을 '목표관리' 또는 '목표에 의한 관리'라고 하여 일상경영이 이루어지는 것이다. 즉, 이 일상경영의 '목표관리'는 계획(Plan), 실행(Do), 점검(Check),

마무리 적용(Action)의 4대 사이클(cycle) 형태로 수행되는데 구성원 각자가 이 4대 사이클을 얼마나 제대로 운영할 수 있느냐에 따라 핵심역량 구축과 경영성과가 달라질 수 있다. 플랫폼 경영에서는 각 구성원들이 이 두 가지 측면, 즉 목표와 과정 관리를 한 눈에 보면서 4대 사이클을 운영하게 된다. 따라서 각자 손쉽게 관리의 사각지대를 없애고 최고경영자를 정점으로 전 구성원이 한 방향으로 전력 질주할 수 있다. 결국, 일상적인 목표관리 활동을 하면서 플랫폼 경영시스템의 운영 능력도 자연스럽게 습득되고 체질화되는 것이다. 일정 기간마다(약 3년 단위) 목표 수준을 상향하여 반복할수록 경쟁사와는 현저한 격차를 내고 핵심역량이 구축되어 지속적인 성과를 창출하게 된다.

표 7-3 **플랫폼에 탑재된 목표관리의 2가지 운영 체계도**

| 구분 | 목표(계획/실적관리) | | | 실행(즉실행/과제) | | |
|---|---|---|---|---|---|---|
| 일의 의미 | 무엇을 할 것인가?<br>(What to do) | | | 어떻게 할 것인가?<br>(How to do) | | |
| 구분<br><br>관점 | BSC전략체계도(목표수립) | | 핵심지표<br>(KPI Tree) | 대책실행체계 | | 과제의<br>Tree화 |
| | CSF | 핵심성과지표KPI | | 즉실행 | 과제 | |
| 재무 | | | | | | |
| 고객 | | | | | | |
| 프로세스 | | | | | | |
| 학습과 성장 | | | | | | |
| 관리의 4대 cycle | ① Plan → ② Do → ③ Check → ④ Action | | | | | |

경영 행위는 매일 매일의 성과를 얻기 위해 개인이나 조직이 정한 목표를 달성하기 위한 '일상목표관리의 반복'이라 할 수 있다. 따라서 이 '목표관리'를 플랫폼 기반 내에서 반복할수록 더 짧은 기간 내에 ① 경영 전체 시스템 운영 능력의 향상 → ② 업무수행 역량의 향상 → ③ 성과 구현이

라는 변화·혁신 체계를 갖출 수 있게 된다. 결국, 핵심은 시스템을 통해 '사람'의 업무수행 역량을 키우는 것이며 이렇게 양성된 '일류 인재 군단'을 확보할 수 있을 때 비로소 기업의 일류화와 성공 경영체계가 만들어진다.

**표 7-4 목표관리 활동 반복을 통한 플랫폼 운영능력과 경영성과 확보하기**

| 시스템운영 능력 갖추기 | | 1차년도 | 2차년도 | 3차년도 | 4차년도 | 등급 | 업무수행 (경영능력) | 성과구현 |
|---|---|---|---|---|---|---|---|---|
| 단계 | 등급 | | | | | | | |
| 6 시스템운영 심화 | | | | | | 95 | 변화 및 혁신관리 | 탁월한 성과 |
| 5 시스템운영 전문화 (즉실행, 과제확대) | | | | | | 85 | 초기개선 변환관리 | 우수한 성과 |
| 4 시스템본격 생활화(8대모듈) | 75 | | | | | 75 | 야무진 일상관리 | 보통 성과 |
| 3 초기시스템 생활화(8대모듈) | 65 | | | | | 65 | 업무활용 확대 (기본관리) | 기본성과 관리 |
| 2 초기시스템 운영(5대모듈) | 55 | | | | | 55 | 기본적용 훈련 | 부족 |
| 1 시스템 탑재 (9대모듈 기본 이해) | 45 | | | | | 45 | 플랫폼 구축능력 | 시스템이해 |

일상 목표 관리 활동의 반복으로
①경영 플랫폼 운영능력을 앞당김
②구성원 업무수행력을 향상
③변화, 혁신역량 발휘와 성과확보

| 업무실행 사이클 | PLAN(계획/실적:결과관리) | | | | | Do(실시: 과정관리) | | SEE(평가) | |
|---|---|---|---|---|---|---|---|---|---|
| 경영 플랫폼 | ①비전 관리 | ②중장기 경영계획 수립/실적 | ③당해연도 전략목표 방향 | ④당해연도 KPI목표 수준 | ⑤경영목표 성과분석 | ⑥대책 구상 즉실행 | ⑦과제 수립 | ⑧과제 실행 | ⑨MBO 업적평가 |
| | 비전 수립 / 비전 달성 진척 | 환경 분석 / 중장기 목표 | 전략 목표 / KPI 도출 | 계층별 목표배분 | 성공부진 사유분석 | 대책 구상 / 즉 실행 | 전략과제 실행과제 | 5단계 과정관리 | 설정 / 평가 |

표 7-5 **플랫폼 경영에 따른 변화**

| | 기존 일하는 방법 | 플랫폼 경영의 시스템 |
|---|---|---|
| 시스템 운영 능력의 변화 | · 9개 모듈이 흩어져있음<br>· 필요할 때만 활용<br>· 시스템에 대한 각 구성원별 이해도<br>　/운영능력 산포가 큼<br>· 신입/중도 채용 등의 인력이동에 대응이<br>　어려움 | · 계획(Plan), 실행(Do), 평가(See)의 3개 모듈로<br>　단순화, 입체화됨<br>- 일상적/입체적 운영 전환<br>- 일 배움이 빠르고 지속적 향상 |
| 업무수행역량 의 변화 | · 역량을 갖추는 데 시간이 많이 소요됨<br>· 구성원별 업무수행력 수준 편차가 큼<br>· 인사이동과 보직 변경 시 업무 이어짐<br>　늦음 | · 단시간 내 역량 갖춤<br>· 구성원 간 업무수행력의 균일화됨<br>· 업무이관/승계 등에 따른 업무 단절 최소화 |
| 성과구현 | · 시스템 운영능력과 업무수행역량의<br>　편차로,<br>- 성과구현에 시간이 걸림<br>- 부분 최적화된 성과가 우려됨 | · 단기간 내 전체 최적화된 성과로의 전환<br>　(시너지 확대) 가능 |

●●

## CHAPTER 4

# 플랫폼 경영을 통한 변화 가속화와
# 우량 경영구조 만들기

플랫폼 경영시스템의 운영 능력이 향상되면 그 기반 위에서 전체 구성원은 최고 경영층의 전략과 목표에 한 방향으로 정렬되어 결집한다. 그러나 연초에 확정된 목표라 하더라도 고객 니즈와 경쟁환경의 변화에 따라 수시로 변동목표화하고 전략과 실행대책도 전 구성원이 재조정할 수 있도록 유연성을 발휘할 수 있다. 또한 기업이 지향하는 일류화 목표 수준 달성을 위해서는 중장기적인 도전목표를 설정하고 매년 목표 수준을 달성해 내는 강도 높은 '목표관리 활동'을 전개해 나가야 한다. 그리고 이 같은 지속적인 도전과 성과는 최고경영자와 임원, 그리고 관리자들의 열정의 리더십에 의해 좌우된다.

## 표 7-6 플랫폼 경영시스템에서의 지속적 상향목표 도전과 경영구조 일류화

●●

# CHAPTER 5
## 플랫폼 경영시스템과
## 인재육성의 역할

시스템도 결국 사람이 운영한다. 사람이 경영을 하고 사람이 성과를 내는 것이다. 역량 있는 인재의 양성도 경영자의 몫이다. 혹자는 회사가 좋아지고 대우가 최고가 되면 사람은 어디서든지 영입하여 최고의 인재 집단을 만들 수 있다고 생각하는 사람도 있다. 그러나 몇몇 핵심 인재는 외부로부터 확보될 수 있어도 결국 전 구성원의 업무수행 역량은 일상적인 목표관리 활동을 통해 기업 내부에서 지속적으로 업무 역량을 키우는 수밖에 도리가 없다. 일반적으로 인재육성을 위해 기업들은 정기적으로 별도 측정 방법을 통해 개인의 '역량'을 '평가'하고 '피드백'하는 절차를 갖는다. 그러나 이 역량평가는 MBO를 통한 업적 평가와는 달리 정성적 기준과 주관적 평가에 의해 이루어지므로 모호할 뿐만 아니라 객관화된 평가가 어렵다.

그런데 그 역량평가의 내용을 자세히 살펴보면 그 핵심은 시스템 경영의 9개 모듈에서 요구하는 업무수행 능력을 평가하는 것과 거의 일치한다. 따라서 플랫폼 경영에서는 플랫폼 경영시스템의 9개 모듈을 수행하는 일상적 평가를 통해 인사 부문의 '역량평가'와 대체할 수 있게 한다. 결국, 플랫폼 경영시스템은 업무 수행력의 향상을 통해 조직의 인재 양성을 동시에 가능케 해주는 중요한 역할을 하고 있음을 알 수 있다.

표 7-7 **플랫폼 운영 수준 평가와 구성원 역량평가의 병행 (예)**

| 평가내용 | | 역량평가 실시 절차 | |
|---|---|---|---|
| 일반적인 인사제도상<br>역량평가 기준 ⟷ | 플랫폼 경영시스템<br>운영능력평가 기준 | <평가방법> | <절차> |
| | | | 플랫폼 경영시스템에서<br>온라인 평가 |
| 1. 비전 및 경영철학의<br>이해 및 실천능력 | 1. 경영철학 및 비전체계<br>이해수준 | | 자기평가 |
| 2. 직무 설계 및<br>운영 능력 | 2. 부서 및 개인 직무 분석과<br>목표 방향 수준 | | 1차상사평가 |
| 3. 경영계획 수립 및<br>목표설정 능력 | 3. 중장기 및 연도별 전략과<br>목표수립 수준 | 플랫폼 운영<br>수준 평가를<br>준거로 인사<br>역량평가 대체 | 평가면담 |
| 4. 일상목표관리능력 | 4. 목표와 실적점검과 대책<br>(KPI별 목표관리) | | 2차상사평가 |
| 5. 일상대책 및<br>과제발굴능력 | 5. 즉실행과 과제도출 | 기존의 정성적<br>역량평가 중심의<br>방식에서 객관적<br>평가 방식으로<br>전환 가능 | 평가 등급안 제시 |
| 6. 실행 및 변화 역량 | 6. 과제 진행 관리 능력<br>(5단계 프로세스) | | 인사부서 취합 조율 |
| 7. 솔선수범 리더십과<br>공통수행능력 | 7. 플랫폼 운영리더십과<br>일상생활화능력 | | 최종결정 |

●●

**CHAPTER 6**

# 플랫폼 경영시스템의 일상생활화와
# 운영 리더십


## 플랫폼에서의 일하기 생활화와 실행에 집중하기


### 결과 관리와 과정 관리를 동시에 실행하기

'경영플랫폼'에는 나와 조직 그리고 구성원들 모두의 목표, 전략 및 과제가 정리 정돈되어 한 곳에 탑재되어 있으므로 이제부터 경영진과 구성원들은 자기가 추진할 일을 플랫폼 위에서 일관되게 실행으로 옮기는 일에만 집중할 수 있다. 탑재된 9가지 업무 모듈 중 비전, 중장기 계획, 당해 연도 경영계획은 주로 목표 수립과 이를 달성하는 실적 관리가 핵심이다. 이 과정을 기업에서는 '목표관리(MBO, Management by Object)'라 하며 핵심지표(KPI)를 달성하는 데 심혈을 기울인다. 또한 이 목표관리는 목표의 달성 결과를 측정하며 성과로 모이게 되며 결국 현재(금주, 이달, 금년)의 성과 달성 여부가 미래의 중장기 경영목표 수준과 비전 달성을 가늠하는 중요한 척도가 되는 것이다.

한편 이와 같은 성과관리는 말 그대로 업무의 '결과관리'이다. 그런데 더욱 중요한 것은 그 결과를 얻을 수 있게 하는 '과정 관리'라고 할 수 있다. 과정이 없는 결과는 있을 수 없기 때문이다. 그러나 대부분의 기업에서는 결과 그 자체에 초점을 맞추고 그 결과를 있게 한 대책들을 '어떤 노력과 방법 또는 노하우를 동원해 성공시켰는가'에 가치를 부여하는 일에는 소홀한 경향을 보인다. 그러므로 개인과 조직의 업적 평가에서도 결과 평가에 치중하고 과정 평가는 반영이 제대로 되지 못한다. 실제로는 결과보다 과정 관리인 일상적인 실행에 시간과 경영 자원을 대부분 쏟아붓고 있는데도 말이다. 결국 지속적인 기업의 성과(결과)를 내기 위해서는 전 구성원의 과정 관리 역량을 경쟁사보다 얼마나 확보하느냐가 생존경쟁에서 마지막 승자가 될 수 있는 길이라 할 수 있다. 따라서 본 '플랫폼 경영시스템'에서는 경영관리의 핵심인 목표관리(목표/실적 관리)를 기본으로 하되 과정관리인 대책 및 과제개선 관리 능력의 육성에 많은 비중을 두었다.

### 플랫폼에서의 일상 업무수행과 목표관리 생활화의 리더십

일상의 업무수행과 목표관리 활동을 대부분 앞서 언급한 9가지 프로세스로 일을 처리하고 있는데도 실제로 그 내용은 플랫폼에 탑재하여 온라인 방식으로 할 수 있도록 하는 데는 초기 단계의 숙달과 체질화가 필요하다. 이를 위해서는 CEO 및 임원 그리고 관리자의 솔선수범 리더십이 다음과 같이 반드시 발휘되어야만 한다.

첫째, 시스템이 아무리 뛰어나도 사용하지 않으면 무용지물이다. 따라서 모든 업무수행은 전 구성원이 동일한 플랫폼 위에서만 이루어지게 한다. CEO와 임원이 실행하면 팀장, 개인 구성원까지 즉시 실행된다. 출근과 동시에 플랫폼을 오픈하여 시작하고 하루 마감도 '플랫폼' 내에서 마무리하고 종료한다.

주요 업무수행 절차는 다음과 같다.
- 핵심성과지표 KPI의 실적 점검
- 부진 사유 및 대책의 구상
- 즉실행 실행 리뷰(Review)
- 중요 과제의 진척상태(하위자 과제 코칭 및 대안 제시)
- 핵심성과지표(KPI) 목표달성 및 기여도 확인 등

일하는 방식과 성과를 창출하는 운영체계는 CEO에서부터 전 임직원에까지 동일해야하며 하나의 운영체계가 효과적이다. '변화시스템'은 윗사람의 솔선수범으로부터 시작되고 완성된다.

둘째, 모든 회의 및 Follow-up 미팅은 '플랫폼' 운영으로만 실시한다.
- 자기 업무의 일상 점검과 정기적 보고 시
- 하위자의 일상 점검과 정기적 Review 시

셋째, 중요한 대책에 대한 보고는 PPT에 의한 요약된 방식은 중지하고 과제개선 레포트로 대체한다. PPT는 인과관계의 논리화 및 객관화가 부족하며 드러내고 싶은 것만 나타냄으로써 사실에 대한 왜곡이 이루어지기 쉽기 때문이다.

넷째, 일상 업무와 변화·혁신 업무는 별개가 아니라 플랫폼 내에서 동시에 수행하도록 한다. 즉, 플랫폼이 작동되면 일상의 업무는 '즉실행' 활동으로 스피드 있게 단순 처리하며, 구조적 장애 요인을 극복해야만 하는 과제 업무는 지속적인 개선으로 변화가 이루어지도록 해야 한다.

다섯째, 구성원 스스로가 '자기경영'을 할 수 있도록 환경을 조성하는 일이 중요하다. 경영자나 관리자는 이 플랫폼 경영시스템을 경영 그 자체가 아니라 사람을 통제 또는 관리하는 도구로 운영되지 않도록 경계해야 한다. 이 경영플랫폼에서는 각 계층별, 개인별로 목표와 과제가 사전 조율되어 있고 그 진행 상황도 투명하게 공유할 수 있게 된다. 따라서 상위자는 일이 어떻게 진척되고 있느냐를 위하여 Follow-up 미팅에 많은 시간을 낭비할 필요가 없어지며 하위자는 그만큼 자기 일에만 집중하고 성과 나는 일에 몰입할 수 있다. 그러므로 플랫폼 경영을 운영할 때에는 오프라인 관리에서의 폐해인 통제적 관리를 지양하고 최대한 자기경영을 할 수 있도록 자율적 근무환경을 조성해가도록 해야 한다.

표 7-8 **대책의 실행 절차와 운영 시 소통방법**

표 7-9 **플랫폼의 일하는 시스템과 프로 인재의 양성(예)**

| 게임의 도구 "바둑판"에서의 프로기사 양성 | | 일하는 도구 "플랫폼 경영시스템"에서의 성과전문가 양성 | |
|---|---|---|---|
| <가로 × 세로의 반상 내 숙달> | | <목표 관리와 과정관리의 씨줄과 날줄 안의 일하기> | |

| 전략/목표관리 | 과정관리 | 즉실행과 과제관리 | |
|---|---|---|---|
| 재무 | | | |
| 고객 | | | |
| 프로세스 | | | |
| 학습과 성장 | | | |

| 명인 | 프로기사 명인 | S급 인재 | 프로 성과 전문가 |
|---|---|---|---|
| 8단 | 고단위 전략 전술 발휘 | A급 인재 | 탁월한 일 전문가 |
| ○단 | 정석 복기의 숙달 | B급 인재 | 끊임없는 사용 숙달자 |
| △단 | 게임본격화 | C급 인재 | 일의 탑재 가시화 |
| 00급 | 게임의 기본 방식 이해 | D급 인재 | 시스템 사용 이해 |
| 00급 | 게임 장비 준비 | E급 인재 | 시스템의 구축 |

바둑에서의 프로 명인기사나 탁월한 성과를 내는 S급 인재도 게임의 도구나
일하는 시스템을 통해서 끊임없는 반복과 인내를 겪어낼 때라야 탁월한 경지에 이를 수 있다.

여섯째, '플랫폼 시스템' 안에서 구성원의 반복과 숙달을 통해 탁월한 인재를 양성하고 '집단천재'와 같은 조직으로 변화시키는 일은 마치 바둑판의 가로줄과 세로줄을 통한 게임의 운영 역량을 키우는 것과 비슷하다. 즉 경영플랫폼의 씨줄에는 달성해야 할 전략과 목표를, 날줄에는 과제개선을 통한 과정 관리를 숙달하게 함으로써 탁월한 성과 전문가를 만들 수 있다. 즉, 바둑판의 가로와 세로선의 반상 운영 능력도 무수한 노력이 있어야 체득되고 결국 프로기사가 되듯이, 플랫폼을 도구 삼아 끊임없는 반복과 인내로 노력하는 기업만이 최고의 S급 인재들로 이루어진 집단을 만들 수 있다.

말콤 글레드웰은 그의 저서 《1만 시간의 법칙》에서 무슨 일이든 1만 시간(하루 3시간씩 10년간)을 지속한다면 달인의 경지에 도달할 수 있다고 했

다. 모차르트는 그가 유명해지기까지 10년 넘게 연주 활동을 했으며, 영국의 가수 비틀즈도 유명세를 얻기 전까지 무려 1200회의 공연 경험을 쌓았다고 한다. 기업에서의 인재양성도 이와 같다. 1만 시간 이상이 투여되는 어려운 과정과 수많은 투자, 그리고 CEO의 열정이 투입되어야만 기업이 원하는 뛰어난 인재 한 명을 얻을 수 있는 것이다.

일곱째, 탁월한 리더가 되려면 '오케스트라 리더십'을 발휘해야 한다. 플랫폼 경영시스템을 운영하기 위해서는 CEO는 물론 모든 관리자들이 솔선수범하여 운영에 숙달해야 한다. 플랫폼 위에서 하위자는 상사와 한 방향으로 정렬하고, 상사는 하위자의 과제수행에 참여하고, 그들을 코칭하는 과정은 오케스트라 지휘자가 '악보'를 통해 연주자들을 지휘하는 것과 같다고 할 수 있다. 따라서 악보를 모르는 오케스트라 지휘자가 없듯이 플랫폼 경영시스템의 운영 방법을 모르는 경영자나 관리자는 있을 수 없다. 시스템에 의한 지휘를 할 수 없기 때문이다. 플랫폼 경영시스템을 운영할 리더들은 그것을 통해 조직 전체 구성원과 소통하고 업무수행의 지휘를 할 수 있을 때 진정한 리더십을 발휘할 수 있다.

● ●

**CHAPTER 7**

# 변화 가속화를 위한
# 조직구성원들과의 소통 및 의식향상 노력

플랫폼 경영으로의 전환은 기존의 업무 환경을 변화시킨다. 변화는 새롭고 낯선 업무 환경으로의 진입을 의미한다. 지금까지 하던 절차와 방식은 새로운 것으로 대체된다. 새로운 경영시스템을 도입하는 목적, 필요성을 사전에 공유하고 그 추진 방법과 절차 등을 상세히 공유하는 장이 필요하다. 또 시스템의 설계 내용과 운영방식에 대해서도 상세히 학습해야 한다. 그러나 구성원들의 의식은 바로 쉽게 변하지 않는다. 그전에 일상화되어 익숙했던 생각과 행동의 관행이 깊이 남아 있기 때문이다. 따라서 변화를 리드하는 최고경영자나 경영층은 지속적으로 변화의 필요성과 회사 경영에 미칠 미래상에 대해 여러 방식을 통해 소통하고 공감대 형성을 확대하는 일이 필요하다. 공식적으로는 교육 및 워크샵 등을 실행하거나 간담회 형식을 갖는 등의 일이다. 요즘은 SNS나 인터넷을 통한 홍보 및 커뮤니케이션 방식이 대세일 수 있다. 이러한 변화의 필요성과 목적에 대한 이해도가 떨어질수록 플랫폼 경영시스템으로의 전환도 늦어질 수밖에 없다.

**Platform
Management
System**

## Epilogue

# 일류기업이 되는 길,
# 꿈은 이루어진다

———

일류기업이 되는 길, 그것은 결코 쉽게 도달할 수 있는 길은 아니다. 그러나 어떤 기업은 거기에 도달한다. 도요타, 아마존, 삼성과 같은 글로벌 일류기업들이 그 정점에 다다른 대표적인 롤모델 기업들이다. 그들은 한결같이 자기 업(業)에 맞는 '성공적 경영체계'를 만드는 데 오랜 시간을 투자해, 무수히 많은 시행착오를 겪으면서도 새로운 길을 찾았다. 무엇이 그들을 거기까지 올 수 있도록 했을까? 한마디로 생존을 위한 위기의식에서부터였다. 살아남기 위한 길은 한 치 앞을 내다볼 수 없는 변화무쌍한 길이다. 고객과 시장의 요구는 양보가 없다. 내가 아니면 경쟁자가 고객의 선택지가 된다. 결국 고객으로부터 외면받지 않으려는 철저한 고객 맞춤의 경영철학과 이를 실행해내는 변화능력이 성패를 좌우하는 것이다. 그러나 여기까지는 어느 기업이나 다 알고 있는 내용이다. 문제는 기업이 고객을 위한 변화 역량을 어떻게 해야 갖출 수 있느냐, 그 방법론이다.

지금까지의 그 해답은 '시스템에 의한 경영'이었다. 그렇다면 그 같은 경영시스템은 어떤 기능과 역할을 할 수 있는가? 한마디로 시스템은 ① 비전과 목표를 정립하고 ② 전 구성원이 한 방향 정렬을 통해 힘을 결집하며 ③ 지속적으로 난관을 돌파하는 변화의 과정 관리 능력을 갖추도록 해주어야 한다. 그런데 지금까지의 '경영시스템'으로는 가중되는 경영의 복잡계로 인해 갈수록 대응력을 발휘하지 못하고 있는 듯하다. 그것은 아무리 탁월한 경영자가 있더라도 전체 구성원의 고객맞춤 핵심역량을 지속적으로 만들기가 어렵다는 것을 의미한다.

이러한 기존 경영시스템의 한계점을 오랜 기업 운영과정에서 뼈저리게 느낀 필자가 고민 끝에 제안한 것이 바로 '플랫폼 경영시스템'이다. 필자는 앞서 언급한 바와 같이 시스템 경영이 갖추어야 할 3가지 핵심기능을 경영플랫폼 기반 위에 입체적이고 일관성 있게 발휘할 수 있도록 설계했다. 그러나 이 시스템 구축 단계는 일류화의 시작에 불과하다. '시스템'이 경영성과를 내는 것이 아니라 시스템을 사용하여 일하는 '사람'이 성과를 이룩하는 것이며 개선과 혁신을 통한 변화는 결국 '사람'에 의해서만 완성될 수 있기 때문이다. 따라서 최고경영자는 물론 임원, 관리자들의 변화의 리더십 발휘가 절대적으로 요구된다. 시스템이 있어도 성과로 이어진다는 보장은 없기 때문이다. 플랫폼 경영시스템이 잘 갖추어져 있다고 하더라도 그 위에 올려놓은 자신의 전략과 목표의 선택이 고객 니즈에 맞춤이 되지 못하거나, 혹은 구성원 역량 부족으로 실행이 뒷받침되지 못한 결과일 수 있기 때문이다. 이 또한 경영자의 역량 발휘나 리더십의 문제일 수 있다.

따라서 플랫폼 경영시스템이 구축되고 나면 CEO를 정점으로 전 구성원이 플랫폼 위에서 일상의 목표관리 활동과 변화 혁신을 지속하는 것이 핵심이다. 이 과정에서 사람을 가르치는, 즉 '인재육성' 활동이 동시에 이루어지는 것이다. 플랫폼 위에서 전 구성원이 제대로 된 자기 목표관리와 성과 창출에 몰입하도록 하는 일이 곧 본격적인 일류기업화로 진입되는 단계가 된다. 이 과정에서 남과 다른 차별화된 업무수행의 핵심역량이 만들어지며 상하좌우의 계층별 구성원들의 일을 통한 소통과 스킨십의 축적으로 그 회사만의 독특한 전통과 '기업문화'가 만들어지는 것이다.

기업 일류화를 위해 이제부터 우리의 기업들은, 시스템을 통한 '성공경영체계'가 구축되고 그를 통해 지속 가능한 성장과 고수익 구조를 만들어내는 '성공적 경영구조'로 전환되는 데에 많은 시간을 투자해야 한다. 3년, 5년, 10년, 혹은 30년이라는 한 세대를 거쳐서라도 그 같은 경영모델을 만들어 갈 각오가 없다면 창업 후 수십 년 만에 글로벌 일류기업으로 등극한 '아마존' '도요타' '삼성'과 같은 초일류기업을 탄생케 할 수는 없을 것이다.

　　'플랫폼 경영시스템'이 '경영철학의 구현체'이며, '일하는 시스템'이면서 '인재를 육성하는 시스템'으로 인식되기를 희망한다. 플랫폼 위에서 비전과 목표를 향해 전 구성원들이 결집하고 변화와 혁신을 선도하는 최고경영자와 중간관리자들의 열정 리더십이 깃발처럼 나부낀다면 그 같은 초일류기업의 꿈도 훨씬 빠른 기간에 이루어지리라 믿는다.

# 감사의 말

오랜 기간 기업의 구성원으로 일하는 과정에서 지금보다 좀 더 효율적이고 높은 성과를 낼 수 있는 방식이 있다면 훨씬 좋을 텐데… 하는 고민을 한시도 놓은 적이 없었다.

다행히 필자가 근무했던 회사들은 비전을 달성하는 데 도움이 되는 경영방식이나 일하는 시스템을 받아들이는 데 주저하지 않는 훌륭한 기업문화가 있었다. "급한 사람이 우물을 판다."라는 말과 같이 새로운 것을 배우는 일이야 부끄러운 일이 아니지 않은가? 그러나 몸에 좋은 약은 쓰다고 한다.

현재의 위기와 난관을 돌파할 수 있게 하는 새로운 일하는 방식을 현업에 적용하는 일은 몇 배나 더 힘든 과정이다. 그것은 기존의 방식으로 일을 하면서도 새로운 변화의 일을 동시에 체득해야 하기 때문이다. 또 경영 현장에 적용하고 실제 운영을 하는 데는 최고경영자는 물론 전 구성원이 수많은 시행착오를 거쳐야만 한다. 이 플랫폼 경영시스템도 구상하고, 설계하고, 현업에 적용하여 시스템화하기까지 10여 년 이상의 시간이 소요되었다. 그 오랜 과정에서 '변화'라고 하는 고통스러운 쓴 약으로 보통의 사람들과 조직들이 탁월하게 바뀌는 것을 체험하게 된 것은 크나큰 성취였다. 그 과정에서 수고를 아끼지 않았던 많은 구성원들에게 깊은 감사를 드린다. 그들의 도전정신과 실행력이 없었다면 이 플랫폼 경영시스템이 만들어지기는 어려웠을 것이다. 그러나 힘들게 체득된 경험과 지식도 더 많은 사람과 공유하고 사회에 이로움을 주지 못한다면 무슨 소용이 있겠는가?

글로벌 경쟁환경 속에서 기업을 일류화시키는 데 전념하고 있는 경영 후배들에게 새로운 경영방식으로 보탬이 되겠다는 나의 의지에 용기를 주고 출간을 결심해준 원너스미디어 정현미 대표님께 감사드린다. 또한 수많은 수정작업을 묵묵히 받아들이며 애써주신 서지영 팀장님과 편집부 여러분께 고마움을 전한다.


46년이라는 나의 회사생활 기간 중, 아내는 나의 새벽 출근길의 지킴이였다. 1970년대 산업 사회로의 진입, 1980~1990년대의 민주화, 2000년대 글로벌 시대에 이르기까지, 사회적인 격동기 속에서 기업의 한 구성원으로서 역할을 해낼 수 있었던 것은 오로지 흔들리지 않게 가정을 지탱해준 아내의 힘이었음을 고백한다. 또한 이 책이 나오기까지 내 원고의 초고를 맡아주는 수고까지 했으니 얼마나 고마운 동반자인지.

올해로 98세이신 어머니, 온갖 풍상을 견디시면서 아들의 삶을 지켜봐주셨던 어머니께 사랑과 존경을 담아 이 책을 바치게 됨은 참으로 감사할 일이다.

또한, 이젠 단란한 가정을 이룬 아들 상익과 며느리 재형, 딸 상희와 사위 영진 내외들은 언제나 나의 든든한 응원자들이다. 이제 초등학교에 다니는 손주들, 세율, 준섭, 서연은 차세대 등불이 될 터이다. 1년이 넘는 집필 기간 중 방해하지 않으려고 자주 오지 못했으니 이제 그 아이들의 놀이 상대가 될 때이기도 하다.

더불어 이 책을 정리하고 완성하는 데 탁월한 역할을 해준 딸 상희에게 고마움을 전한다.

부디 이 책이 세계를 향해 큰 뜻을 펼치고 있는 경영인들과 그 구성원들에게 작은 등대가 될 수 있다면 더할 나위 없는 기쁨이 될 것이다.

# 도표 출처

---

본 도서에 삽입된 도표들은 아래 출처를 기준으로 저자가 재구성하였음을 알려드립니다.

1-1   이태명, 〈S&F 경영학, 성공과 실패에서 배운다〉, 한국경제, 2013.5.8, A17
       최원석, 《왜 다시 도요타인가》, 길벗, 2018, p7
       서정환, 〈도요타 일 기업 최초 순익 2조엔 돌파〉, 한국경제, 2015.5.11
       태원유, 〈도요타의 뺄셈식 시간관리〉, 삼성경제연구소, SERICEO 비즈니스콘텐츠, 2018
1-2   정철화·고상락, 《도요타 파워》, 도서출판 무한, 2006, p103–108
       오노 다이이치, 《도요타 생산방식》, (주)미래사, 2004, p19–20, p30
1-3   정광열, 《Doing 도요타 혁신성공》, 도서출판 두남, 2006, p65–69
1-4   오노 다이이치, 《도요타 생산방식》, (주)미래사, 2004, p220
1-5   하야시다 히로미츠(林田博光), 컨설팅 강의서, 2007.2.27
1-6   정철화·고상락, 《도요타 파워》, 도서출판 무한, 2006, p26–27, p44
       하야시다 히로미츠(林田博光), 컨설팅 강의서, 2007.2.27
1-7   램차란·쥴리아 양, 《포에버 데이 원》, 매경출판(주), 2020, p41
1-8   램차란·쥴리아 양, 《포에버 데이 원》, 매경출판(주), 2020, p48
1-9   램차란·쥴리아 양, 《포에버 데이 원》, 매경출판(주), 2020, p20–21
1-10  램차란·쥴리아 양, 《포에버 데이 원》, 매경출판(주), 2020, p61
1-11  존 로스만, 《아마존웨이》, 와이즈맵, 2019, p45~56, p101~107, p232~258
       존 로스만, 《아마존웨이–사물인터넷과 플랫폼 전략》, 와이즈맵, 2017, p10, p75
1-12  존 로스만, 《아마존웨이–사물인터넷과 플랫폼 전략》, 와이즈맵, 2017, p118~119
       콜린 브라이어·빌카, 《순서파괴》, 다산북스, 2021, p155~163, p233~267
1-13  김현석, 〈이건희 회장 타계〉, 한국경제, 2020.10.26, A3
1-14  김현석, 〈이건희 회장 타계〉, 한국경제, 2020.10.26, A13
1-15  김현석, 〈이건희 회장 타계〉, 한국경제, 2020.10.26, A12
1-16  송재용·이경묵, 《SAMSUNG WAY–삼성웨이》, 21세기북스, 2013, p24
       김현석, 〈이건희 회장 타계〉, 한국경제, 2020.10.26
1-17  송재용·이경묵, 《SAMSUNG WAY–삼성웨이》, 21세기북스, 2013
       김현석, 〈이건희 회장 타계〉, 한국경제 2020.10.26, A2–A3
       김현석, 〈신경영…. 삼성DNA를 바꾼다〉, 한국경제, 2013.4.9. A2–A3
2-6   시스템 운영 결과에 따른 저자 구성

3-1    시스템 설계 및 운영 결과에 따른 저자 구성

3-2    시스템 설계 및 운영 결과에 따른 저자 구성

3-3    표 2-6과 현업 운영을 통한 저자 구성 및 편집

3-4    시스템 설계 및 운영 결과에 따른 저자 구성

4-2    폴 니븐(Paul R. Niven), 《BSC Step by Step; 성과창출과 전략실행》, 시그마인사이트컴,
       2003, p152

4-3    폴 니븐(Paul R. Niven), 《BSC Step by Step; 성과창출과 전략실행》, 시그마인사이트컴,
       2003, p152

4-5    시스템 설계 및 운영 결과에 따른 저자 구성

4-6    시스템 설계 및 운영 결과에 따른 저자 구성

4-7    시스템 설계 및 운영 결과에 따른 저자 구성

4-8    시스템 설계 및 운영 결과에 따른 저자 구성

4-9    게리 코킨스, 《전략적 성과관리》, 앰플래닝, 2008, p94

4-12   박성원·이명주·정목용, 《6시그마 이론과 실제》, KSA한국표준협회, 2002, p107

4-13   박성원·이명주·정목용, 《6시그마 이론과 실제》, KSA한국표준협회, 2002, p129

4-14   박성원·이명주·정목용, 《6시그마 이론과 실제》, KSA한국표준협회, 2002, p18, p39

4-15   박성원·이명주·정목용, 《6시그마 이론과 실제》, KSA한국표준협회 2002, p19

4-16   마이클해리·리처드쉬뢰더, 《6시그마 기업혁명》, 김영사 2000, p22-23

4-17   박성원·이명주·정목용, 《6시그마 이론과 실제》, KSA한국표준협회, 2002, p18-19

4-18   박성원·이명주·정목용, 《6시그마 이론과 실제》, KSA한국표준협회, 2002, p130-132

4-19   시스템 설계 및 운영 결과에 따른 저자 구성

5-3    표 3-2를 기준으로 시스템 설계 및 운영 결과에 따른 저자 구성

6-1    최형섭, 〈00사 고성과 창출을 위한 워크숍〉 강의안, 2015.5.15

6-4    켄 블랜차드·제시 스토너, 《비전으로 가슴을 뛰게 하라》, 21세기북스, 2006, p69, p94-113

6-8    시스템 설계 및 운영 결과에 따른 저자 구성

6-14   시스템 설계 및 운영 결과에 따른 저자 구성

6-32   시스템 설계 및 운영 결과에 따른 저자 구성

6-36   시스템 설계 및 운영 결과에 따른 저자 구성

6-37   박성원·이명주·정목용, 《6시그마 이론과 실제》, KSA한국표준협회, 2002, p98-99

6-45   이길상, 《OKR & GROWTH》, 세종서적(주), 2021, p29

6-46   장재원·상효이재, 《네이키드 애자일》, 미래의창, 2019, p238-246

6-49   시스템 설계 및 운영 결과에 따른 저자 구성

7-1    표 2-6, 표 3-1을 기준으로 시스템 설계 및 운영 결과에 따른 저자 구성

7-2    시스템 설계 및 운영 결과에 따른 저자 구성

7-6    시스템 설계 및 운영 결과에 따른 저자 구성

# 주석

## Prologue

1 콜린 브라이어·빌 카,《순서파괴》, 다산북스, 2021, p281, p335

2 송재용·이경묵, Samsung Way 삼성웨이, (주)북이십일 21세기북스, 2013, p35

3 잭 웰치·수지 웰치, 잭 웰치의 마지막 강의, (주)웅진 씽크빅, 2015, p24, p26, p32, p40

4 피터 드러커,《피터 드러커, 매니지먼트》, 청림출판, 2013, p187

## Part 1

1 태원유,《도요타의 '뺄셈식 시간관리'》, 삼성경제연구소, Sericeo 비즈니스콘텐츠, 2018

2 최원석,《왜 다시 도요타인가》, (주)도서출판 길벗, 2017, p20-21

3 안재석,《일본차 '다시 공격 앞으로!'》 한국경제신문, 2011.12.19

4 최원석,《일본차의 저력》, 조선일보, 2010.11.8

5 최원석,《왜 다시 도요타인가》, (주)도서출판 길벗, 2017, p20-21

6 이태명,《S&F 경영학, 성공과 실패에서 배운다》, 한국경제, 2014.5.8., A17

7 최원석,《왜 다시 도요타인가》, (주)도서출판 길벗, 2017, p21

8 남기현,《현대차 '도요타 부활' 본격 벤치마킹》, 매일경제, 2013.6.11

9 정혜전,《뼈아픈 실책 도요타, 뼈깎는 비용절감으로 회생》, 조선일보, 2010.5.13, B3

10 김은정,《도요타 리콜 1년...日모토마치공장 가보니》, 매일경제, 2010.11.4

11 이태명,《S&F 경영학, 성공과 실패에서 배운다》, 한국경제, 2013.5.8, A17

12 태원유,《도요타의 '뺄셈식 시간관리'》, 삼성경제연구소, Sericeo 비즈니스콘텐츠, 2018

13 류정,《도요타, 90년 독식한 GM 제치고 미 시장 1위》, 조선일보, 2022.1.6

14 램 차란·쥴리아 양,《포에버 데이원》, (주)매경출판, 2020, p39-40

15 램 차란·쥴리아 양,《포에버 데이원》, (주)매경출판, 2020, p15

16 램 차란·쥴리아 양,《포에버 데이원》, (주)매경출판, 2020, p42-43

17 램 차란·쥴리아 양,《포에버 데이원》, (주)매경출판, 2020, p34-47

18 램 차란·쥴리아 양,《포에버 데이원》, (주)매경출판, 2020, p48

19 램 차란·줄리아 양,《포에버 데이원》, (주)매경출판, 2020, p49-52

20 램 차란·줄리아 양,《포에버 데이원》, (주)매경출판, 2020, p57-60

21 램 차란·줄리아 양,《포에버 데이원》, (주)매경출판, 2020, p59-61

22 존 로스만,《아마존웨이》, 와이즈맵, 2019, p47, p49

23 콜린 브라이어·빌카,《순서파괴》, 자산북스, 2021, p236-237

24 존 로스만,《아마존웨이-사물인터넷과 플랫폼전략》, 와이즈맵, 2019, p10

25 콜린 브라이어·빌카,《순서파괴》, 다산북스, 2021, p232

26 콜린 브라이어·빌카,《순서파괴》, 다산북스, 2021, p164

## Part 3

1 아니모리 가즈오,《아메바 경영》, 도서출판 예문, 2007, p5-6. "아메바(Amoeba)는 단세포의 원생동물로서 큰 것이라고 해봐야 0.2mm에 불과한 생물이다. 형태가 일정하지 않으며 위족(僞足)으로 먹이를 써서 흡수하여 살아간다. 그만큼 환경 변화에 신속히 대응하는 생물이라 할 수 있다. 이나모리 회장은 이 아메바의 생존원리를 교세라의 조직에 적용했다. 그렇게 되면 대부분의 조직들이 독립채산형태가 되므로 전사원이 경영자 역할을 하게 되는 것이다."

2 피터 드러커(Peter F. Drucker),《경영의 실제; The Practice of Management)》, 한국경제신문 한경 BP, 2006

## Part 4

1 폴 니븐(Paul R. Niven),《BSC 'Stop by Stop; 성과창출과 전략실행》, 시그마인사이드컴, 2003, p38-54

2 최형섭,《하림 고성과 창출을 위한 워크숍》의 강의안, 2015.5.15

3 마이클 해리·리처드 슈뢰더,《6시그마 기업혁명》, 김영사, 2000, p58

4 김창은·손동훈,《식스시그마 100문 100답》, 율곡출판사, 2002, p109

5 박성현·이명주·정목용,《6시그마 이론과 실제》, KSA 한국표준협회, 2002, p124-125

6 박성현·이명주·정목용,《6시그마 이론과 실제》, KSA 한국표준협회, 2002, p126-129

7 박성현·이명주·정목용,《6시그마 이론과 실제》, KSA 한국표준협회, 2002, p145

8 박성현·이명주·정목용,《6시그마 이론과 실제》, KSA 한국표준협회, 2002, p32, p128

9   박성현·이명주·정목용,《6시그마 이론과 실제》, KSA 한국표준협회, 2002, p15, p34

10  김창은·손동훈,《식스시그마 100문 100답》, 율곡출판사, 2002, p15-16

11  박성현·이명주·정목용,《6시그마 이론과 실제》, KSA 한국표준협회, 2002, p14, p19

12  박성현·이명주·정목용,《6시그마 이론과 실제》, KSA 한국표준협회, 2002, p106-
    107


## Part6

1   켄 블랜차드·제시 스토너,《비전으로 가슴을 뛰게하라》, (주)북이십일 21세기북스,
    2006, p116

2   피터 드러커(Peter F. Drucker),《경영의 실제; The Practice of Management)》, 한
    국경제신문 한경 BP, 2006. p181-197

# 참고 문헌

- 최원석, 《왜 다시 도요타인가》, 더 퀘스트, 2016
- 정철화·고상락, 《도요타 파워》, 도서출판 무한, 2016
- 닛케이 BP사 닛케이정보 스트리티지 편집부, 《사례로 배우는 도요타식 기업개혁》, 삼양미디어, 2008
- 오노 다이이치, 《도요타 생산방식》, (주)미래사, 2004
- 와카마츠 요시히토, 《도요타 개선 배우기》, 리드리드출판(주), 2007
- 이시자카 요시오, 《도요타 판매전략》, 일송미디어, 2008
- 양종곤·장대성, 《린 엔터프라이즈 실행 로드맵》, 한국표준협회 컨설팅, 2005
- 방경일, 《사장님, 우리 회사 린 할까요?》, 한국표준협회 컨설팅, 2007
- 존 로스만, 《아마존처럼 생각하라》, 와이즈맵, 2019
- 존 로스만, 《Amazon Way 아마존 웨이》, 와이즈맵, 2019
- 존 로스만, 《Amazon Way 사물인터넷과 플랫폼 전략》, 와이즈맵, 2019
- 램 차란·줄리아 양, 《포에버데이원》, 매경출판(주), 2020
- 콜린 브라이어·빌카, 《순서파괴》, 다산북스, 2021
- 브래드 스톤, 《아마존 언바운드》, 퍼블리온, 2021
- 송재용·이경묵, 《SAMSUNG WAY(삼성웨이)》, (주)북이십일 21세기북스, 2013
- 제일기획, 《삼성 신경영》, 삼성 신경영 실천위원회, 1994
- 플랫폼 전문가그룹(PAG), 《플랫폼을 말하다》, 클라우드 북스, 2013
- 히라노 아쓰시 칼·안드레이 학주, 《플랫폼 전략》, 도서출판 더숲, 2014
- 최병삼·김창욱·조원영, 《플랫폼, 경영을 바꾸다》, 삼성경제연구소, 2014
- 이성열·양주성, 《플랫폼 비즈니스의 미래》, 리더스북, 2021
- W. 데이비드 스티븐슨, 《초연결》, 다산북스, 2019
- Paul R. Niven, 《BSC step by step; 성과창출과 전략실행》, (주)시그마인사이트컴, 2003
- 로버트 S. 캐플란·데이비드 P. 노튼, 《Alignment; 정렬》, (주)북이십일 21세기북스, 2007
- 게리 코킨스, 《전략적 성과관리》, 엠플레닝, 2008
- 엔드루 S. 그로브, 《어떻게 성과를 높일 것인가 High Output Management》, 청림출판(주), 2021

- BSC연구회, 《한국형 BSC 성공사례 11》, 삼성경제연구소, 2006
- 박개성 · 곽태우 · 김형진 · 김용태, 《비전 달성의 BSC 이렇게 실행하라》, (주)북이십일 21세기북스, 2008
- 마이클 해리 · 리처드 슈뢰더, 《6시그마 기업혁명》, 김영사, 2007
- 박성현 · 이명주 · 정목용, 《6시그마 이론과 실제》, KSA 한국표준협회, 2002
- 김창은 · 손동훈, 《식스시그마 100문 100답》, 율곡출판사, 2002
- 김태웅, 《품질경영의 이해》, 신영사, 2012
- 에드위즈 데밍, 《The New Economics for Industry, Government, Education》, (주)코리아스탠다드앤컨설팅 유나이티드, 2007
- 저우궈위안, 《맥킨지 논리력 수업》, (주)미래의 창, 2021
- 켄 블랜차드 · 제시 스토너, 《비전으로 가슴을 뛰게 하라》, (주)북이십일 21세기북스, 2006
- 시오야 미치, 《전사원이 참여하는 기업비전 만들기》, 명진출판, 1994
- 박경록, 《생존의 조건 비전 만들기》, 도서출판 리더, 2000
- 피터 드러커, 《경영의 실제》, 한국경제신문 한경 BP, 2006
- 피터 드러커, 《피터 드러커 · 매니지먼트》, 청림출판사, 2013
- 윌리엄 코헨(William A. Cohen), 《드러커의 마케팅 인사이트》, 중앙경제평론사, 2015
- EY한영 산업 연구원, 《수퍼 플루이드 경영전략》, (주)알에치코리아, 2019
- 클라우스 슈밥 외 26인, 《4차 산업혁명의 충격》, 흐름출판, 2016
- 강두원 · 김종일 · 류구희 · 박계진 · 주요섭, 《스토리텔링으로 읽는 Cloud ERP》, 도서출판 영, 2019
- 장재웅, 상효이재, 《네이키드 애자일》, 미래의 창, 2019
- 스티븐 데닝, 《애자일, 민첩하고 유연한 조직의 비밀》, 어크로스출판그룹(주), 2019
- 이길상, 《OKR로 빠르게 성장하기 OKR & GROTH》, 세종서적(주), 2021
- 잭 웰치 · 수지 웰치, 《잭 웰치의 마지막 강의》, (주)웅진씽크빅, 2015
- 잭 웰치, 《잭 웰치 · 끝없는 도전과 용기》, 청림출판, 2001
- 로버트 슬레이터, 《잭 웰치와 GE방식》, 도서출판 물푸레, 2000
- 이나모리 가즈오, 《아메바 경영》, 도서출판 예문, 2007
- 왕중추 · 우훙뱌오 · 류싱왕, 《디테일 경영자만이 살아남는다》, (주)다산북스, 2011